交通の時間価値の
Value of Travel Time : Theory and Practice
理論と実際

加藤浩徳　編著

技報堂出版

書籍のコピー，スキャン，デジタル化等による複製は，
　著作権法上での例外を除き禁じられています。

はじめに

　本書は，主に道路交通を対象として，交通の時間価値の理論と実際を解説するものである．道路事業において，交通時間短縮による便益は，全便益のかなりの割合を占めている．ここで，交通時間短縮の便益を計測する上で，交通の時間価値は，交通需要予測と並んで，中心的な役割を果たすものである．そのため，適切な便益計測を行うためには，交通の時間価値を適切に設定することが不可欠である．

　特に，近年，我が国では，政府の財政状況が逼迫する中，効率的な公共投資に対する社会的要請が高まりつつあり，その結果として，交通の時間価値に対する一般の関心も高まっている．ところが，時間価値の考え方は，直感的にわかりやすいものであるがゆえに，不十分な理解のもとに誤った指摘や議論がされやすい傾向にある．例えば，高校生は給与を得る仕事に従事していないのだから，彼らの時間価値はゼロでなければならない，などといった主張がその代表的なものである．

　こうした指摘や議論に対して，これまで十分な回答がなされてこなかったのは，研究に携わる者の側にも責任の一部があったと考えられる．交通の時間価値は，交通研究の中で中心的な役割を果たす重要な概念であるにもかかわらず，その理論と実際とを丁寧に解説した文献は我が国にはほとんどなかった．本書は，これまで断片的にしか報告されてこなかった時間価値に関する情報を網羅的に収集し，交通の時間価値に関する最新の理論と実際を，できるだけ包括的に解説しようとしたものである．本書を通じて，交通研究に携わる研究者・学生や交通計画に携わるコンサルタント等の専門家のみならず，交通以外の分野に従事する方々や一般の方々も，交通の時間価値に関する理解を深めることができれば幸甚である．

　なお，本書は，平成 21 年度から 3 カ年にわたって行われた研究プロジェクトの成果の一部を中心にとりまとめたものである．本研究を進めるに当たって，多くの方々のご協力を得た．以下に，お世話になった方々の氏名を挙げるが，これで全てではない点に留意願いたい．なお，所属および肩書きは，執筆時点のもの

である.

　まず，道路交通の時間価値に関する研究会で調査研究を進めるに当たっては，家田仁教授（東京大学），上山信一教授（慶應義塾大学），太田和博教授（専修大学），金本良嗣教授（政策研究大学院大学），城所幸弘教授（政策研究大学院大学），小林潔司教授（京都大学），竹内健蔵教授（東京女子大学），堤盛人教授（筑波大学），森杉壽芳教授（日本大学）から貴重なご意見をいただいた．また，同研究会にオブザーバーとして参加いただいた国土交通省の有賀篤氏（道路局経済調査室），渡瀬友博氏（道路局経済調査室），上坂克巳氏（国土技術政策総合研究所），牧浩太郎氏（（株）三菱総合研究所），土谷和之氏（（株）三菱総合研究所）からも貴重な情報提供をいただいた．

　次に，我が国の交通時間価値のメタ分析に当たっては，橋元稔典氏（東京大学大学院工学系研究科（当時）），松崎友洋氏（中央大学院理工研究科（当時））のご協力を得た．道路交通センサスを用いた交通の時間価値分析ならびに SP 調査データを用いた交通の時間価値分析に当たっては，福田大輔准教授（東京工業大学），早崎詩生氏（社会システム（株）），井上真志氏（社会システム（株）），坂下文規氏（社会システム（株）），土屋貴佳氏（社会システム（株）），横山茂樹氏（社会システム（株）），小田崇徳氏（社会システム（株））のご協力を得た．

　海外における交通の時間価値に関する調査では，Kay Axhausen 教授（Swiss Federal Institute of Technology, Zurich），Peter Belenky 氏（USDOT），Kenneth Button 教授（George Mason University），Stephane Hess 教授（University of Leeds），Geoff Hyman 氏（Department for Transport, UK），Peter Mackie 教授（University of Leeds），Kenneth Small 教授（University of California, Irvine），Philip Sumner 氏（Department for Transport, UK），Mark Wardman 教授（University of Leeds），John V. Wells 氏（USDOT）および，武藤祥郎氏（国土交通省）のご協力をいただいた．同様に，学会等の場では，Mark Wardman 教授（University of Leeds），Sergio Jara-Diaz 教授（Universidad de Chile），Mogens Fosgerau 教授（Technical University of Denmark），河野達仁教授（東北大学），藤原徹准教授（明海大学）から貴重なご意見を賜った．

　さらに，道路交通の時間価値に関する国際セミナーでは，Mark Wardman 教

授（University of Leeds），Jan-Dirk Schmöcker 准教授（京都大学），三古展弘准教授（神戸大学）より貴重なご講演とコメントをいただいた．

　それ以外にも，調査研究作業を進める途上で，本田利器教授（東京大学），関谷浩孝様，原田優子様，諸田恵士様，内田久美様，寒川朋子様，加藤祐子様からのご協力を得た．

　技報堂出版の石井洋平様には，諸事情もあって遅々として校正の進まない私を温かく励ましていただいた．

　ここに挙げることのできなかった方々も含めて，本調査研究に関係した多数の方々のご協力に深く感謝する次第である．

　本書の成果の一部は，科学研究費補助金（若手研究（A））「旅行者の交通時間価値に関する総合的研究」（研究課題番号：18686041）および道路政策の質向上に資する技術研究開発「道路交通の時間価値についての研究」（平成 21 〜 23 年度）の支援を受けて行われた．

　最後に，本研究プロジェクトの期間中，当プロジェクトのメンバーの一人であった，上田孝行先生（東京大学教授）が，惜しくも亡くなられた．我が国の経済研究の第一人者を若くして永遠に失ってしまったことは，本調査研究プロジェクトのみならず，我が国の学術界にとっても極めて大きな損失であった．心からご冥福をお祈りするとともに，本書を謹んで上田孝行先生に捧げる次第である．

平成 25 年 6 月吉日
　　　　　心地よい風のそよぐ多摩川ほとりの自宅にて　　加藤浩徳

目　　次

はじめに ……………………………………………………………………………… i

第1章　交通の時間価値とは …………………………………………………… 1

1.1　交通の時間価値とは何か ………………………………………………… 1
 1.1.1　時間価値とは　1
 1.1.2　時間価値の種類　5
1.2　交通の時間価値の重要性 ………………………………………………… 9
 1.2.1　交通の時間価値は何に使われているのか　9
 1.2.2　交通の時間価値に関する研究の必要性　12
 1.2.3　交通の時間価値に関する研究の今日的意義　14
1.3　本書の対象，目的，構成 ………………………………………………… 16
 1.3.1　本書の対象と目的　16
 1.3.2　本書の構成　17

第2章　交通の時間価値に関する研究の発展経緯 …………………………… 21

2.1　はじめに …………………………………………………………………… 21
2.2　交通の時間価値に関する理論的アプローチ …………………………… 22
 2.2.1　交通の時間価値の理論研究　23
 2.2.2　交通の時間価値の特性や便益計測との関係に関する理論研究　27
2.3　交通の時間価値に関する実証的アプローチ …………………………… 28
 2.3.1　初期における交通の時間価値推定に関する工学的研究　28
 2.3.2　交通の時間価値推定における表明選好（SP）アプローチの導入　30
 2.3.3　交通の時間価値に関するメタ分析　33
 2.3.4　交通の時間価値の特性に関する実証研究　34
2.4　交通の時間価値の設定に関する議論・調査 …………………………… 37
 2.4.1　一般化費用と交通の時間価値　37
 2.4.2　国単位での交通の時間価値調査　39

- 2.5 最近の交通の時間価値に関する研究 ………………………………………… 40
- 2.6 交通の時間価値に関する研究の発展経緯のまとめ ………………………… 42
- 2.7 交通の時間価値に関する研究の課題 ………………………………………… 45
- 付録 交通の時間価値に関する既往の理論モデルの概要 ……………………… 48

第3章 交通の時間価値に関する基礎理論 ………………………………………… 67

- 3.1 交通の時間価値に関する基本的な考え方 …………………………………… 67
  - 3.1.1 交通の時間価値の経済学上の概念　67
  - 3.1.2 基本モデルからの交通の時間価値の導出（モデル1）　72
  - 3.1.3 業務交通と非業務交通の時間価値　75
- 3.2 非業務交通の時間価値 ………………………………………………………… 76
  - 3.2.1 非業務交通の時間価値の導出（モデル2～4）　76
  - 3.2.2 非業務交通の時間価値のまとめ　80
- 3.3 業務交通の時間価値 …………………………………………………………… 81
  - 3.3.1 業務交通の時間価値の基本的な考え方　81
  - 3.3.2 業務交通の時間価値の導出　87
  - 3.3.3 業務交通の時間価値のまとめ　97

第4章 交通の時間価値の特性 …………………………………………………… 101

- 4.1 はじめに ……………………………………………………………………… 101
- 4.2 交通時間と交通の時間価値との関係 ……………………………………… 101
  - 4.2.1 交通時間と交通の時間価値との関係に関する理論分析　102
  - 4.2.2 交通時間と交通の時間価値との関係に関する実証分析　106
- 4.3 賃金率と交通の時間価値との関係 ………………………………………… 109
  - 4.3.1 賃金率と交通の時間価値との関係に関する理論分析　109
  - 4.3.2 所得と交通の時間価値との関係に関する実証分析　111
- 4.4 交通手段，徒歩，待ち時間，乗り換え時間と交通の時間価値との関係 …… 112
- 4.5 交通時間短縮の規模と交通の時間価値との関係 ………………………… 112
- 4.6 交通時間短縮の符号と交通の時間価値との関係 ………………………… 115
- 4.7 交通の時間価値の分布 ……………………………………………………… 117

- 4.8 交通の時間価値の経年変化 ……………………………………………… 120
  - 4.8.1 交通の時間価値の経年変化を引き起こす要因　120
  - 4.8.2 繰り返し調査による実証研究　122
  - 4.8.3 交通の時間価値の経年変化に関する研究成果のまとめ　123

第5章　交通の時間価値の推定方法 ……………………………………… 129

- 5.1 交通の時間価値の推定アプローチ ……………………………………… 129
- 5.2 所得接近法による交通の時間価値推定 ………………………………… 130
  - 5.2.1 所得接近法の考え方　130
  - 5.2.2 所得接近法による1人当たり時間価値の推定　132
  - 5.2.3 所得接近法による1台当たり時間価値の推定　135
- 5.3 選好接近法による交通の時間価値推定 ………………………………… 137
  - 5.3.1 交通の時間価値推定のための交通調査データの種類と特性　137
  - 5.3.2 交通の時間価値推定のためのSP調査の設計方法　142
  - 5.3.3 離散選択モデルによる交通の時間価値の推定　147
  - 5.3.4 交通の時間価値推定値の信頼性区間　154
  - 5.3.5 交通の時間価値を推定する上での留意事項　156

第6章　我が国における交通の時間価値 ……………………………… 161

- 6.1 はじめに ………………………………………………………………… 161
- 6.2 我が国におけるRPデータを用いた道路交通の時間価値推定 ……… 162
  - 6.2.1 分析の目的　162
  - 6.2.2 分析の方法　163
  - 6.2.3 使用データの概略　165
  - 6.2.4 パラメータ推定の結果　169
  - 6.2.5 より詳細な属性グループ別の交通時間節約価値の分析結果　176
  - 6.2.6 結果の考察　180
- 6.3 我が国における交通の時間価値に関するメタ分析 …………………… 182
  - 6.3.1 はじめに　182
  - 6.3.2 使用データの抽出　182

6.3.3　データセットの特性分析　　184
　　　6.3.4　データセットの交通の時間価値の基礎特性　　186
　　　6.3.5　交通の時間価値に関するメタ回帰分析　　189
　　　6.3.6　メタ分析の結果のまとめ　　198
6.4　我が国におけるSPデータを用いた道路交通の時間価値推定 ……………199
　　　6.4.1　はじめに　　199
　　　6.4.2　SP調査の設計　　200
　　　6.4.3　本調査の実施とデータセットの特性分析　　201
　　　6.4.4　交通の時間価値に関する分析の方法と結果　　207
　　　6.4.5　SPデータを用いた交通の時間価値推定のまとめ　　210
6.5　我が国における交通の時間価値推定結果のまとめ ……………………………211
　　　6.5.1　交通目的別の時間価値の推定値　　211
　　　6.5.2　移動距離と交通の時間価値との関係　　212
　　　6.5.3　1人当たりGDPと交通の時間価値との関係　　213
　　　6.5.4　今回の分析結果から得られた新たな知見　　213

第7章　交通プロジェクト評価と時間価値 ……………………………217

7.1　はじめに ………………………………………………………………………………217
　　　7.1.1　本章のねらい　　217
　　　7.1.2　交通プロジェクト評価と交通の時間価値　　217
7.2　我が国の費用便益分析マニュアルにおける道路交通の時間価値 ……………222
　　　7.2.1　我が国の公共事業評価における時間価値の設定　　222
　　　7.2.2　我が国の道路事業評価における時間価値の設定　　223
　　　7.2.3　我が国の道路事業の時間価値の設定方法　　225
7.3　英・米のガイドラインにおける交通の時間価値 ……………………………231
　　　7.3.1　はじめに　　231
　　　7.3.2　英国における交通の時間価値の設定　　231
　　　7.3.3　米国における交通の時間価値の設定　　236
7.4　日・英・米の道路交通の時間価値設定の比較 ………………………………239
　　　7.4.1　日・英・米の道路交通の時間価値設定の比較　　239

7.4.2　英・米における交通の時間価値設定の我が国への示唆　244
付録1　国土交通省『公共事業評価の費用便益分析に関する技術指針（共通編）』
　　　における時間価値の解説 ……………………………………………… 246
付録2　我が国の公共事業に関する費用便益分析マニュアルの導入経緯 ………… 250
付録3　開発途上国における交通の時間価値の設定 ……………………………… 251

第8章　交通の時間価値に関する論点 …………………………………… 255

8.1　はじめに ……………………………………………………………………… 255
8.2　交通の時間価値の理論に関する論点 ……………………………………… 255
　　8.2.1　時間価値の定義に関する問題　255
　　8.2.2　主観的時間価値と社会的時間価値　258
8.3　我が国を対象とした交通の時間価値設定に関する論点 ………………… 260
　　8.3.1　はじめに　260
　　8.3.2　交通の時間価値設定のあり方に関する論点　260

第9章　残された課題 ……………………………………………………… 271

9.1　貨物交通の時間価値について ……………………………………………… 271
9.2　開発途上国における交通の時間価値推定について ……………………… 274
9.3　交通の時間価値に基づく交通サービス料金設定について ……………… 276

索　　引 ……………………………………………………………………………… 281

第1章
交通の時間価値とは

1.1 交通の時間価値とは何か

1.1.1 時間価値とは

　本書で取り扱う「時間価値」（Value of time）とは，時間の変化に対する支払意思額のことである[1]．例えば，特定の活動を行う時間が1分増える，あるいは減ることに対して，最大でいくらまで支払うことができるかを表したものが，その活動の1分当たりの時間価値である．この場合，この活動の時間価値は，例えば，1分当たり30円あるいは30円/分と表記される．ここで，「増える，あるいは減る」という曖昧な言い方をしているのは，一般的には，活動の内容によって，その活動の時間の増える方がよい場合と，減る方がよい場合とがあるからである．例えば，楽しい余暇の時間は増える方がよいので，余暇の時間が1分増えることに対して支払意思額（余暇の時間価値）を定義できる．一方で，店の行列で待つ時間は，通常は減る方がよいので，待つ時間が1分減ることに対して支払意思額（待つことの時間価値）を定義できることになる．交通の時間の場合，普通は，短い方がよいと考えられるので，交通の時間価値は，交通時間が1分減ることに対する支払意思額と定義されることが多い．ただし，後述するように，交通の時間が長い方がよいケース（例えば，楽しいドライブ旅行）もあるので，一概に，時間短縮の支払意思額とは言えない．

　時間価値の理論の背景には，個人の消費する時間と価格あるいは費用との間に，

何らかのトレードオフの関係がある，という基本的な前提がある．例えば，交通の例で言えば，交通時間が短いが旅行費用の高い移動手段と，交通時間が長いが旅行費用の低い移動手段とは，互いに同一の魅力を持つ，あるいは同一の効用を個人に与えることが期待される．この考えに従えば，個人の時間と費用の消費に関する行動を観察することにより，個人の時間価値を推定することができることになる．したがって，時間価値の特性を検討するためには，そもそも個人の行動特性が検討されなければならない．

本書は，交通の時間価値を対象とするものである．

交通の時間価値の概念とその計測方法は，以下の例によって，大まかにその本質を理解することができる[2),3)]．例えば，**図**-1.1 では，交通時間が長いが交通費用の安い交通手段A，交通時間が短いが交通費用の高い交通手段B，交通時間，交通費用ともに中程度の交通手段Cのサービス水準が図示されている．なお，図の横軸は交通時間 t で，縦軸は交通費用 c をそれぞれ表す．

まず，ある個人nが，AとBのいずれかの交通手段を選択しなければならないものとする（たまたま，交通手段Cが運行されていない状況を考えればよい）．個人nの選択行動を観察したところ，この個人nは，交通手段Aを選択したとしよう．交通手段Aを選択した個人nは，交通手段Bを選択することによって $t_A - t_B$ だけの時間を節約できる可能性があるにもかかわらず，$c_B - c_A$ の追加的な金額を進んで支払おうとはしないことを意味する．

次に，同じ個人nが，別の交通手段AとCとの選択を行う状況を想定しよう（今度は，交通手段Bの運行サービスがない状況を考えればよい）．ここで，個人nは，交通手段Cを選択したとする．これは，交通手段Cを選択することによって $t_A - t_C$ だけの時間を節約できることに対して，$c_C - c_A$ の追加的な金額を進んで支払うことを意味する．

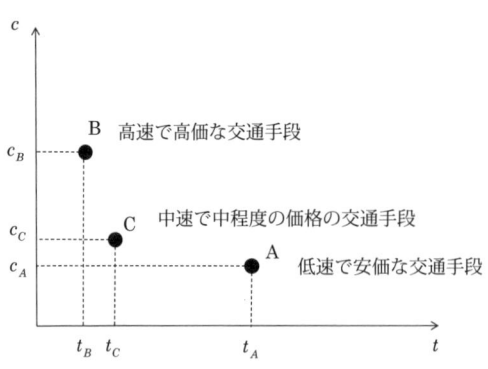

図-1.1　個人nの直面している3つの交通手段A，B，Cのサービス水準

これをまとめると，この個人n

は，交通時間を $(c_C - c_A)/(t_A - t_C)$ よりも高く，しかし一方で，$(c_B - c_A)/(t_A - t_B)$ よりは低く価値づけていることになる．

以上より，個人 n の効用水準は，**図-1.2** のようになっていることが予想される．交通時間，交通費用のいずれも少ない方が，この個人にとって魅力が高まると考えられるので，効用水準は，原点に向かうほど高くなることが予想される．ここでは，無差別曲線（効用水準が同一となる交通時間と交通費用との組み合わせ）が直線として描かれている．この直線の傾きが，$(c_C - c_A)/(t_A - t_C)$ と $(c_B - c_A)/(t_A - t_B)$ の範囲内にあるならば，交通手段 A は交通手段 B よりも優れ，かつ交通手段 C は交通手段 A より優れていることになる．

ここで，もし，交通時間が 1 分短縮されたときに，無差別曲線の傾き分よりも大きい追加的な交通費用が提示されれば，個人 n は，その変化を受け入れないであろう．逆に，もし，交通時間が 1 分短縮されたときに，無差別曲線の傾き分よりも小さな追加的交通費用が提示されれば，個人 n はそれを受け入れるであろう．つまり，**図-1.2** の無差別曲線の傾きは，単位当たりの交通時間短縮に対して個人が支払おうとする金額の最大値（＝支払意思額）を表していると解釈できる．なお，支払意思額とは，特定の環境の変化に対して個人が支払ってもよいと考える最大金額（より厳密には，特定の環境の変化に対して，変化前の環境において得られる効用水準と同じ効用水準を得るために，変化後の環境において必要な金額）のことである [4]．交通時間短縮の文脈に即して言えば，交通時間短縮に対する支払意思額とは，交通時間短縮によって得られる効用水準を，短縮前の効用水準に戻すのに必要な支払金額のことである．そして，特に，限界的（微少）な交通時間の変化に対する支払意思額のことは，交通の（限界的な）時間価値と呼ばれる．先の図における無差別曲線は直線であり，その傾きは常に一定であることが仮定されている．したがって，先の図の無差別曲線の傾きは，交通の時間価値と一致する．

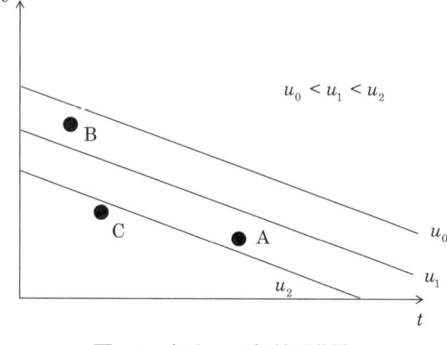

図-1.2 個人 n の無差別曲線

以上は，交通サービスの離散選択問題から議論を始めた場合の，交通の時間価値の直感的な理解の方法である．このように，交通の時間価値は，人々の交通行動の結果を観測することによって，間接的に推定することが可能である．同一の枠組みを用いれば，当然ながら，交通だけでなく，いかなる活動の時間価値をも推定することが可能となる．

　ここで，時間価値に関しては，2つの留意点がある．1つめは，本書で取り扱われる「時間」とは，1日24時間の中の「時間量」(Duration) であって，24時間の中での「時刻」(Time of day) ではないことである．例えば，朝，昼，晩といったように1日の時間を分けて考えると，一昔前までは，夜は暗くて働けない時間，屋外で過ごし得ない時間と考えられ，一般には，昼間と夜間では生産行為の面で昼間の方に価値があると考えられてきた[5]．当然，同じ活動が，昼に行われたか，夜に行われたかによって，「時間価値」は異なりうるが，その異なる原因の一部は，時刻の価値によるものである．また，時刻の価値の存在を前提とすれば，時刻をずらすことによって価値が発生したり，失われたりする場合がある．例えば，金利はその最たる例である．金利とは，同一の財・サービスであっても，現在と将来という異なる時点で異なる価値を持つことを前提として，設定される数値である．また，特定の時刻に活動を開始することが制約となっている場合（例えば，会社の始業時刻），その時刻とは異なる時刻に活動を開始することによっても効用（不効用）が生じることがありうる[6]．本書では，時刻の選択によって生じる価値を中心的なトピックとしては取り上げない．

　2つめの留意点は，本書で取り扱う価値は，金銭的な価値であって，その他の心理的な価値あるいは社会的な価値ではない点である．そもそも時間は，深遠なるものであって，お金などに換算できるものではないという意見もあるかもしれない．例えば，交通プロジェクトの評価を行うのに，交通時間短縮の便益は，短縮された交通時間そのものが提示されればそれで十分であって，わざわざ金銭に換算して，費用と比較する必要はない，という指摘もある[7]．しかし，費用と便益とを同一の金銭的価値によって評価する方法は，直感的に理解しやすいのも事実である．また，現実に，賃金などで時間が売買されていることを考えれば，時間価値のように時間を金銭に換算するアプローチは，広く人々に受け入れられている，と考えてよかろう．

1.1.2 時間価値の種類

　一般に,「時間価値」と呼ばれているものは,大まかには3種類に分類される.1つめは,「活動の時間価値」,2つめは,「活動時間短縮の価値」,3つめは,「活動時間に関する制約条件の緩和の価値」である.ここで,活動時間に関する制約とは,ある活動を行うのに,一定以上の時間を使ってはいけないなどの上限や一定未満の時間にはなり得ないなどの下限を指す.

　本書では,3つの時間価値を,以下のようにそれぞれ定義する.

- 「活動の時間価値」:活動時間が限界的に増加することで生じる効用の変化を元に戻すために必要な金額(支払意思額).「活動時間増加の価値」と同じ.
- 「活動時間短縮の価値」:活動時間を限界的に短縮させることで生じる効用の変化を元に戻すために必要な金額(支払意思額).
- 「活動時間に関する制約条件の緩和の価値」:活動時間に関する制約条件が限界的に緩和されることで生じる効用の変化を元に戻すために必要な金額(支払意思額)

　これら3種類の時間価値の違いを理解するためには,1) 活動に関する時間利用に関する制約があるかないかと,2) 活動時間によって生じる効用が正か負か,という $2 \times 2 = 4$ ケースに分けて,説明することが望ましいと思われる.それぞれについて,以下で説明する.

(1) 時間制約なしでかつ負の効用を生じさせる活動のケース

　一般に,人々は,不効用を発生させるような活動(つまり,時間がかかるほど満足が低下する活動)を,できれば避けたいと考えるものである.したがって,万一,不効用を発生させる活動に,全く何の時間利用の制約がなければ,この活動の時間はどんどん少なくなっていき,最終的にはゼロになってしまうであろう.ところが,例えば,交通について言えば,現実には交通時間はゼロではなく,正の値として観察されている.このことは,実際には,交通時間の下限を定める何らかの制約条件が存在していることを暗に示している.

　つまり,このケースに相当する活動は,現実には存在しないか,存在を想定したとしても活動時間がゼロなので観察不可能であることを意味している.

（2） 時間制約なしでかつ正の効用を生じさせる活動のケース

時間利用の制約がなく，活動によって正の効用が生じるケースの活動は，「純粋余暇活動」[8]と呼ばれる．以下では，この活動を単に「余暇」と呼ぶことにする．このとき，余暇の「活動の時間価値」は，余暇の時間が限界的に増加することに対する支払意思額と定義される．言い換えれば，余暇の活動の時間価値とは，余暇時間の限界的な増加によって効用水準が増加する場合に，効用水準を元の水準に戻すのに必要な金額である．ここで，「活動の時間価値」は正値である．なお，複数のタイプの余暇が存在する場合には，その時間価値は，いずれの余暇についても常に同一となる．なぜならば，もし時間制約のない活動 A の時間価値が，他の時間制約のない活動 B の時間価値よりも高いならば，個人は価値の低い活動 B の時間を減らして，より価値の高い活動 A の時間を増やすという活動時間の再配分を行い，最終的に両者の時間価値が一致するまでそれが続くはずだからである．De Serpa[8] は，この時間価値を「資源としての時間価値」と呼んだ．資源としての時間価値は，人が，時間に関する制約を受けない自由な状況における時間価値であるから，人の根源的な時間価値であると言えるであろう．なお，当然ながら，このケースでは，時間制約がないので，「活動時間に関する制約条件の緩和の価値」を定義することはできない．

交通に関して言えば，交通には不効用だけでなく，正の効用を生じさせる側面もある．交通を行うことそのものが目的（本源的需要）である場合（例えば，ドライブのように移動することそのものが目的となる活動）がこれに相当する．この場合，正の効用を生じさせる交通「活動の時間価値」は正値である．また，上でも述べたように，正の効用を生じさせる交通の「活動の時間価値」は，他の余暇の「活動の時間価値」と一致しなければならない．

一方で，このケースにおいて，「活動時間短縮の価値」は，負値となる．なぜならば，交通時間が短縮されると，個人の効用水準は低下するので，元の活動時間によって得られる効用水準に戻すためには，金額を支払うのではなく受け取らなければならないからである．

（3） 時間制約ありでかつ負の効用を生じさせる活動のケース

1 番目のケースで示されたように，活動時間が負の効用を生じさせるケースで

かつ，実際にゼロでない活動時間が観察されるときには，その活動には，活動時間に関する制約が存在するはずである．時間利用に制約がある活動は，「中間的な活動」[8]と呼ばれる．日常生活におけるほとんどの交通は，ここに属するものと思われる．この時間制約には，物理的あるいは技術的な制約（例えば，ある一定以上の速度では，物理的あるいは技術的に空間移動することが不可能であるという制約）や，制度的な制約（例えば，ある一定以上の速度で走行することが，危険であるために法的に規制されているなどの制約）が含まれる．交通において，このような制約が生じる原因は，交通の持つ本質的特性[9]にある．まず，第一に，交通という活動が，本質的に，空間的な移動を伴う活動であることにある．人類は，これまでにも物理的移動をできるだけ高速に行うための技術を開発し続けてきたが，少なくとも現時点では，まだ瞬間移動の技術は開発されていない．したがって，空間移動は，物理的あるいは技術的な制約から逃れることができない．第二に，交通が社会的な活動であることに原因がある．交通の技術は，時には安全性を損なったり，外部環境に対して不便益を生じさせたりする．そのため，自由な交通活動を制限する社会的な規制が，多くの国や地域に導入されている．こうした社会的な制約から，交通は逃れることはできない．第三に，交通が，空間的に異なる場所で行われる本源的な活動を行う上で，やむを得ず付随的に発生するという，派生的な活動であることにも原因がある．ただし，これは，近年のインターネットや携帯電話などの技術の進展によって，解消されつつある．

活動時間によって負の効用が生じる場合には，その「活動の時間価値」は負でなければならない．なぜならば，この種の活動の時間が増加すると，個人の効用水準は低下するので，元の活動時間によって得られる効用水準に戻すためには，金額を支払うのではなく受け取らなければならないからである．

一方，このケースでは，「活動時間短縮の価値」は正値である．なぜならば，この活動の時間が減少すると，個人の効用水準は増加するので，元の活動時間によって得られる効用水準に戻すための正の支払意思が生まれるからである．

このケースでは，活動時間に制約があるので，制約条件が緩和されることに対する支払意思額（「活動時間に関する制約条件の緩和の価値」）を定義することができる．交通の場合，特にこの価値が重要となる．なぜならば，交通インフラ投資（例えば，新たな交通ネットワークの整備や容量拡大プロジェクトなど）の多

くでは，交通時間の制約条件の緩和効果（交通時間の下限値の減少）が期待されるためである．ここで，不効用を発生させる活動について，その活動の時間に関する制約条件が緩和されれば，当該活動の時間は，緩和前よりも短くなる．そして，その結果によって生じた時間が，余暇時間に配分されると，余暇時間が増加することによって正の効用を得る．その一方で，当該活動そのものの時間が減少するので，不効用が減少して，正の効用を得る．以上より，このケースでは，「活動時間に関する制約条件の緩和の価値」は正値となる．

（4）　時間制約ありでかつ正の効用を生じさせる活動のケース

正の効用を生じさせるという意味では，「純粋余暇活動」に似ているが，活動の時間に上限がある場合が，このケースに相当する．このケースでは，時間利用に関する制約条件が有効か否かによって議論が異なる．ここで，制約条件が有効とは，当該活動時間が上限に達している状況を意味し，制約条件が有効でないとは，当該活動時間が上限に達する前に，均衡に達している（つまり，上限値未満の活動時間で，当該活動の「活動の時間価値」が余暇活動の「活動の時間価値」と一致している）状況を意味する．

このケースでは，制約条件が有効か否かに関係なく，「活動の時間価値」は正値でなければならない．なぜならば，活動時間の増加によって，個人は正の効用を得るので，それを元に戻すためには，一定程度の支払が必要だからである．

次に，「活動時間短縮の価値」についても，制約条件が有効か否かに関係なく，負値でなければならない．なぜならば，交通時間が短縮されると，個人の効用水準は低下するので，元の活動時間によって得られる効用水準に戻すためには，金額を支払うのではなく受け取らなければならないからである．

最後に，「活動時間に関する制約条件の緩和の価値」の値は，ケースバイケースとなる．まず，制約条件が有効でない場合には，そもそも制約条件が緩和されても何の変化も起きないので，この価値はゼロでなければならない．次に，制約条件が有効である場合，この価値が正か負かは一意に定められない．これは以下の理由による．まず，活動時間に関する上限値が緩和されれば，当該活動の時間は，緩和前よりも増加するので，当該活動の時間利用増加によって正の効用が生じる．その一方で，当該活動の時間増加によって，余暇への配分時間が減少する

表-1.1　4つのケースにおける3種類の時間価値の特性

	活動時間の制約なし	活動時間の制約あり
活動により負の効用	該当する活動なし	活動の時間価値　　　　：−
		活動時間短縮の価値：＋
		制約条件緩和の価値：＋
活動により正の効用	活動の時間価値　　　：＋	活動の時間価値　　　　：＋
	活動時間短縮の価値：−	活動時間短縮の価値：−
	制約条件緩和の価値：定義不可能	制約条件緩和の価値：？

ので,負の効用も生じる.したがって,「活動時間に関する制約条件の緩和の価値」が正値か負値かは,これらの正の効用と負の効用のいずれが卓越しているかによって,決定されるものと考えられる.

以上の4つのケースをまとめると,**表-1.1**のようになる.

本書では,「交通時間短縮の価値」を「交通時間価値」,「交通時間に関する制約条件の緩和の価値」を「交通時間節約価値」とそれぞれ呼ぶこととする.そして,特に,これらの価値を総称する場合には,「交通の時間価値」と呼ぶことにする.

1.2　交通の時間価値の重要性

1.2.1　交通の時間価値は何に使われているのか

交通の時間価値は,どのような場面で使用されているのであろうか.以下に,交通の時間価値が使用されている一般的な例を挙げることにする.

第一に,交通の時間価値は,交通プロジェクト評価のための基本的な数値として用いられている.ここで,交通プロジェクトとしては,典型的には,新規の道路整備であったり,交通容量の拡大(道路幅員の拡張)であったりなど,交通時間の短縮効果が見込まれるものが多い.例えば,新たに道路が整備されれば,既存の道路を使った経路よりも短距離で,二地点間が結ばれるようになり,移動時

間が短くなるかもしれない．あるいは，既存道路が混雑している場合には，新規に道路が整備されることによって，既存道路の混雑が緩和され，走行速度が向上し，結果的に交通時間が短縮されるかもしれない．いずれにせよ，交通時間が短縮されることによって，移動する人々になんらかの便益が発生するものと考えられる．ここで，この便益が，税金などを投入して実行するに足るだけの十分な大きさのものかどうかは，すぐにはわからない．そこで，交通プロジェクトの投資に必要な費用と，投資によって得られる社会的便益との比較によって，科学的にプロジェクトの投資効率性を評価することが行われている．この評価の方法は，「費用便益分析」（Cost-benefit analysis）と呼ばれている[10]．

ここで，交通時間短縮による社会的便益は，（1人当たり交通時間短縮便益）×（便益を受ける人数）によって，計算することが可能である（多くの場合，対象となる交通施設の需要関数をもとに，台形公式と呼ばれる近似法によって便益が計算される）．そして，交通の時間価値は，このような交通時間短縮によって発生する1人当たりの便益を計算する際に，交通時間を金銭単位に換算するためのパラメータとして活用される．具体的には，（短縮交通時間）×（交通の時間価値）が，1人当たり交通時間短縮便益として計算される．そのため，交通の時間価値が，10％変化すると，交通時間短縮によって発生する便益の値も10％変化する．その意味で，交通の時間価値の精度は，便益の精度に直結する．したがって，適切に交通プロジェクト評価を行うためには，高精度の交通の時間価値が求められている．

第二に，交通の時間価値は，人々の交通行動を理解するためにも広く使われている．人間の交通行動に影響を与える要因として，交通時間と交通費用は，それ以外の交通サービスの質や環境条件（例えば，天候や快適性，情報など）と同等か，あるいはそれ以上に，旅行者の意思決定に本質的な影響を与えるものと考えられている[11]．一般に，人々は，速くて安い交通サービスを利用したいと考えるものであるが，常にそれらが同時に実現されるわけではない．交通時間は短いが交通費用は高い交通サービスと，交通時間は長いが交通費用が安い交通サービスとのいずれかを選択しなければならないことがしばしばある．旅行者は，交通時間と交通費用のトレードオフを考慮しながら，適切な交通サービスを決定しているものと思われる．ここで，交通時間と交通費用のいずれをどの程度重視する

のかを表すものが，いわゆる交通の時間価値である．そのため，旅行者の交通の時間価値を推定することによって，人々の交通行動特性をより深く理解できるようになる．

　第三に，交通需要を分析・予測する上でも，交通の時間価値は重要な役割を果たしている．一般に，交通需要予測では，個々人の交通行動を集計することによって，社会全体での交通需要を推計するというプロセスが取られるケース[1]が多い．つまり，まず，個人ベースで，交通サービスの選択が予測され，次に，各個人の選択予測の結果を，社会全体で合計することによって，当該交通サービスの社会全体での「需要」が推計される．そのため，ひとたび個人の交通時間と交通費用に関する選好特性（つまり，時間価値）が明らかになれば，その選好特性がプロジェクトの有無によらず不変であるという前提のもとで，交通時間や交通費用が変化したときの交通行動を推測することが可能となる．それらを社会全体で合計することによって，交通時間・費用が変化したときの交通需要を推計することができる．交通の時間価値が適切に設定されない限り，交通時間と交通費用とのトレードオフは明示的に考慮できないため，交通需要を予測することも困難となる．

　第四に，交通サービスの料金を設定するときに，交通の時間価値が活用できる可能性がある．交通サービスの一部には，高速サービスと低速サービスの両方が提供されるケースがある．例えば，鉄道における特急列車と普通列車であれば，前者の方が後者よりも短時間で遠距離まで移動することができる．あるいは，高速道路と一般道路の場合には，高速道路の方が高速で遠距離に到達することが可能である．このように，同一の目的地へ行くのに，所要時間に違いのある複数のサービスが提供される場合に，高速サービスに対してより高い料金が課されるケースが多い．ここで，料金を設定する方法として，高速サービス利用による時間短縮の支払意思額を反映させる可能性が考えられる．ただし，料金の設定は，産業の特性（費用特性など）や市場の環境条件（独占市場か競争市場かなど），

---

[1] これは，いわゆる非集計的アプローチによる需要予測手法である．需要予測手法には，非集計的アプローチ以外にも，集計的アプローチ（例えば，重力モデルや犠牲量モデルなど）も存在する．近年の交通需要予測の実務では，非集計的アプローチが用いられるケースが圧倒的に多い．交通需要予測手法の詳細については，Ortuzar and Willumsen[11]や森地・山形[12]などを参照のこと．

規制の状況などにも影響を受けるため，単純に交通の時間価値を用いることはできない．それでも，交通の時間価値が，重要な基礎データとなりうることが指摘されている[13]．

さらに，交通の時間価値は，さまざまな研究分野において，基礎的な数値として応用されている．例えば，環境経済学の分野において，交通の時間価値がトラベルコスト法[2]によるリクリエーション施設や自然環境の評価に重要な役割を果たしている（例えば，Grafton et al.[14]）．また，都市経済学の分野においては，時間価値の違いによる人々の居住地や居住形態の違い等が分析されてきている（例えば，Fujita[15]）．それ以外にも，開発経済学の分野においては，開発途上国における貧困者の水獲得のための時間価値を計測し，それに基づいて上水供給システムの必要性を論じている例がある[16]．このように，人々の諸活動は多くの場合，移動を伴うため，関係する諸分野において，交通時間の価値を金額換算するニーズは多様なケースで生じてきている．

1.2.2 交通の時間価値に関する研究の必要性

交通の時間価値は，そもそも研究すべき対象なのであろうか．

交通の時間価値に関する研究は，もはや不要だという意見が，一部の研究者から聞かれることがある．例えば，交通の時間価値は，長い間，交通研究の中心的なテーマであったため，古くから多数の研究が行われており，研究の余地はもはやほとんどない，などという意見である．しかし，後に示されるように，交通の時間価値に関しては，理論的に見て，依然として検討すべき論点が残されているだけでなく，特に我が国への適用を考えた場合，我が国の文脈を考慮した実証的な研究は十分とは言えない．

また，例えば，交通プロジェクトの便益計測に，離散選択モデル[3]等の効用理

---

[2] トラベルコスト法とは，環境の質や娯楽施設など訪問する価値を持っている場所を訪問する個人の人数と，その個人が支払う交通費用との関係から，環境の質や娯楽施設の利用価値を評価する方法．トラベルコスト法の詳細については，Johansson[17]や竹内[18]などを参照のこと．
[3] 離散選択モデルとは，計量経済モデルの1つであり，個人などの意思決定主体が複数の選択肢の中から1つを選択する行動を表現するもの．1920年代に研究が始められ，1970年代頃から計算機の進歩とともに大きく発展した．2000年には，Daniel McFadden教授が「離散選択分析の理論と方法の開発」によってノーベル経済学賞を受賞した[19]．

論をベースとする交通需要モデル（例えば，Ben-Akiva and Lerman[20]）が用いられる場合，「モデルから得られる厚生尺度（例えば，ロジットモデル[4]を用いる場合のログサム変数[5]）を用いれば，便益計測には十分事足りるのであるから，わざわざ改めて交通の時間価値を求める必要はない」という指摘がなされることもある．しかし，たとえ離散選択モデル等の効用をベースとする交通行動モデルを用いる場合であっても，得られる便益は，モデル中の交通時間ならびに交通費用（あるいは所得）の効用関数の特性に依存する．したがって，モデル中のパラメータがどのような数値であるべきかを検討することが，交通の時間価値推計に関する研究の中心的課題であると考えることができる．

また，道路交通のケースでは，個人の経路選択実績データを得ることがそもそも困難なため，交通の時間価値を求めることが困難なことが多い．同様に，欧州を中心とする諸都市，特に運輸連合等（例えば，Pucher and Kurth[21]）の広域交通サービスの調整機関が存在する都市では，複数の交通機関を含む公共交通サービスの運賃設定が同一となることが少なくないが，この場合には，交通手段や経路が異なっても運賃が同一であるので，交通行動の実績値から，交通の時間価値を得ることが困難である．このような状況で，どのような交通の時間価値を用いるべきかについては，依然として重要な研究課題であり，近年，表明選好法による時間価値の推定方法が盛んに研究されている．

さらに，近年では，交通投資による交通環境改善に加えて，交通需要マネジメント（例えば，太田[22]）のニーズが高まりつつあるが，特にピークロードプライシング（例えば，Johansson and Mattsson[23] や Button and Verhoef[24]）のように，道路混雑状況に応じて価格を設定し，通行量の管理を行うためには，施

---

[4] ロジットモデルとは，離散選択モデルの1つ．ここでは，選択肢別の条件付き間接効用関数中の確率項が，独立かつ均一なガンベル分布に従うことが仮定される．この場合，特定の選択肢の効用値が，選択肢集合中で最大となる確率が解析的に求められる．そのため，計算負荷が少ないことから，実務で広く用いられている．詳しくは，Ben-Akiva and Lerman[20] などを参照のこと．

[5] ログサム変数とは，ロジットモデルにおいて個人の最大効用の期待値を表すものである．Inclusive value あるいは Inclusive utility とも呼ばれる[25]．ログサム変数の名前の由来は，それが，$\ln \sum \exp(v_i)$ のように対数関数（ログ）と和（サム）の組み合わせの関数として導出されるからである[26),27)]．ただし，v_i は，選択肢 i の条件付き間接効用関数の確定項を表す．

策実施による交通混雑解消あるいは交通時間短縮に対する個人の支払意思額を的確に把握し，価格設定に反映させなければならない．

　以上のように，交通の時間価値は，交通プロジェクトの分析・評価に大きな影響を及ぼすため，できる限り現実的な数値を求めることが社会的に要請されている．実際，後章でも示されるように，アメリカ，イギリス，スウェーデン，オランダなどの国々では，国のオーソライズする交通の時間価値の調査研究が定期的に行われており，調査研究の知見が継続的に蓄積され，社会に還元されている．このように，社会的な側面から見ても，今後もより一層の交通の時間価値に関する研究が期待されていると言える．

1.2.3　交通の時間価値に関する研究の今日的意義

　交通の時間価値研究に関して，近年では，どのような社会的ニーズがあるのであろうか．すでに述べたように，一般に，交通の時間価値はできる限り，高精度で求められることが必要である．特に，我が国では，昨今の厳しい財政事情の中，交通基盤整備に対する費用便益分析の厳格な適用と，より正確な分析手法の使用とが，社会的に強く求められるようになってきている．その結果，交通の時間価値に関しても，多くの人々によってその重要性が認識されるようになってきている．

　このことは，例えば，近年の，我が国の国会における議論からも推察することができる．以下に，いくつかの例を挙げてみよう．

　例えば，平成20年5月13日の衆議院本会議では，交通の時間価値に関して以下のような発言が行われている．

> 「BバイCについては，平成15年に作成をされた費用便益分析マニュアルについても，便益の大部分を占める走行時間短縮便益の金額算出のもとになる時間価値原単位のデータが，全国5 000万台の自家用ドライバーが，業務時間も非業務時間も月収35万円の常用雇用者として計算をされているという過大な便益結果であり，結果として水増しBバイCになっている．」
> (169 - 衆 - 本会議 - 28号 平成20年05月13日　川内博史氏発言，国会会議録検索システムより)

ちなみに,「時間価値原単位」とは,交通の時間価値のことを意味している.次に,これに先立つ平成 20 年 3 月 18 日の参議院の予算委員会でも,以下のような発言がなされている.

「今までは交通量の推測の話でしたけれども,今度は交通量掛けるところの時間原単位であります.この時間原単位は何かといいますと,高速道路に乗って 30 分時間短縮できましたとなりますと,我々が 30 分時間が余裕ができますと,仕事をするかもしれません,あるいはお茶を飲むかもしれません,あるいは昼寝するかもしれません.そういったもので,各個人に便益が発生します.それをお金に換算します.これがここでいうところの人の時間価値でございまして,ドライバー,同乗者等々が掲示をされておりますが,今日は時間がありませんからこれについての議論はやめます.

問題は,車両の機会費用なんですよ.車両の機会費用というのは一体何か.先ほど言ったように,30 分間早く着けば,自動車がまずその分時間ができるわけですね.車に機会費用というのは一体何なんだろうかということでいろいろ聞いてみたら,これはレンタカーだということなんですね.つまり,しかもレンタカーの費用は市場のレンタカーの費用をそのまま用いています.ということは,この想定では,30 分時間が空いたらその車は必ずレンタカーに行くという大変分かりやすい前提なんですね.分かりやすいって,分かりやすいじゃなくて,あり得ない前提です.

これは,しかもこの改正は 15 年にやっています.勘ぐりますと,11 年と 15 年の改正のときに,人の時間価値がいろいろな要素でこれ下がっちゃった.それを補てんするためにわざわざ入れたんじゃないかなという感じが濃厚ですね.この車両の機会費用というのは,しかも自家用車については全体の 1 割以上を占めます.これを見たと見ないとでは,便益が 1 割違うんです.大変な課題になりますよ,これ.

以上の二点は,これどうされますか.」

(169 - 参 - 予算委員会 - 10 号 平成 20 年 03 月 18 日,平野達男氏発言,国会会議録検索システムより)

このような国会での議論と，国民の強い問題意識の下，平成20年6月には，国土交通省に「道路事業の評価手法に関する検討委員会」が設置された．この検討委員会は，道路事業に係る事業評価手法に関する事項について調査審議し，評価の適正化に関する検討を行うことを目的とするものである．ここでは，委員である学識経験者（委員長：金本良嗣・東京大学教授，当時）によって，交通の時間価値を含めた事業評価に関わるさまざまな論点についての議論が行われた．平成20年6月から11月までに4回の検討委員会が開催され，これらの議事録や資料はインターネット上に公表された．

　この検討委員会では，交通の時間価値について，多くの時間を割いて議論が行われた結果，交通の時間価値の設定に関して，いくつか重要な修正が加えられることとなった（詳細については，後章を参照のこと）．ただし，最終回の委員会において提示された「道路事業の評価手法の見直しについて（案）」[28]によれば，交通の時間価値に関しては，「計算方法は研究途上の分野であり，諸外国においても継続的に見直しを行っていることから，引き続き，更なる改善に努めることが必要である」とまとめられている．このことからも，特に，我が国の文脈を考慮した交通の時間価値に関する研究が必要となっていると言えるであろう．

1.3　本書の対象，目的，構成

1.3.1　本書の対象と目的

　本書は，旅客目的で道路を利用する自家用車およびその利用者の交通の時間価値を対象とする．自家用車以外の交通機関（例えば，バス，鉄道，航空など）や旅客以外の貨物交通は，基本的に，本書の対象外である．本書は，我が国の道路利用旅客交通の時間価値のあり方を検討する上で必要となる，基礎的な情報を提供することを目的とするものである．ここで，基礎的な情報としては，交通の時間価値の基礎理論の整理や既往の研究成果のレビュー，実データを用いた交通の時間価値の分析結果や我が国や他国におけるガイドラインの事例が含まれる．

1.3.2 本書の構成

本書は，9章から構成されている．

第1章では，時間価値の定義と交通の時間価値に関する研究の重要性について述べた．次に，第2章では，交通の時間価値に関する既存研究が整理される．第3章では，時間配分モデルから交通の時間価値を理論的に導出する．ここでは，業務目的と非業務目的の2種類の交通について時間価値が導出される．第4章では，交通の時間価値の特性について，理論面，実証面の両方から述べられる．第5章では，交通の時間価値の推定方法について論じる．ここでは，所得接近法と選好接近法の2つのアプローチから，それぞれ時間価値推定に必要なデータや推定の方法が示される．第6章では，日本の道路交通を対象とした時間価値の実証分析結果が示される．我が国の道路交通データを用いた交通の時間価値の推定，我が国の交通の時間価値の実証分析を用いたメタ分析，我が国における表明選好データを用いた交通の時間価値推定の事例が示される．第7章では，交通の時間価値のガイドラインについて述べられる．ここでは，費用便益分析において我が国および他国において設定されている交通の時間価値が紹介される．第8章では，交通の時間価値に関する論点が示される．最後に，第9章で，今後の研究課題が論じられる．

本書の一部では，ミクロ経済モデルが使用されている箇所があるが，いずれも大学学部レベルのものであり，それほど苦労せずともストーリーを追えるものと期待している．必要に応じて，ミクロ経済学の初級の教科書や経済数学（特に，数理最適化手法）の参考書を参照すれば事足りるであろう．本書の読み方は，読者の自由に任されるが，交通の時間価値の考え方の概略を理解したい読者は，第1章の次に，第3章の3.1を読み，その後，第5章，第8章と読み進めるのがよいと思われる．また，我が国の交通の時間価値のあり方に関心のある読者は，第1章ののち，第6章，第7章，第8章へ進むとよいであろう．

《参考文献》

1) Bruzelius, N. (1979) *The Value of Travel Time: Theory and Measurement*, Croom Helm London, Surrey.

2) Watson, P.L. (1974) *The Value of Time; Behavioral Models of Modal Choice*, D.C. Heath and Company, Lexington.
3) Jara-Diaz, S. (2007) *Transport Economic Theory*, Elsevier, Oxford.
4) Small, K.A. and Verhoef, E.T. (2007) *The Economics of Urban Transportation*, Routledge, Abingdon.
5) 松田文子, 調枝孝治, 甲村博三, 神宮英夫, 山崎勝之, 平伸二 (1996) 心理的時間, 北大路書房.
6) Small, K.A. (1982) Scheduling of consumer activities: work trips, *American Economic Review*, Vol.72, No.3, pp.467-479.
7) Lyons, G. (2006) Time Use: Developing a Research Agenda, Technical Report, A paper based on a 1-day workshop hosted and sponsored by the UK Department for Transport.
8) De Serpa, A.C. (1971) A theory of the economics of time, *The Economic Journal*, Vol.81, No.324, pp.828-846.
9) 日本交通学会編 (2011) 交通経済ハンドブック, 白桃書房.
10) Boardman, A. Greenberg, D., Vining, A., Weimer, D. (2010) *Cost-Benefit Analysis*, Prentice Hall.
11) Ortuzar, J. D. and Willumsen, L. G. (2000) *Modelling Transport*, Wiley.
12) 森地茂, 山形耕一 (1993) 交通計画, 新体系土木工学, 技報堂出版.
13) Hensher, D.A. and Goodwin, P. (2004) Using values of travel time savings for toll roads: Avoiding some common errors, *Transport Policy*, Vol.11, No.2, pp.171-183.
14) Grafton, Q., Adamowicz, W., Dupont, D., Nelson, H., Hil, R.J., and Renzetti, S. (2004) *The Economics of the Environment and Natural Resources*, John Wiley & Sons.
15) Fujita, M. (1989) *Urban Economic Theory: Land Use and City Size*, Cambridge University Press.
16) Whittington, D., Mu, X. and Roche, R. (1990) Calculating the value of time spent collecting water: Some estimates for Ukunda, Kenya, *World Development*, Vol.18, No.2, pp.269-280.
17) Johansson, P-O. (1987) The Economic Theory and Measurement of Environmental Benefits, Cambridge University Press.
18) 竹内憲司 (1999) 環境評価の政策利用－CVMとトラベルコスト法の有効性, 勁草書房.
19) McFadden, D.L. (2003) Economic choices, In: Nobel Lectures, Economics 1996-2000 (Ed.) T. Persson, pp.330-365, World Scientific Publishing Co., Singapore.
20) Ben-Akiva, M. and S. Lerman (1985) *Discrete Choice Analysis: Theory and Application to Travel Demand*, MIT Press.
21) Pucher, J. and Kurth S. (1996) Verkehrsverbund: the success of regional public transport in Germany, Austria and Switzerland, *Transport Policy*, Vol.2, No.4, pp.279-291.

22) 太田勝敏（1992）交通需要マネジメントの概念と展開—米国の事例を中心として—, 道路交通経済, pp.12-21.
23) Johansson, B. and Mattsson, L.（1995）*Road Pricing: Theory: Empirical Assessment and Policy*, Kluwer Academic Publishers.
24) Button, K. J. and Verhoef, E. T.（1998）*Road Pricing: Traffic Congestion and the Environment*, Edward Elgar Publishing Ltd.
25) Train, K. E.（2003）*Discrete Choice Methods with Simulation*, Cambridge University Press.
26) Williams, H.（1977）On the formation of travel demand models and economic evaluation measures of user benefits, *Environment and Planning A*, Vol.9, No.3, pp.285-344.
27) Small, K.A. and Rosen, H.（1981）Applied welfare economics of discrete choice models, *Econometrica*, Vol.49, No.1, pp.105-130.
28) 道路事業の評価手法に関する検討委員会（2008）道路事業の評価手法の見直しについて（案），第 4 回委員会参考資料 3.

第2章
交通の時間価値に関する研究の発展経緯

2.1 はじめに

「時は金なり」という慣用句からも想像されるように，時間は金銭的な価値を持つくらい重要なものだ，という認識が昔からなされてきた．また，賃金率によって，労働時間を金銭に換算することも，古今東西を問わず広く行われてきた．したがって，人々が交通時間を金銭評価したいと考えるのは，かなり自然な成り行きであったと考えられる．

では，交通の分野において，時間価値の研究はいつから始められたのであろうか．

筆者の知る限りでは，交通時間の価値という概念自体は，少なくとも1940年代にはすでにあったようである[1]．ただし，それが理論的に定式化され，さらに，実際に計測・活用されるようになったのは，1960年代に入って以降である．まず，1960年代から70年代前半には，経済学者によって，交通に限らず，時間一般についての価値研究が進められた．その後，1970年代以降は，理論的な知見をもとに，主に交通研究者によって，交通の文脈における交通の時間価値が研究された．交通の時間価値は，交通研究の重要なトピックの1つとなっており，今日に至るまで，おびただしい数の研究が発表されてきている．

---

[1] 例えば，1940年代に，Giffin[1]は，自動車利用者の時間価値に関する研究を発表している．

そこで，以下では，できる限り網羅的に，交通の時間価値に関する研究をレビューし，その発展の大まかな流れを理解することを試みる．ちなみに，交通の時間価値に関するレビュー論文は，すでにいくつか発表されている．特に，交通の時間価値導出に関する理論的な観点からのレビュー論文が比較的充実しており，例えば，古くは Bruzelius[2] に始まり，比較的近年では，González[3] や Jara-Diaz[4],[5] によるものが代表的である．一方で，実証的な観点からのレビュー論文は限られている．初期のものについては Hensher[6] や青山・西岡[7] があるが，最近のものについては，Gunn[8] や Hensher[9] が部分的なレビューをしているにすぎない．さらに，交通の時間価値に関する研究のレビューを理論と実証の両面から行っているものは，日本交通政策研究会[10] などにとどまる．したがって，本章は，最近に至るまで，実証研究を丹念にレビューし，かつ理論的な研究との関連性を網羅的に議論している点に特徴があると言える．以下では，交通の時間価値の研究の発展経緯を，交通の時間価値導出の理論と交通の時間価値推定に関する実証研究の両方の観点から整理し，それらをもとに今後の研究課題を考察する．なお，理論面では，本来は，数式を用いた厳密な説明がなされるべきだが，研究発展の経緯の大枠を理解することに主眼を置くために，本章では，数学的な解説は基本的に行わないこととする．交通の時間価値導出に関わる代表的なモデルの数学的展開については，付録にまとめられている．

2.2 交通の時間価値に関する理論的アプローチ

交通の時間価値に関する理論的な研究は，まず，1960年代中頃に交通の時間価値を導出する試みから始められた．その後，1970年代中頃には，交通の時間価値導出のための基礎研究はほぼ終了し，その後は，基礎モデルを応用することにより，交通の時間価値の特性や便益との関係に関する研究が行われた．一方で，1980年代より，離散選択モデルの中に交通の時間価値を位置づける研究が多数行われた．

2.2.1 交通の時間価値の理論研究

（1）交通の時間価値の理論的導出

まず，1960年代から，時間価値導出のモデル研究が始められた．例えば，Moses and Williamson[11]は，交通を対象として，時間価値に関する基礎的な考察を行っている．ただし，時間と所得に関する図解を用いた本質的な議論が展開されたものの，経済理論との整合性が十分でなく，体系だった理論化はなされなかった．

交通などの特定の文脈によらず，時間価値理論の汎用的な枠組みを初めて示したのは，Becker[12]である．この論文は，効用関数に時間を明示的に導入して，世帯の消費行動をモデル化したものである．このモデルの特徴的な点は，世帯を消費者であると同時に生産者でもあると考えた点である．まず，世帯内において，市場から調達した財と時間とが投入されることによって，基本的な生活財あるいはコモディティ（basic commodities）が生産されるものと仮定される．ここで，基本的な生活財としては，一般的な財よりも，むしろ活動が想定されており，論文中でも，例として，ベッド，家，（睡眠薬？）および時間を消費することによって，「睡眠」という基本的な生活財が生産される，と述べられている．その上で，各世帯は，世帯内で生産された基本的な生活財を消費することによって効用を得るものと仮定される．結果的に，世帯の効用関数は，市場から調達された財と活動時間とから構成されることと同一となる．そして，活動時間の合計が利用可能な時間と一致すること（時間資源制約），財の消費金額の合計が利用可能な予算と一致すること（予算制約）を制約条件として，世帯の効用水準を最大化するという，条件付き最大化問題が定式化されている．Becker[12]は，このモデルを用いて，活動時間の機会費用をもって，時間価値を導出している．

その後，1960年代後半には，Becker[12]のモデルの枠組みを発展させる方向で，交通の時間価値に関する理論的な研究が開始された．種々の活動の時間のうち，特に労働時間をとりだして，明示的に取り扱う枠組みを示したのはJohnson[13]である．この論文では，効用関数中に，余暇時間に加えて，労働時間が明示的に取り込まれ，交通の時間価値を対象とした分析が行われている．その結果，交通の時間価値が労働賃金率と労働の時間価値との和として表されることが示された．

また，Oort[14]は，効用関数中に交通時間を含むモデルを提唱し，交通の時間価値を導出している．これによれば，交通の時間価値は，労働賃金率と労働の時間価値との和に，さらに限界的な交通時間の価値を加えたものとして表される．

　1970年代初頭になると，時間価値の考え方を大きく発展させる画期的な研究が登場した．De Serpa[15]である．この論文は，効用に影響を与える活動時間に関して，Beckerモデルの時間制約に加えて，技術的制約[2]を新たに導入した時間配分モデルを提案し，これに基づいて，活動時間の節約価値を導出した．ここで，活動時間は，その活動に関連する財の消費に比例した特定の活動時間より少なくならない，という技術的制約条件が課されている．そして，活動時間の節約価値は，活動時間そのものの価値ではなく，活動時間の制約条件が緩和されることによって生じる効果を金銭的に評価したものとして定義されている．また，活動時間の節約価値が，2つの時間価値に分解されることも示されている．そのうち1つは，活動時間に技術的制約のない活動（論文では，この活動を「純粋余暇活動（pure leisure）」と呼んでいる）の時間の価値であり，「資源としての時間価値（value of time as a resource）」と名付けられた．もう1つは，活動時間に技術的制約のある活動（論文では，この活動を「中間的な活動（intermediate activity）と呼んでいる）の時間の価値であり，「商品としての時間価値（value of time as a commodity）」と名付けられた．交通の文脈では，交通プロジェクトの多くが，交通時間の技術的制約を緩和することを目的としていることから，便益評価で使用されるべき価値は，「交通時間価値」ではなく，「交通時間節約価値」である，という認識がなされるようになった．

　De Serpa[15]とほぼ同時期に，交通の文脈から消費者行動モデルを構築し，時間価値を導出したのがDe Donnea[16]である．ここでは，Becker[12]のオリジナル論文に忠実に従って，世帯内生産関数を導入した時間配分モデルが展開された．これに対して，De Serpa[17]は，第一に，De Donnea[16]によって導出された時間価値は，De Serpa[15]の時間節約価値と実質的には同一のものが含まれているが，

---

[2] 技術的制約には，テクニカルな意味での技術の制約（例えば，ある一定以上の速度で走行できないなど）に限らず，制度的な制約（例えば，ある一定以上の速度で走行することが禁じられているなど）も含まれる．なお，De Serpa[15]は，この制約条件のことを「時間消費制約（time consumption constraints）」と呼んだ．

それにもかかわらず論文中ではそれが明示的に示されていない；第二に，活動を時間と財との代替性によって分類しているが，それは活動時間の節約価値に何の影響も与えていない；第三に，世帯内生産関数の形状は，活動時間の節約価値と無関係である，といった問題があることを指摘している．

De Serpa[15] では，最小活動時間が，その活動に関わる財の消費のみによって決定されるというモデルが提示されたが，さらにそれを一般化させたものが，Evans[18] である．この論文は，効用関数に財を含めず，活動時間だけで効用関数が構成されるモデルを用いている点でも特徴的である．そして，各活動の最小活動時間が，全ての活動に関わる財の消費によって決定されると仮定されている．さらに，Collings[19] は，De Serpa[15] のモデルをベースに，最小活動時間だけでなく，最大活動時間の制約も考慮したモデルを提案した．

こうして 1970 年代前半で，交通の時間価値導出のための基本モデルは，ほぼ出そろった．実際，1970 年代後半以降，交通の時間価値導出モデルの理論研究は，縮小傾向にある[3]．

(2) 離散選択モデルの登場と時間価値への適用

1970 年代中頃に入ると，交通行動分析の画期的な手法として，離散選択モデルが登場した[4]．これにより，1980 年代から，離散選択モデルを用いた交通の時間価値研究が，飛躍的に発展することとなった．離散選択モデルを用いて交通の時間価値を最初に推定したのは，Hensher and Hotchkiss[20] なのではないかと思われる．ここでは，通勤目的の交通機関選択行動が二項ロジットモデルによって定式化され，時間価値が推定されている．また，Train and McFadden[21] は，財／余暇モデルを定式化し，そこから交通手段選択に関する離散選択モデルを導出した．ここでは，コブダグラス型効用関数を仮定して，線形の条件付き間接効

---

[3] 例えば，Reichman[22] は，1970 年代中頃当時における，今後の交通の時間価値の概念に関わる研究の方向性を提示している．そこでは，多様な文脈における時間価値の導出，静的な時間ではなく一方向へ流れる時間（時刻）の特性を考慮した研究，時間予算（time budget）の時間価値に与える影響，行動ベースの時間価値計測などが挙げられている．これらは，その後，いずれも理論面ではなく，実証面で研究が進められた．

[4] 例えば，McFadden[23]，Domencich and McFadden[24]，Ben-Akiva and Lerman[25] などを参照のこと．

用関数が導出されるとともに，実データを用いてパラメータの推定も行われている．このモデルでは，どのような余暇時間の時間価値も賃金率と一致することが示された．

その後，離散選択モデルの発展が進むと，離散選択モデルと交通の時間価値との関係に関する経済学的な意味合いがさらに明確にされていく．ここでは，交通の時間価値に関する理論モデルである Becker[12] と De Serpa[15] を，離散選択モデルの枠組みの中で理解する試みが行われるようになった．ただし，その理解をめぐっては，研究者間で論争が繰り広げられた．Truong and Hensher[26] は，Becker モデルと De Serpa モデルに基づいて，離散選択モデルを導出し，実証的な分析を行った．ところが，Becker モデルと De Serpa モデルの違いに関する理解をめぐっては，Bates[27] から反論が提示された．Becker モデルでは，効用関数に交通時間が含まれない一方で，De Serpa モデルでは効用関数に交通時間が含まれている．そして，De Serpa モデルには，交通時間に関する技術的制約条件があることから，交通時間節約価値が，資源としての時間価値と商品としての時間価値の和で表されることが導出される．ここで，Truong and Hensher[26] は，Becker モデルでは交通時間節約価値＝0となると論じた一方で，Bates[27] は，そもそも Becker モデルでは，交通時間が効用関数に含まれていないので，商品としての時間価値がゼロになることから，交通時間価値＝資源としての時間価値になると主張した．また，Bates[27] は，Becker モデルであっても，効用関数中に交通時間を含めることによって，De Serpa モデルと同様の結論が得られると論じた．なお，これらに対する再反論が，Truong and Hensher[28] によって行われている．これらの一連の議論では，Bates[27] が Truong and Hensher[26] の誤りを指摘したと理解されていることが多い．いずれにせよ，両者の議論は，離散選択モデルの経済学的な意義を深めることに貢献したとともに，その後，離散選択モデルを用いた交通の時間価値の推定を普及させるきっかけともなった．

その後，Bates and Roberts[29] は，De Serpa[15] のモデルを踏襲しながら，活動時間の技術的制約を特に交通の文脈で定義し，かつ De Serpa[15] のように，交通時間が関連する活動の消費量によって制約されるのではなく，最小交通時間によって制約される一般的な枠組みを提示した．このモデルは，その後の交通の時

間価値に関する実証モデルの基本形となっていると考えられる.

2.2.2 交通の時間価値の特性や便益計測との関係に関する理論研究

一方で,1980年代からは,交通の時間価値の理論モデルをもとに,それを発展させた応用モデルの構築や,交通の時間価値の理論的特性に関する研究が行われるようになった.例えば,Small[30]は,効用関数の中に,時刻の要素を組み入れたモデルを定式化し,遅延あるいは早着の価値を導出している.また,1990年代には,Jara-Diazが,既存モデルをベースに,効用関数を特定化することによって,さまざまな時間配分モデルの定式化と交通の時間価値の導出を行った (Jara-Diaz and Farah[31] ; Jara-Diaz and Videla[32] ; Jara-Diaz[33] ; Jara-Diaz[34]). これらの一連の研究の1つとして,Jara-Diaz[35]は,Evans[18]を展開させて,活動時間の技術的制約を一般化させたモデルも提案している.一方で,Jiang and Morikawa[36]は,交通の時間価値と交通時間あるいは賃金率等との関係を,比較静学分析によって理論的に分析した.これにより,ある一定の仮定の下では,交通時間や賃金率が増加するほど交通の時間価値が増加するという可能性が示された.

さらに,交通の時間価値とプロジェクト評価との関係も,理論的に議論された.例えば,Forsyth[37]は,税が存在するときの交通の時間価値の分析を行っている.ここでは,所得税や物品税などのさまざまな税が存在する場合のモデルを定式化し,交通の私的(主観的)時間価値と交通の社会的時間価値とを導出している.そして,特に,交通プロジェクトの社会的便益を計測する際に,両者の違いを考慮することが重要であることを示した.Jara-Diaz[38]は,交通の時間価値と消費者余剰との関係を論じている.ここでは,離散選択モデルを前提とした場合における,交通の時間価値から社会的便益を導出する方法が解説されている.また,Gálvez and Jara-Diaz[39], Mackie et al.[40]は,交通の主観的な時間価値と交通の社会的な時間価値とを区別した上で,仮に主観的な時間価値が用いられると,交通プロジェクト評価において公平性の観点から問題が生じる可能性を指摘している.

2.3 交通の時間価値に関する実証的アプローチ

　交通の時間価値の実証的な議論は，最初は，交通の時間価値の理論研究とは独立して始められた．初期には，集計データによる単純な分析しか行われなかったが，計算機能力の向上と離散選択分析の普及によって，次第に複雑な計量経済分析が可能になり，特に1990年代以降は，急激に交通の時間価値の実証分析が増加した．

2.3.1　初期における交通の時間価値推定に関する工学的研究

　交通研究の分野で，交通の時間価値の実証的な研究が始まったのは1960年代中頃からである．ただし，この時期に行われた交通の時間価値の推定では，理論的な研究から導かれるような経済学的な根拠を持つものはあまりみられず，主に，工学的なアプローチから時間価値の推定が試みられた．以下に，1960年代から1970年代前半に用いられた，交通の時間価値推定の代表的な5つのアプローチを示す．

　第一のアプローチは，交通サービスに関わる選択結果の異なる個人間を比較することによって，交通の時間価値を間接的に推定しようとするものである．Beesley[41]は，1963年に英国交通省に勤務する公務員を対象に行ったアンケート調査データから交通の時間価値を推定している．ここでは，公共交通と自家用車との交通手段選択データを用いて，交通時間と交通費用とのトレードオフが生じている被験者を対象に，(i) qペンスの支出に対するp分の短縮を受け入れるサンプルとそれを拒否するサンプルとのサンプル集団間の境界から最小の交通の時間価値を求める一方で，(ii) p分の時間の増加に対するqペンスの収入を受け入れるサンプルと拒否するサンプルとのサンプルグループ間の境界から最大の交通の時間価値とをそれぞれ求めた．同様の方法は，Beesley[42]でも示されており，紙と鉛筆を使って時間価値を計算する単純な図は，しばしばBeesleyグラフ（図-2.1を参照のこと）と呼ばれている（Gunn[8]; Hensher[9]）．また，Quarmby[43]は，Beesley[41]と同一のアプローチを用いつつ，グループ間の境界を求めるのに判別分析を用いて，統計的に時間価値を求める方法を提示している．

2.3 交通の時間価値に関する実証的アプローチ

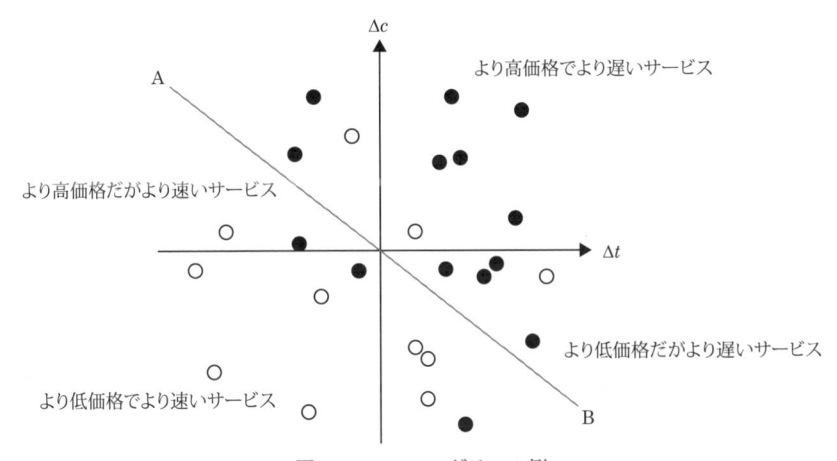

図-2.1 Beesley グラフの例

図中の○と●はそれぞれ被験者のサービス選択の結果を表す．直線 AB は，$\Delta c = \theta \Delta t$ となるように設定される．ここで，$-\theta$ は時間価値を表す．○と●が最もうまく分類されるよう直線の傾きが求められる．

第二のアプローチは，時間変化に対する支払意思額から，直接的に時間価値を推定する方法である．Lee and Dalvi[44] と Dalvi and Lee[45] は，表明選好（Stated Preference）アプローチに基づいて，支払意思額を直接尋ねることによって，時間価値を推定する方法を提示した．ここでは，被験者に対して，現在の交通手段の交通時間はそのままで，交通費用がどの程度まで上昇すれば，別の交通手段に転換するか（転換価格：Transfer Price），という質問をすることによって，交通の時間価値が推定されている．

第三のアプローチは，不動産価格の関数から交通の時間価値を推定する方法である．Wabe[46] は，ロンドンの 93 カ所の平均住宅価格のデータを用いて，この住宅価格を説明する直線回帰式を推定した．これより，交通時間と住宅価格の関係から交通時間の金銭的価値を求めている．それ以外にも，類似のアプローチをとっているものには，Nelson[47] や Edmonds[48] が挙げられる．

第四のアプローチは，集計的な交通行動モデルから交通の時間価値を推定する方法である．これには，重力モデルなどのモデルを用いて，集計的な情報から抵抗関数中の交通時間と交通費用との重み付けを求めるもの（Mansfield[49]；Smith[50]）や，所得水準と交通需要との関係式から交通の時間価値を推定してい

るもの（Goodwin[51]）などがある．

　第五のアプローチは，活動中の人の生理的なデータから，特定の活動の時間価値の相対値を求めようとする方法である．Goodwin[52]は，消費エネルギー，心拍数，皮膚表面の電気抵抗の変化などの観測データをもとに，鉄道やバスの待ち時間の時間価値が車両内時間の2倍であり，徒歩の時間価値が車両内時間の約2.5倍であるという結論を出した．

　なお，1976年には，米国交通学会（Transportation Research Board: TRB）の年次大会において，交通の時間価値に関する特別セッションが組まれ，それに伴い特集号が発行された．そこで，Hensher[6]は，それまでの交通の時間価値の実証研究を網羅的にレビューし，1960年代から70年代前半までに行われてきた，交通の時間価値推定の工学的アプローチをさまざまな角度から批判している．その批判の主な理由は，いずれの手法も，経済学的根拠が弱いことにあったと言える．この後，交通の時間価値の推定方法と経済理論との整合が図られるプロセスの中で，交通の時間価値の推定方法は，次第に，上述の第一と第二のアプローチに限定されていった．また，いずれも離散選択モデルを用いた手法へと集約されていった．

2.3.2　交通の時間価値推定における表明選好（SP）アプローチの導入

　交通の時間価値の推定におけるSP調査データの活用は，もともと転換価格（Transfer Price）を用いたアプローチから始まっている．転換価格とは，その価格以上に運賃が値上げ（もしくは値下げ）されれば別の交通サービスに変更すると利用者が考える価格のことである．ここでは，まず，「あなたが利用していない選択肢へ転換するには，現在利用している選択肢の費用がどれだけ増加しなければならないか」という形式の質問を行って，個人の支払金額（＝転換価格）に関するデータを得る．得られたデータに対して，

　　（転換価格）＝（時間価値）×（交通時間の差分）－（交通費用の差分）
　　　　　　　　＋（誤差項）

という式が仮定され，誤差項に正規分布を適用することにより，多くの場合，最

小二乗法によって時間価値が推定される．Bonsall[53]によれば，転換価格の概念は，Georgesu-Roegen[54]によって示された知覚閾値あるいは無差別点と関連しているとされる．転換価格は，SP調査データによって得られるため，通常のSP調査の持つ利点と欠点とを併せ持つ．SP調査の一般的な利点は，意思決定プロセスに関して多くの情報を入手でき，かつ現実の行動からは把握が困難な選択対象（例えば，現在存在していないサービスに対する反応）についても情報を収集できることであるが，一方で，潜在的な欠点は，調査で表明される意向と実際に生じるであろう行動とが一致しないかもしれない，という点にある．転換価格法は，SP調査データによる時間価値推定の一種であるが，特に回答者が現在のサービス状況をベースとしている点に特徴がある．そのため推定される価値に，不可避的に習慣効果が含まれることが指摘されている（Gunn[55]）．

転換価格を用いた時間価値推定は，すでに述べたように，Lee and Dalvi[44]とDalvi and Lee[45]によって，先進的に取り組まれていた．その後，Hensher[56]やHauser and Greenough[57]によっても，転換価格あるいはそれに類似した方法を用いて，交通の時間価値を推定した事例が報告された．ところが，Hensher[56]に対しては，Small[58]によって，反論が提示された（ちなみに，それに対する反論はHensher[59]に，さらにそれに対する異論と反論が，Layton[60]に示されている）．Small[58]の反論の内容は，交通の時間価値を推定するために使用された手法の一部に，経済学的な根拠の乏しいものが含まれている，というものであった．具体的には，Hensher[56]では，交通の時間価値の算定式の説明変数に，交通距離が含まれていたり，心理学的な閾値が用いられていたりするが，経済学的な観点からは，これらの変数が含まれる根拠が薄弱である，というものである．また，Small[58]は，伝統的な経済学において広く受け入れられている「顕示選好アプローチ」に立脚した交通の時間価値の推定，つまりRP（Revealed Preference：顕示選好）データを用いた時間価値の推定がなされるべきである，との主張を展開した．こうした議論が行われた背景には，経済学者のSPデータに対する懐疑的な態度も含まれると考えられる．その後，Broom et al.[61]は，転換価格法による時間価値とRP調査データによって推定された時間価値との比較を行い，行動結果より得られる効用差と転換価格との間の相関が低いため，転換価格を信頼できる指標とは見なせない，との見解を示した．こうした研究の結果，転換価格法は，

次第に用いられなくなっていった．

　転換価格法に代わって，広く用いられるようになったのが，SP調査によって収集された選好意識データに基づく時間価値の推定である．ここで，選好意識データとは，交通サービスの選択の際重要と考えられる特性に基づいて，仮想的な選択肢のセットを準備し，これらを被験者に提示することによって，収集されるデータのことである．転換価格法との最大の違いは，現在の選択状況を必ずしも前提としない点である．その初期における代表的な研究は，Hensher and Truong[62]である．ここでは，まず，仮想的な時間・費用特性を持つ複数の選択肢を実験計画法によって設計し，アンケートによるSP調査によって被験者の選択データを収集する．その選択データに基づいて，非線形の条件付き間接効用関数を定式化した上で，時間価値の推定が行われている．

　SP調査によって収集された選好意識データに基づく時間価値推定法が提案されたことを受けて，実務的にも，交通の時間価値の推定にSP調査データが導入されるようになる．1987年の英国における交通の時間価値に関する調査（MVA Consultancy et al.[63]）では，少なくとも英国で初めて，公式にSP調査データが用いられた．その主な経緯は，以下の通りである．まず，1980年に交通省および英国鉄道からの委託で，MVAコンサルタント，リーズ大学交通研究所，オックスフォード大学交通研究ユニットによって，交通の時間価値に関する調査フェーズ1が始められた．フェーズ1では，当初RPデータを用いた分析が行われていた．ところが，その途上で，純粋な選択が実際に行われる適切な場所を見つけることが困難であることや，交通の時間価値を高精度で推定するためには，大量のデータが必要であるがそれを入手する費用や時間が膨大であることが指摘された．そのため，RPデータに加えて，SPデータの活用が検討されるべきと推奨された．しかし，当時の英国ではSP調査の経験がほとんどなかったため，調査フェーズ2では，同一の被験者を対象として，RPデータとSPデータの両方を比較する試みが行われた．複数のSP調査デザインが比較された結果，SP調査の結果とRPデータとでは，ほとんど違いがないことが示された（Wardman[64]）．こうした結果を受け，その後，英国を中心に，SP調査データを用いた交通の時間価値の計測が盛んに行われていくようになっていった．

　1990年代に入ると，SP調査によるデータ収集手法に関する研究が多数発表さ

れるようになる．これには，例えば，Bradley and Gunn[65]，Calfee et al.[66]，Richardson[67]，Hensher[68), 69]などが含まれる．また，交通の時間価値推定のためのSP調査設計法に特化した調査報告も行われている（De Jong et al.[70]）．さらに，SP調査に関わるバイアスとして，戦略バイアス（自分の選択しているサービスを過大評価するバイアス）が考えられるが，これがどの程度発生しているのかを，交通機関間で交通の時間価値に差が生じる原因の解明を通じて，自己選択バイアスの可能性も考慮しつつ，分析している事例もある（Fosgerau et al.[71]）．

2.3.3 交通の時間価値に関するメタ分析

1980年代以降，離散選択モデルを用いた交通の時間価値は，世界各地で行われるようになった．ところが，各事例における交通の時間価値の推定結果は，当然ながら，データ収集時の社会経済環境条件に大きく影響を受ける．そのため，特定の場所や時点のデータだけで，交通の時間価値に関する汎用的，一般的な傾向を見いだすことが難しい，という限界がある．そこで，交通の時間価値推定に関する研究の蓄積とともに，複数の研究成果を総合的にみることによって，交通の時間価値の大まかな傾向をつかむタイプの議論が行われるようになった．

例えば，Small and Verhoef[72]は，交通の時間価値を推定した複数の実証研究をレビューしている．その結果，通勤目的の交通の時間価値は，事例によってばらつきはあるものの，税控除前の賃金率の約50％であると述べている．同様に，Miller[73]は，世界各国で行われた交通の時間価値の推定結果を広範にレビューし，米国の交通の時間価値設定への提言を行った．これによれば，自動車運転者，歩行者，自転車利用者の交通の時間価値は賃金率の55％，自動車同乗者および公共交通利用者については賃金率の40％を用いることが推奨されている．また，業務交通については，賃金率にフリンジベネフィットおよび車両・車庫費用を加えたものが望ましいこと，交通目的や短縮交通時間によって交通の時間価値を変更する必要はないことが推奨された．さらに，各国のプロジェクト評価のガイドラインで示される時間価値の国際比較も行われている．例えば，世界道路協会（PIARC）では，協会メンバー国の道路交通の時間価値の比較が行われている（PIARC Technical Committee on Economic and Financial Evaluation[74]）．

一方で，1990年代後半には，多数の交通の時間価値に関する研究成果をデー

タベース化して，全体的な傾向を統計的に分析しようとする，いわゆるメタ分析が登場するようになる．交通の時間価値に関するメタ分析を初めて行ったのは，Wardman[75]である．Wardman[75]は，1980年以降に英国で行われた交通の時間価値に関する計測結果をデータベース化し，それをもとに英国の交通の時間価値の傾向をメタ回帰分析によって分析した．これより，交通距離が長いほど交通の時間価値が増加すること，業務交通の方が非業務交通よりも交通の時間価値が高いこと，使用される交通機関間で交通の時間価値が異なること，非業務交通でも通勤と通勤以外では交通の時間価値が異なることなどが示された．Wardman[76]は，さらに分析を進め，交通の時間価値のGDP弾性値が0.5程度であること，SPデータによって推定された時間価値とRPデータによって推定された時間価値との間には，強い相関があることなどを示した．その後，Wardman[77]は公共交通の時間価値に関するメタ分析を行い，Zamparini and Reggiani[78]とShires and de Jong[79]は，欧米の複数国のデータを用いた交通の時間価値のメタ分析を行っている．さらに，Abrantes and Wardman[80]は，メタ分析の対象とする論文の範囲を広げ，1960年代から2008年までの1,749データをもとに再度メタ分析を行っている．そこから，交通の時間価値のGDP弾性値が0.9程度であること，徒歩時間および待ち時間の時間価値は，車両内時間価値の2倍よりも小さいことなどを示している．

　これらの一連のメタ分析の結果は，異なる時点や異なる地域で推定された交通の時間価値の特性に共通の傾向を見いだそうとする試みであった．これらの結果は，交通の時間価値がまだ十分に研究されていない国や地域の交通プロジェクト評価に携わる実務者に大きなインパクトを与えることになった．

2.3.4　交通の時間価値の特性に関する実証研究

　2000年代に入ると，交通の時間価値の実証研究は，急激に増加した．2001年には，Transportation Research Part E誌において，交通の時間価値に関する特集号が組まれ，多様な観点から交通の時間価値に関する最新情報が提供された[5]．そして，交通の時間価値の持つ特性に対する関心が，世界的に高まった．

　Mackie et al.[81]は，交通の時間価値に関して，いまだに解決されていない主要な課題を3つ示した．1つめは，交通時間短縮の符号・大きさと交通の時間価

値との関係，2つめは，時系列での交通の時間価値の変化，3つめは，雇用者の業務交通の時間価値である．いずれの課題についても，現在までに，さまざまな実証分析の結果が提示されているものの，まだ明確な結論は出されていない．

まず，第一の課題のうち，交通時間短縮の大きさと交通の時間価値との関係は，Welch and Williams[82]によって提起された問題である．彼らは，ある特定の閾値未満の時間短縮の場合には，交通の時間価値は閾値以上の時間短縮の場合よりも小さくなるという仮説を提示した．これに対する実証分析の結果は，2つに分かれている．Hultkrantz and Mortazavi[83]は，短縮される交通時間が10〜15分以下の短時間の場合には，交通の時間価値はゼロもしくはマイナスになる可能性があることを示した．一方で，Mackie et al.[84]は，短縮される交通時間がたとえ短くても，交通の時間価値は変化しないという結果を得ている．次に，交通時間短縮の「符号」と交通の時間価値との関係に関する課題とは，交通時間が減少するか増加するかという時間変化の方向によって，交通の時間価値が異なるかどうか，という問題である．Gunn[85]は，交通時間が増加するときの方が，減少するときよりも交通の時間価値が高くなる効果のことを「符号効果」と呼んだ．これに関して，Hess et al.[86]は，符号効果はある程度存在することを示した．一方で，こうした効果が生まれるのは，SP調査のデザインに問題があるからだ，という主張（Mackie et al.[84]）も出されている．実際，Bates and Whelan[87]は，±20分の減少と増加では有意な差はみられなかったと報告している．

第二の課題は，交通の時間価値は，年を経るごとに増加するのか減少するのか，それとも一定なのか，という問題である．例えば，最初の英国における交通の時間価値調査（MVA Consultancy et al.[63]）では，実質時間価値が時系列で一定という仮定は，理論的な観点から見れば，時間価値が所得水準とともに変化させる設定と「同程度に論理的でかつ正当と認められる」と主張された．また，「この問題は，今後の研究課題として残すべき点だと思われる」としている．この課題

---

[5] ここには，交通の時間価値と交通時間の信頼性価値に関するもの（Bates et al.[88]；Lam and Small[89]），交通の時間価値の統計的信頼性に関するもの（Armstrong et al.[90]），交通の時間価値の交通プロジェクト評価への適用に関するもの（Mackie et al.[40]），交通の時間価値の時間・空間移転性に関するもの（Gunn[85]），交通の時間価値の感度に関するもの（Hensher[91]）が含まれる．

に対しては，主に 3 つのアプローチから実証分析が行われてきている．1 つめのアプローチは，繰り返し調査によって，時点間の変化をみるものである．Gunn et al.[92] は，オランダにおける 1988 年と 1997 年の交通の時間価値に関する調査の結果をもとに，交通の時間価値はこの 2 時点間で減少したことを示した．これは，携帯電話やノート PC の普及によって，移動時間の生産性が向上したことと，オランダの労働制度の変更のためであると考察されている．2 つめのアプローチは，クロスセクショナルなデータを用いて，所得と交通の時間価値との関係を分析するというものである．Algers et al.[93] は，スウェーデンのデータを用いて実証的に分析した結果，「所得と交通の時間価値との関係は，他の多くの調査でも示されているように正の関係があるが，かなり弱い」と結論づけている．最後に，3 つめのアプローチは，メタ分析によるものである．すでに述べたように，Abrantes and Wardman[80] は，英国の研究成果をデータとして，メタ分析を行い，交通の時間価値の GDP 弾性値が正値であることを示した．後者の 2 つのアプローチでは，所得や GDP の変化に伴い，交通の時間価値も変化することが示唆されている．

　第三の課題は，業務交通の時間価値をどのように設定するべきか，という問題である．これには，2 つのアプローチがあると言われている（Fowkes et al.[94]; Fowkes[95]）．第一のアプローチは，理論的な議論に立脚するものであり，費用節約アプローチと呼ばれている．ここでは，雇用者は，オーバーヘッド費用も含めた総賃金費用が，労働によって産出される限界的な生産価値と一致するように労働力を雇用するものと仮定される．この場合，交通の時間価値は労働に関連するオーバーヘッド費用を含めた労働賃金率と一致することになる．ところが，これには，さまざまな暗黙の仮定のあることが指摘されている（Harrison[96]）．そこで，これらの仮定を緩和したものとして提案されたのが，Hensher[97] による Hensher アプローチと呼ばれているものである．このアプローチによれば，業務交通の時間価値は，雇用者と被雇用者の両者の観点から決定されるべきとされる．ところが，これに関する理論的な裏付けが弱く，実証分析も十分に進んでいない．なお，近年では，携帯電話やスマートフォンなどの登場により，業務交通中にさまざまな活動を行えるようになりつつある．こうした旅行者は，「ブリーフケーストラベラー」（Mackie et al.[84]）と呼ばれているが，移動中の活動を考

慮した業務交通の時間価値の設定が英国では研究課題の1つとなっている（Mackie et al.[81]）．

それ以外にも，さまざまな観点から交通の時間価値の特性が報告されている．例えば，交通時間・距離と交通の時間価値との関係については，交通時間・距離の増加とともに交通の時間価値も増加するという結果を得ている研究（Wardman[75],[76],[77]; Axhausen et al.[98]），交通の時間価値は減少するという結果を得ている研究（Hultkrantz and Mortazavi[83]; Hensher[99]; Kato and Onoda[100]），交通の時間価値は条件次第で増加にも減少にもなるという結果を得ている研究（De Lapparent et al.[101]; Jiang and Morikawa[102]; Kato[103]）が混在しており，いまだにその結果は確定していない．

また，離散選択モデルの発展に伴い，交通の時間価値の分布を明示的に考慮したモデルや，選択肢間での誤差の相関を考慮したモデルから，交通の時間価値が推定される試みも行われるようになった．特に，Mixed Logit モデルの登場によって，パラメータにさまざまな分布を明示的に考慮することにより交通時間の分布が推定された（Hensher[9]; Hess et al.[104]; Sillano and Ortuzar[105]; Crillo and Axhausen[106]）．また，ノンパラメトリック推定によって，交通の時間価値の分布を推定した事例も発表された（Fosgerau[107]）．

2.4 交通の時間価値の設定に関する議論・調査

2.4.1 一般化費用と交通の時間価値

交通の時間価値は，一般化費用の文脈でも，交通研究者によって探求がなされてきている．交通計画の分野で，一般化費用という概念が導入され，広まったのは 1960 年代と言われる[6]．一般化費用は，交通需要分析と交通プロジェクト評価とをつなげる重要な概念として，まずは，主に英国やオーストラリアの実務において広く用いられるようになり，その後，世界中で用いられるようになっていっ

---

[6] 交通研究において，一般化費用の概念を最初に提唱したのは，Tanner[108] であると言われる．

た．一般化費用とは，交通研究に固有の概念であり，通常は，交通時間×時間価値＋交通費用によって定義されるものである．1970年代には，一般化費用の意義が議論される中で，交通の時間価値の検討が進められた．最も有名なのは，Grey[109)]による一般化費用に対する批判と，その後の一連の議論であろう．

その背景には，英国において1970年代初頭に発表された，一般化費用に関する政府のガイダンスがある．英国では，当時の交通省により McIntosh and Quarmby[110)] のいわゆる MAU ノート 179 が発表され，一般化費用に関する全国的なガイダンスが示された．ここでは，ローカルなデータが存在しない限り，英国内の交通プロジェクトの便益計測に，ガイダンスに示される交通の時間価値の標準値（standard value）を用いることが推奨された．また，車両内時間価値の標準値としては，平均賃金率が用いられた．なお，徒歩時間，待ち時間，乗り換え時間の時間価値は，車両内時間の時間価値の2倍とすることが示された．また，この標準値は，全ての業務目的交通に用いられる一方で，非業務目的交通については，賃金率の25％の時間価値を用いるべきことが推奨された．

こうしたガイダンスを受けて，Grey[109)] は，一般化費用に対してさまざまな観点から批判を行った．そのうち，特に交通の時間価値に関わる部分の批判は次の二点にまとめられる．

- 交通時間と交通費用とを一般化費用に統合することよって，単一の指標を作ること自体がそもそも妥当でない．
- 標準値として示される時間価値と，実証的な交通データから得られる時間価値との間で矛盾が生じる．特に，交通の時間価値は，地域や個人によって異なるものであって，政府が全国値として標準値を設定することは，現実との乖離を助長する．

同じジャーナルの紙面上において，Goodwin[111)] は，Grey[109)] の批判とそれに対する Searle[112)] のコメントをベースに，次のような議論を行っている．Grey[109)] の第一の批判については，一般化費用は，単一の指標を作ることを目的とするものではなく，交通行動に影響を与える複数の要因間の関係を明確にすることに主眼が置かれている；第二の批判については，「需要予測はプロジェクト評価と同一でない」と明言した上で，需要予測とプロジェクト評価とで異なる一般化費用・時間価値が用いられるべきである，とそれぞれ論じている．

その後，Grey[113]は，Goodwin[111]に再反論し，英国のガイドラインの修正を再度提案した．さらに，これらの議論を受けて，Bruzelius[114]は，一般化費用を交通需要分析で活用するための条件を分析している．そして，ミクロ経済理論と整合的な一般化費用は，交通の時間価値が，所得水準から独立であるときにのみ成立することを示した．

以上で争われた一般化費用に関する論点は，交通の時間価値の存在そのものの意義や，交通プロジェクト評価と交通需要予測との関係に関わる本質的なものを含んでいたと言えるだろう．例えば，現在でも，交通の時間価値を用いて，交通時間と交通費用とを1つの指標にまとめることそのものに懐疑的な意見が出されることがある（例えば，Lyons[115]）．また，需要予測とプロジェクト評価とで交通の時間価値を一致させるべきか否かは，現在でも主要な論点である．例えば，Mackie et al.[84]は，交通の時間価値は，理想的にはプロジェクト評価と需要予測とで一致させるべきであるが，データ制約等の実務的な制約から両者は異ならざるを得ないと論じている．

2.4.2 国単位での交通の時間価値調査

離散選択モデルが，実務でも普及するようになると，世界各国で交通手段選択を主な対象として，離散選択モデルによる時間価値計測が行われるようになった．また，先進各国で交通プロジェクト評価に，費用便益分析が導入されるようになり，その中で交通の時間価値設定の重要性が増していった．

ところが，交通の時間価値は，交通市場環境によって大きく影響を受けることから，他国における特性が自国でも常に成立するわけではない．そこで，欧州の先進国を中心に，国単位で，交通の時間価値に関する研究が始められるようになった．その先駆けとなったのは，先に述べた1987年の英国における交通の時間価値に関する調査（MVA Consultancy et al.[63]）である．これは，1970年に発表されたMAUノート179の交通の時間価値を抜本的に見直すものであり，交通の時間価値の計測技術の進歩を反映して，離散選択モデルによる実証的な分析が本格的に取り入れられた．その結果を受けて，1987年に英国交通省から発表された公式文書では，国としての交通プロジェクト評価の基本方針が示された．ここでは，例えば，非業務交通の時間価値について，これまでと同様，標準価値を

使用することが継続されることとなったが，その価値は，実証分析を踏まえて，賃金率の43%に変更された．

英国における調査の後，欧州各国において，次々と国レベルでの時間価値調査が実施された．ここには，オランダ（Hague Consulting Group[116]），ノルウェー（Ramjerdi et al.[117]），スウェーデン（Alger et al.[93]），フィンランド（Pursula and Kurri[118]），スイス（Axhausen et al.[98]；Hess et al.[119]）が含まれる．また，英国では1996年に2回目の交通の時間価値調査が実施され（Hague Consluting Group and Accent Marketing & Research[120]），さらに3回目の調査も実施されている（Mackie et al.[84]）．同様に，オランダでも，2回目の調査が実施されている（Gunn and Rohr[121]）．

2.5 最近の交通の時間価値に関する研究

交通プロジェクト評価に交通の時間価値を使用することの妥当性に対する疑念は，すでに早い時期から提示されてきた（例えば，Atkins[122]）．これに関連する議論は，現在も，依然として継続されている．例えば，Richardson[123]は，移動時間中に正の効用が存在することから，交通の時間価値がゼロとなる可能性を指摘した．これは，そもそも人間は必ず特定の時間，交通を行うものであるという仮説（交通時間予算仮説（travel time budget: TTB），Mokhtarian and Chen[124]）などを背景にしたものである．また，実際，Metz[125]は，英国で過去30年以上にわたって実施されてきた全国交通調査（National Travel Survey: NTS, Department for Transport, 2006）のデータをもとに，国民の交通時間の変遷を調べたところ，年間1人当たりの平均交通時間は，1970年初頭より，ほぼ385時間で一定しているという報告を行った．Metz[126]は，この結果を受けて，交通プロジェクト評価において交通の時間価値を用いることに異議を唱えた．彼は，短期的には，交通時間の短縮価値は存在するが，中長期的には，新たな交通需要が誘発され，結果的に，集計的な交通時間に影響を与えないことから，交通時間の短縮価値はゼロであると主張した．現実の交通プロジェクトの便益評価では，交通の時間価値が将来にわたって一定もしくは，増加するという仮定が置かれる

ことが多いことを考えれば，中長期的には交通の時間価値がゼロである，というMetzの主張は，便益が現行のプロジェクト評価結果よりも低くなる可能性を示唆している．これに対しては，Transport Reviews誌上で合計6編（Givioni[127]；Lyons[128]；Mackie[129]；Noland[130]；Shwanen[131]；Van Wee and Rietveld[132]）の反論が寄せられており，さらにそれに対する反論（Metz[133]）も提示されている．いまだに，この問題に対して明確な結論は出されていない．

2000年頃からは，交通の時間価値に加えて，交通時間の信頼性価値に関する研究も盛んに行われるようになってきている[7]．交通時間の信頼性価値の計測方法は，主にスケジューリングアプローチと平均分散アプローチと呼ばれる2つの方法に分類される（Hollander[134]）．スケジューリングアプローチとは，時刻選択行動の変数に交通時間の分散は直接的には含まれず，あくまでも交通時間そのものによって効用が発生すると考えるものである．一方で，平均分散アプローチとは，選択行動の変数に交通時間の分散が直接的に説明変数として含まれるもので，ここでは，個人は交通時間とは別に，交通時間の分散を直接認識して，行動を決定することが仮定される．両者は，ある一定の仮定のもとでは一致することが示されている（Bates et al.[87]；Noland and Polak[135]；Fosgerau and Karstrom[136]）．交通の時間価値は，交通時間の信頼性価値を推定する場合に同時に推定されることが多い．例えば，Bates et al.[87]は，平均分散アプローチに基づいて，標準偏差により時間信頼性の価値を推定しており，その結果，交通時間の信頼性価値は，交通の時間価値の0.8〜1.3倍程度になるという結果を得ている．Small et al.[137]，Brownstone and Small[138]は，南カリフォルニアのロードプライシングにおけるデータをもとに，交通の時間価値と時間信頼性の価値を推定している．ここでは，交通時間の信頼性価値を，中央値と80％タイル（あるいは90％タイル）値との差を変数として用いた離散選択モデルによって推定している．また，Fosgerau and Karstrom[136]，Fosgerau and Engelson[139]は，コペンハーゲンのデータを用いて，交通時間の信頼性および交通時間の分散の価値をそれぞれ分析している．

---

[7] 交通時間の不確実性を考慮した時間価値の研究は，それまでにもなかったわけではない，例えば，Knight[140]，Guttman[141]，Menashe and Guttman[142]，Senna[143]などが挙げられる．

なお，交通の時間価値は，主に先進国の交通プロジェクト評価に用いられてきたが，近年，開発途上国の交通プロジェクトにおいても，その重要性が指摘されるようになってきている（Gwilliam[144]）．開発途上国における交通の時間価値に関する研究は，極めて限定されているが，その例外として，IT Transport[145]によるバングラデシュの農村地区における交通の時間価値推定が挙げられる．ここでは，RP調査とSP調査の両方によって人々の選好データを収集し，その結果から，RPデータによる時間価値の推定が実質的に不可能であったこと，SPデータの結果より，低所得地区の人々にも時間短縮に対する支払意思があること，現地の産業特性から業務交通の定義が困難であることなどが示されている．また，World Bank[146]は，既往の研究をレビューした上で，最貧国における交通の時間価値の設定に関するガイダンスを示している．ここでは，最低でも業務交通と非業務交通とを分けて時間価値を設定すべきこと；理想的には，異なるタイプの職種に対応した賃金率を使用すること；所得水準，社会経済特性，交通目的等を考慮すること；徒歩および待ち時間に対する修正を行うこと；交通手段別の価値を設定すること；中長期的な交通の時間価値の変化を考慮すべきことなどが示されている．

2.6 交通の時間価値に関する研究の発展経緯のまとめ

これまでの交通の時間価値に関する理論研究および実証研究の歴史的経緯を整理すると，**図-2.2**のようにまとめられる．

交通の時間価値導出の理論研究は，1960年代に開始された．交通に限らない一般的な時間配分型の消費者行動モデルであるBecker[12]をスタートとしている．Johnson[13]やOort[14]は，労働時間や交通時間が効用関数に含まれるモデルを定式化し，労働賃金率とは異なる交通の時間価値を導出した．その後，De Serpa[15]は，活動時間に制約のあるモデルを提案し，資源としての時間価値，商品としての時間価値，活動時間の節約価値の3つの概念を示した．それ以降は，これらの研究の枠組みをベースとする計量経済モデルが提案された．例えば，Train and McFadden[21]は，Beckerモデルをベースとした離散選択モデルを，

2.6 交通の時間価値に関する研究の発展経緯のまとめ

図-2.2 交通の時間価値に関する研究の系譜

43

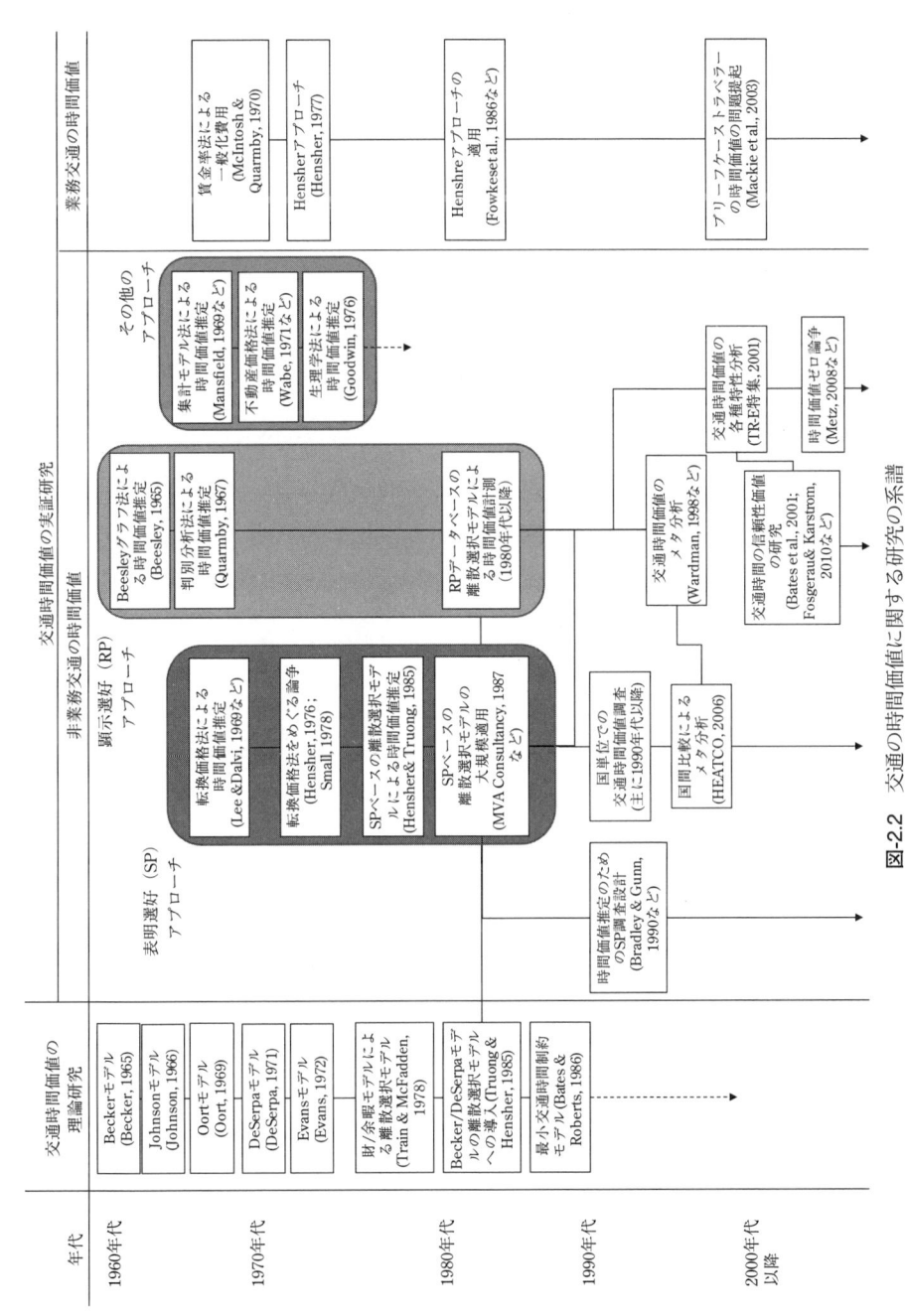

Truong and Hensher[26]は，BeckerモデルとDe Serpaモデルを組み込んだ離散選択モデルをそれぞれ提案している．さらに，Bates and Roberts[29]は，De Serpa[15]とTrain and McFadden[21]のモデルをベースとして，最小交通時間を用いた時間配分モデルから交通時間節約価値を導出している．

一方で，交通の時間価値の実証研究の発展経緯は，業務交通と非業務交通とで異なっている．まず，業務交通の時間価値については，賃金率アプローチに基づいて，一般化費用の概念が提示された（McIntosh and Quarmby[110]）．その後，Henshelアプローチ（Hensher[97]）によって，より緻密に業務交通の時間価値を算定することが提案された．また，この改良を進めることで，実データを用いた業務交通の時間価値が推定された（Fowkes et al.[94]）．なお，Hensher[97]によれば，業務交通の時間価値の推定に関して，Hensherアプローチ以外にも，マクロ選択法と呼ばれる集計モデルによる推計方法や，生産費用関数アプローチと呼ばれるインタビューに基づく手法があったが，いずれも理論面，実用面での欠点があり，採用されるに至っていない．実務的には，賃金率アプローチが採用されることが多いため，Hensherアプローチの登場以降，業務交通の時間価値の研究はほとんど進んでいない．業務交通の時間価値に関して，「この分野はそれが無視されるがゆえに重要である」（Harrison and Taylor[147]）という指摘は，現在においても有効である．なお，Mackie et al.[81]は，ブリーフケーストラベラーと呼ばれる，移動中に業務を行う旅行者の交通の時間価値に関する問題提起を行っている．

一方で，非業務交通の時間価値については，数多くの研究が蓄積されてきた．まず，実際の行動結果に関するデータ（RPデータ）から紙と鉛筆によって時間価値を推定するという，原始的なアプローチがBeesleyグラフとして提案された（Beesley[41]）．また，それを統計的に行うために，判別分析によるアプローチが提案された（Quarmby[43]）．その一方で，インタビューによって直接的に転換価格を尋ねた結果により時間価値を推定するという，転換価格法が提案された（Lee and Dalvi[44]）．これを用いた時間価値推定法をめぐって，実用性を重視する立場と経済理論との整合性確保を重視する立場とでの対立が発生した（Hensher[56]; Small[58]）．その後，1970年代中頃に登場した離散選択モデルの経済的裏付けをもとに1980年代には，離散選択モデルを用いた時間価値推定法が，RP, SPの

いずれのデータについても適用されることとなった．これにより，交通の時間価値の実証研究が世界的に行われるようになっていった（MVA Consultancy et al.[63]など）．その後も，SP調査の持つ各種バイアスを排除するためのさまざまな研究が展開されている．交通の時間価値推定のための標準的な手法が確立されたことを受けて，1990年代以降，各国で国単位の交通の時間価値調査が実施された．また，交通の時間価値の実証分析の蓄積が一定程度に達したことを受けて，それらをデータベースとして時間価値の特性に関するメタ分析が実施されるようになった（Wardman[75]など）．1990年代頃から交通の時間価値の特性分析が多数行われるようになり，2001年のTransportation Research Part Eでは交通の時間価値に関する特集が組まれた．2000年代になると，新たに交通時間の信頼性価値の研究が始められる（Bates et al.[88]）一方で，交通の時間価値の意義に関して疑問が呈される（Metz[126]）など，現在も交通の時間価値に関する研究は進行中である．

2.7 交通の時間価値に関する研究の課題

　以上で示されたように，交通の時間価値の研究は，理論と実証の両面から進められてきた．理論，実証ともに，研究者の交通の時間価値研究に対する熱意によって次々と新たな課題に取り組まれてきた．また，データ収集および分析の技術の進展とともに，順次次のステップへと進んできたプロセスが伺える．また，交通の時間価値は，交通需要分析，交通プロジェクト評価，交通調査法に関する研究の発展の重要な構成要素でもあった．

　ただし，交通の時間価値に関する研究がスタートして，すでに半世紀が経とうとしているにもかかわらず，理論と実証が十分に融合されているとは，いまだに言えない状況にあるのも事実である．例えば，2000年に発刊された交通モデルに関するハンドブック（Hensher and Button[148]）では，交通の時間価値のトピックは，2つの章に分かれて登場する．1つは，理論だけを取り扱う章（Jara-Diaz[4]）であり，もう1つは，実証だけを取り扱う章（Gunn[8]）である．これらの2つの章の関係は明示されておらず，またそれぞれの章の中でも議論は完全に独立し

ていると言わざるを得ない．また，理論を扱う章では，交通の目的（業務目的と非業務目的）による区別がなされないまま，モデルの議論が進められる．実は，非業務目的が主な対象だと考えられるのだが，それが明記されないだけでなく，業務交通の時間価値については，モデルさえ示されない．これは，先にも述べたように，業務交通の時間価値に関する理論研究が，ほとんど行われてきていないことに起因する．半世紀もの間，大量の交通の時間価値に関する研究が行われてきたにもかかわらず，いまだに理論と実証の融合が十分に進んでおらず，かつ研究内容にも偏りがある．

また，研究成果に関して，関係者間・地域間での情報の共有化も十分進んでいるとは言い難い．交通時間またはその短縮に対する人々の選好は，当然ながら，それぞれの国・地域の市場環境や消費者特性を反映しており，国・地域によって異なる．そこで，こうした違いを考慮して，時間価値の一般的な特性を理解しようとする試みの1つが，すでに述べた国単位でのメタ分析であった．近年では，さらに，国を超えて交通の時間価値に関する知識を共有化する取り組みも一部始められている．欧州では，EU全体として交通の時間価値の共同研究プロジェクト（HEATCO[149]）が実施され，ここでは，交通研究者や実務者の協力の下，欧州各国の交通の時間価値がデータベース化され，交通の時間価値に関する欧州レベルでのメタ分析が実施されている．この背景には，欧州圏域内での国際交通政策に対するニーズの高まりがあると考えられる．ところが，アジアや北米などのその他の地域では，交通の時間価値研究に関して，国・地域間の連携，あるいは，研究者と実務者との連携が十分に図られている状況にはない．

これらの問題を解決し，さらに交通の時間価値研究を進めることによって，交通計画，交通政策，交通行動研究等の発展に貢献していくべきであろう．

最後に，今後，取り組まれるべき研究課題を具体的に挙げることにしたい．第一に，業務交通の時間価値に関する理論研究の深度化が必要である．Karlstrom[150]も指摘するように，実は，業務交通の時間価値については，理論研究がほとんど行われていない．第二に，移動中の活動を考慮した交通の時間価値が分析されるべきである．近年の情報通信技術の発展に伴い，交通は単なる移動の手段から活動の場へと変貌しつつある．移動中に発生するさまざま効用・不効用を特定化し，交通の時間価値へ反映させていくべきである．第三に，時系列

2.7 交通の時間価値に関する研究の課題

での交通の時間価値の変化が丁寧に分析されるべきである．英国のように GDP 弾性値を使って，将来の交通の時間価値を増加させていくことは，上で述べた情報通信技術の発展等を考慮したときに，妥当であるかどうかをさまざまな角度から検証していくべきである．また，Metz[126] が指摘するように，SP 調査によって得られる交通の時間価値は，あくまでも短期的な行動意図をベースに推定されたものであって，中長期的な評価に適用することは困難であるかもしれない．その場合，中長期的にいかなる交通の時間価値が用いられるべきかはまだ明らかになっていない．第四に，Hensher and Goodwin[151] も指摘するように，交通プロジェクトの経済的効率性の評価（費用便益分析など）に加えて，プロジェクト投資の財務評価に，交通の時間価値がどのように活用されるべきかが，プロジェクトファイナンス等の観点から議論されるべきである．ここでは，例えば，交通の時間価値が，ロードプライシングをはじめとする交通料金の設定にどのように反映できるのかについても，検討が行われる必要がある．第五に，交通時間の信頼性価値推定に関する研究が世界的に注目を浴びつつある．ただし，信頼性価値の分析には，平均分散アプローチとスケジューリングアプローチの2つが並列している状況であり，これらを統合することにより，適切に交通の時間価値と信頼性価値とが分析される必要がある．最後に，今後は，低所得国あるいは開発途上国における交通の時間価値研究が必要と考えられる．特に最貧国では，先進国とは異なる労働環境，低水準の交通サービス，所得水準の格差など，これまでの理論ではカバーできない問題が多数存在している．こうした国々では，交通インフラの投資が，社会全体の経済効率性のみならず，貧困削減など幅広い観点からも評価されるべきであり，こうした点を考慮したときに，交通の時間価値をどのように設定するべきかについて，より深い議論が必要とされている．

一方で，特に我が国の文脈を考慮すると，交通の時間価値に関連して，今後取り組むべき課題は次のようにまとめられる．第一に，そもそも我が国の市場特性を考慮した交通の時間価値の研究が少ないことから，我が国でも本格的に交通の時間価値の実証分析が行われるべきである．例えば，比較的固定的な労働時間システムや，通勤手当の存在は，交通の時間価値の推定結果にバイアスを与えている可能性がある．これらの影響を丁寧に分析する必要がある．また，ここでは国などによって行われた公式のデータに基づいて，継続的に交通の時間価値の実証

分析が行われ，それが定期的にガイドライン等の形にフィードバックされる仕組みが構築されることが望ましい．第二に，効率的かつきめ細やかな交通データの収集方法について検討がなされるべきである．我が国の社会経済動向を鑑みると，交通の時間価値の地域性（大都市部と地方部との違い）や個人属性等の影響（高齢化，少子化，外国人人口の増加など）を考慮すべき，という社会的ニーズがある一方で，昨今の交通調査は，多額の調査費用が行政の負担となりつつあることやプライバシー意識の向上から社会調査に対する協力率が低下することなどの問題を抱えている．したがって，これらのジレンマを克服できる調査方法の開発が必要である．具体的には，インターネット調査の妥当性や，SP調査の導入可能性が検討されるべきである．また，交通サービス水準に関するデータの収集方法も検討されるべきであろう．特に，割引運賃をはじめとする料金システムの多様化は，交通の時間価値の推定を困難にさせている．現在，実務でしばしば行われる正規料金を用いた実証分析は，交通の時間価値の推定結果をゆがませている可能性がある．交通事業者も含めたデータ収集の協力体制が議論されるべきであろう．第三に，交通需要予測モデルと交通プロジェクト評価との整合性を図るための方法が模索されるべきである．交通需要予測と交通プロジェクト評価との間で異なる交通の時間価値が用いられることは，実務上はやむを得ないとしても，できる限り矛盾が生じないような配慮がなされるべきだと思われる．いかなる解決策があるのかについて，交通需要分析の技法と便益計測の理論とを融合させる努力が継続的に行われていくべきであろう．

付録　交通の時間価値に関する既往の理論モデルの概要

以下では，González[3]をもとに，交通の時間価値導出に関する既往の代表的な理論モデルの概略を述べる．

（1）Becker[12]の時間配分モデル

世帯の効用が，基本的な生活財あるいはコモディティ（Basic commodity）の消費によって生じるという仮定が置かれるモデルである．ここで，基本的な生活

財 Z_i は，市場から調達することができないものであるが，市場財と時間とを投入することにより世帯内で生産されるものと仮定される．つまり，世帯生産関数として，次のような関数が想定される．

$$Z_i = f_i(X_i, T_i)$$

ここで，X_i と T_i は，i 番目の基本的な生活財を生産するために投入される市場財と時間のベクトル変数である．世帯内の個人は，生産者であると同時に消費者でもあると考えられるので，基本的な生活財に関する効用最大化が行われるものと仮定される．ここで，世帯は，以下の世帯単位の効用関数

$$U = U(Z_1, ..., Z_m) = U(f_1, ..., f_m) = U(X_1, ..., X_m; T_1, ..., T_m)$$

を次に示される予算制約のもとで最大化することが想定される．

$$g(Z_1, ..., Z_m) = Z$$

ここで，g は Z_i の支出関数であり，Z は支出可能な資源を意味する．現実的な適用可能性を鑑みれば，この制約条件は，以下のように金銭的制約と時間的制約とから構成されると考えられる．

$$\sum_{i=1}^{m} p_i X_i = Y + w T_w$$

$$\sum_{i=1}^{m} T_i = T_c = T^0 - T_w$$

ただし，p_i：市場財 i の価格ベクトル，Y：労働外固定収入，T_w：労働時間，w：労働賃金率，T_c：商品を入手するのに必要な総時間（Becker は，これを「消費時間」と呼んでいるが，消費時間と世帯生産に必要な時間とを明確に分離せずに使っている），T^0：利用可能時間である．Becker が指摘するように，以上の制約条件は互いに独立ではない．

伝統的な消費者行動理論と比較して，Becker のモデルでは，世帯内での財と時間の選択に関する枠組みを提示している点と，市場財と時間が消費ではなく，基本的な生活財の生産に使用される点が大きな違いであると言える（Pollak and Wachter[152]）．

Becker[12]のモデルを適用した古典的な事例としては，Gronau[153]が挙げられる．ここでは，交通機関選択が，一般化費用の最小化の結果として行われるモデルが提示されている．ただし，Juster and Stafford[154]により，交通に関しては，基本的な生活財（Z_i）とその投入要素である（X_i, T_i）とを区分することが困難であることが指摘されている．つまり，交通は，基本的な生活財（Z_i）なのか，それとも別の生活財を生産するための中間投入財なのかが明確でない，という問題がある．

Pollak and Wachter[152]は，Becker のモデルは，特殊なケースを除くと時間配分のモデルとして必要な要件を満たさないことを指摘した．彼らは，Becker のモデルは，世帯生産関数が，規模に関して収穫一定であることと，共同生産が行われないこと，という強い仮定を満足しなければ成立しないことを示した．もし，これらの仮定が満たされなければ，基本的な生活財の価格が世帯の消費パターンに依存することとなり，これは消費理論における古典的な前提を満たさないことがありうるとの主張が行われた．また，Jara-Diaz[33]は，Becker のモデルでは，基本的な生活財の消費に必要な時間が考慮されていないという強い制約があることを示している．さらに，Becker のモデルでは，労働時間が自由に変更可能でかつ，労働時間が効用関数中に含まれないという特性を持っていることも指摘されている．

(2) De Serpa[15]のモデル

De Serpa[15]は，時間消費に関する新たなモデルを提案した．このモデルでは，市場財の消費に必要な時間と市場財の消費の両方が効用に影響を与えると仮定される．ここでは，時間の消費が活動内容に応じて異なることが許容されることとなった．また，予算と時間の制約に加えて，市場財の消費に必要な最小時間が存在するという技術的な制約が初めて導入された．

De Serpa のモデルでは，効用関数に異なる財の消費ベクトル（X）と，異なる活動に配分される時間ベクトル（T）とが含まれる．また，効用関数に労働時間（T_w）も含まれている．その結果，以下のような効用関数を最大化するものとして定式化される．

$$U(X_1,...,X_m;T_1,...,T_m;T_w)$$

ここで，この効用最大化問題には，次の4つの制約条件が課される．

第一の制約条件は，次に示される予算制約条件である．

$$wT_w + Y \geq \sum_{i=1}^{m} p_i X_i$$

第二の制約条件は，次に示される時間制約条件である．

$$\sum_{i=1}^{m} T_i + T_w \leq T^0$$

第三の制約条件は，財・サービスの消費に必要な最小時間の存在によって生じる消費時間制約であり，これは，消費量に比例するものと仮定されている．

$$T_i \geq a_i X_i \qquad \forall i$$

最後の制約条件は，労働時間に関する最小時間に関する制約である．

$$T_w \geq T_w^0$$

4つの制約条件に対して，それぞれラグランジュ乗数 λ，μ，ψ_i，φ を設定する．このとき，ψ_i は，財・サービス i を消費するのに必要な最小時間を短縮したときの限界効用を意味するようになる．したがって，交通の文脈で言えば，これは交通時間節約価値を意味することになる．

以上の制約条件付き効用最大化問題を解くと，最適解となるための一階条件として次のような式が導出される．

$$\frac{\partial U}{\partial X_i} - \lambda p_i - \psi_i a_i = 0$$

$$\frac{\partial U}{\partial T_i} - \mu + \psi_i = 0$$

$$\frac{\partial U}{\partial T_w} + \lambda w - \mu + \varphi = 0$$

$$T_i \geq a_i X_i$$

これより，3種類の時間価値が導出可能である．まず，$(\partial U/\partial T_i)/\lambda$ より，活

動 i の時間の限界的な価値が得られる．De Serpa は，これを商品としての時間価値と呼んだ．次に，μ/λ によって，資源としての時間価値が定義される．これは，利用可能時間である T^0 が限界的に増加したときに得られる価値である．最後に，ψ_i/λ は，活動時間の節約価値を表す．これは，個人が活動 i の消費時間制約を限界的に緩和した場合の，緩和時間と金銭との限界代替率を意味しており，一般に活動時間の節約価値は，以下のように表される．

$$\psi_i/\lambda = \mu/\lambda - (\partial U/\partial T_i)/\lambda$$

ここで，時間消費制約が有効でないような活動（つまり，個人がこの活動を行うのに必要最小限の時間よりも多くの時間を消費するような活動）の場合には，時間消費制約に関する相補性条件より，$\psi_i = 0$ となるので，そうした活動時間の節約価値は当然ゼロとなる．この場合，$(\partial U/\partial T_i)/\lambda = \mu/\lambda$ が成立し，この活動の時間価値は，活動時間価値として定義される．このタイプの活動は，「純粋余暇活動」と呼ばれる．

(3) Train and McFadden[21] のモデル

Train and McFadden[21] は，交通時間と交通費用とを明示的に考慮したシンプルな財／余暇モデルを提案した．このモデルは，Becker モデルと本質的には同一だが，この論文の最大の貢献は，時間配分モデルから離散選択モデルを導出した点にあると思われる．モデルは，以下のように定式化される．

$$\max U(G, T)$$
$$\text{subject to} \quad G + c = wT_w + Y$$
$$T_w + T + t = T^0$$

ただし，G：合成財消費金額，T：余暇時間，c：交通費用，t：交通時間をそれぞれ表す．ここで，交通費用と交通時間は，それぞれ $c_1, \cdots, c_n$ および $t_1, \cdots, t_n$ という離散的な数値しかとることができない．なお，n は交通サービスの数を表す．

Train and McFadden[21] は，以上の問題を次の2つのステップに分けて解いた：第一ステップでは，c_i と t_i が所与のもとにおける条件付きの効用最大化を行い，

第二ステップでは制約のない問題として効用最大化を行う．つまり，以下のような効用最大化問題を定式化した．

$$\max_{i \in I} \left[\max_{T_w} U\left(wT_w + Y - c_i, T^0 - T_w - t_i\right) \right]$$

ここで，I は，交通サービスの集合を表す．第一ステップの最適解 $T_w^*(c_i, t_i)$ を元の直接効用関数に代入することにより，次の条件付き間接効用関数が得られる．

$$V_i = U\left(wT_w^*(c_i, t_i) + Y - c_i, T^0 - T_w^*(c_i, t_i) - t_i\right)$$

論文中では，この条件付き間接効用関数をもとに，離散選択モデルが導出されている．なお，Train and McFadden[21] の中では，時間価値に関する直接的なコメントがないものの，このモデルを用いると，余暇活動の時間価値はどれでも同一となり，いずれも賃金率となる．実際，論文中で示されている例によれば，以上のモデルに対して，効用関数を，コブダグラス型 $U = AG^{1-\beta}T^{\beta}$ （$0 \le \beta \le 1$）として特定化すると，次のような条件付き間接効用関数が得られる．

$$V_i = k\left\{w^{-\beta}c_i + w^{1-\beta}t_i\right\}$$

これより，線形の条件付き間接効用関数が得られることがわかる．β がゼロに近づくと，

$$V_i = k\{c_i + wt_i\}$$

となり，β が1に近づくと，

$$V_i = k\{c_i/w + t_i\}$$

となる．いずれにせよ，交通の時間価値である $(\partial V_i/\partial t_i)/(\partial V_i/\partial c_i)$ は，労働賃金率 w と一致することが確かめられる．

(4) Truong and Hensher[26] のモデルと Bates[27] による議論

Truong and Hensher[26] は，まず，Becker モデルを特定化し，以下のようなモデルを定式化した．このモデルは Train and McFadden[21] のモデルとほとんど同一だが，時間価値の導出を目的とした点と，労働時間を明示せず予算は固定

であると仮定している点が異なる．

ここでは，以下のような効用最大化問題が想定される．

$$\max U(G_i, T_i)$$
$$\text{subject to} \quad G_i \leq Y - c_i$$
$$T_i \leq T^0 - t_i$$

ここで，G_i と T_i は，それぞれ交通サービス i を選択した場合の合成財の消費金額と余暇時間，c_i：交通サービス i の交通費用，t_i：交通サービス i の交通時間を指す．最適解となるための一階条件より，時間価値は，

$$\left.\frac{\partial U/\partial T_i}{\partial U/\partial G_i}\right|_{U=\max} = \frac{\mu}{\lambda}$$

となる．

次に，Truong and Hensher[26] は，De Serpa モデルにしたがって，効用関数に交通時間を含めるとともに，交通時間消費制約を付け加えた以下のようなモデルを定式化した．

$$\max U(G_i, T_i, t_i)$$
$$\text{subject to} \quad G_i \leq Y - c_i \qquad [\lambda]$$
$$T_i \leq T^0 - t_i \qquad [\mu]$$
$$\tilde{t}_i \leq t_i \qquad [\psi_i]$$

ただし，$\tilde{t}_i$ は，交通サービス i の最小交通時間を表す．

この問題の最適解となるための一階条件より，

$$\left.\frac{\partial U/\partial T_i}{\partial U/\partial G_i}\right|_{U=\max} = \frac{\mu - \psi_i}{\lambda}$$

が得られる．Truong and Hensher[26] はこの価値のことを「質による調整済み時間価値」（quality-adjusted value of time）と呼んだ．これは，De Serpa[15] のいう「商品としての時間価値」と同一のものである．Truong and Hensher[26] によれば，これは，時間価値が，交通環境（あるいは交通の質）によって異なることを意味するとされる．また，彼らは，μ/λ のことを「質によって調整されない時間価値」（quality-unadjusted value of time），ψ_i/λ のことを「転換時間価値」

（value of transferring time）とそれぞれ呼んでいる．転換時間価値という名前が付けられたのは，ψ_i/λ が活動 i の時間が純粋余暇活動に転換されることによって生じる価値だからである．逆に，仮に活動間で時間を転換しても効用が生じないのならば，転換時間価値＝０であるから，$\psi_i/\lambda = 0$ となる．また，もし，交通の転換時間価値が正（$\psi/\lambda > 0$）で，交通以外の活動の転換時間価値がゼロ（$\psi_0/\lambda = 0$）ならば，$\psi/\lambda - \psi_0/\lambda = \psi/\lambda$ の分だけ正の効用が得られることになる．

Bates[27] は以上のモデルに対して，誤りを指摘した．Truong and Henser[26] は，Becker モデルでは，$\psi_i/\lambda = \psi_j/\lambda = \psi_0/\lambda = 0$ となることが主張されていたが，Bates[27] は，これは誤りであり，Becker モデルでは，$\psi_i/\lambda = \mu/\lambda$ となることを主張した．そして，Becker モデルを用いると，効用関数を第一次近似することによって，以下の条件付き間接効用関数が得られることを示した．

$$V_i = \alpha_i + (\partial U/\partial G_i) \cdot G_i + (\partial U/\partial T_i) \cdot T_i$$

すると，最適解となる一階の条件より，次の式が得られる．

$$V_i = \alpha_i + \lambda(Y - c_i) + \mu(T^0 - t_i)$$

ここで，λY と μT^0 は，ともに選択肢間で変わらない選択肢共通変数であるため，条件付き間接効用関数は，次のように簡略化されることになる．

$$V_i = \alpha_i - \lambda c_i - \mu t_i$$

これは，Truong and Hensher[26] と同一の式であるが，導出の仕方が異なっているものである．

同様にして，De Serpa モデルの場合には，条件付き間接効用関数が以下のように得られるので，

$$V_i = \alpha_i + (\partial U/\partial G_i) \cdot G_i + (\partial U/\partial T_i) \cdot T_i + (\partial U/\partial t_i) \cdot t_i$$

先と同様に，最適解となるための一階条件より，

$$V_i = \alpha_i + \lambda(Y - c_i) + \mu(T^0 - t_i) + (\mu - \psi_i)t_i$$

となり，最終的には，

$$V_i = \alpha_i - \lambda c_i - \mu t_i + (\mu - \psi_i)t_i = \alpha_i - \lambda c_i - \psi_i t_i$$

が得られる．

(5) Bates and Roberts[29]のモデル

Bates and Roberts[29]は実際の労働市場を見た場合，人々が労働時間を自由に変更できるという仮定は現実的でないと考えた．そこで，消費者が直面する時間制約を，物理的に使用可能な時間（1日24時間など）から労働時間分を差し引いた時間であると仮定した．つまり，

$$\bar{T} = T^0 - T_w$$

を時間制約条件として用いることとする．

また，De Serpaモデルの消費時間制約をもっとシンプルかつ汎用的にするため，Truong and Hensherモデルと同様に，最小活動時間が定数として与えられるという制約条件を課すこととした．さらに，合成財消費量と同様に合成活動時間を導入し，De Serpaモデルの枠組みをベースに次のような一般的なモデルを提案した．

$$\max_{X,Q,t} U(X,Q,t_1,t_2,\cdots,t_n)$$

$$\text{subject to} \quad Y = pX + \sum_i \delta_i c_i \quad [\lambda]$$

$$\bar{T} = Q + \sum_i \delta_i t_i \quad [\mu]$$

$$\tilde{t}_i \leq t_i \quad \forall i \quad [\psi_i]$$

ただし，X：合成財消費量，Q：合成活動時間，t_i：i番目の交通サービスの交通時間，p：合成財価格，δ_i：i番目の交通サービスを消費するとき1，そうでないとき0，c_i：i番目の交通サービスの交通費用，Y：所得，$\bar{T}$：利用可能時間，$\tilde{t}_i$：i番目の交通サービスの最小交通時間である．

これより，i番目の交通サービスだけが消費されるという条件のもとで，効用関数の線形近似を用いれば，条件付き間接効用関数は，

$$V_i \cong -\lambda c_i - \psi_i t_i$$

のように得られることになり，離散選択モデルの活用が可能となる．

《参考文献》

1) Giffin, H. W. (1948) Some observations on value of time saved to motorists, *Proceedings of HRB*, Vol.28, pp.53-56.
2) Bruzelius, N. A. (1979) *The Value of Travel Time: Theory and Measurement*, Croom Helm London, Surrey.
3) González, R.M. (1997) The value of time: a theoretical review, *Transport Reviews*, Vol. 17, No. 3, pp. 245-266.
4) Jara-Diaz, S. R. (2000) Allocation and valuation of travel-time savings, In *Handbook of Transport Modelling*, (Eds.) D.A. Hensher and K.J. Button, Elsevier Science Ltd, pp.303-318.
5) Jara-Diaz, S.R. (2007) *Transport Economic Theory*, Elsevier, Oxford.
6) Hensher, D. A. (1976) Review of studies leading to existing values of travel time, *Transportation Research Record*, No. 587, pp.30-41.
7) 青山吉隆，西岡啓治 (1980) 交通計画における時間価値研究の系譜，土木計画学研究発表会講演集，No.2, pp.61-70.
8) Gunn, H. F. (2000) An Introduction to the valuation of travel-time savings and losses, In *Handbook of Transport Modelling*, (Ed.) D. A. Hensher, pp.433–448.
9) Hensher, D. A. (2001) Measurement of the valuation of travel time savings, *Journal of Transport Economics and Policy*, Vol.35, No.1, pp 71-98.
10) 日本交通政策研究会 (1987) 時間価値の理論とその計測手法（共同研究プロジェクト 道路整備の効果分析に用いる時間評価値についての研究），日交研シリーズ A-114.
11) Moses, L. N. and Williamson, H. F. Jr. (1963) Value of time, choice of mode, and the subsidy issues in urban transportation, *The Journal of Political Economy*, Vol.71, No.3, pp.247-264.
12) Becker, G. (1965) A theory of the allocation of time, *The Economic Journal*, Vol.75, No.299, pp.493-517.
13) Johnson, M. B. (1966) Travel time and the price of leisure, *Economic Inguiry*, Vol.4, No.2, pp.135-145.
14) Oort, C. J. (1969) The evaluation of traveling time, *Journal of Transport Economics and Policy*, Vol.3, No.3, pp.279-286.
15) De Serpa, A.C. (1971) A theory of the economics of time, *The Economic Journal*,

Vol.81, No.324, pp.828-846.
16) De Donnea, F. X. (1972) Consumer behaviour, transport mode choice and value of time: some micro-economics models, *Regional and Urban Economics*, Vol.1, No.4, pp.355-382.
17) De Serpa, A.C. (1973) Microeconomic theory and the valuation of travel time: some clarification, *Regional and Urban Economics*, Vol.2, No.4, pp.401-410.
18) Evans, A. (1972) On the theory of the valuation and allocation of time, *Scottish Journal of Political Economy*, Vol. 19, No.1, pp.1-17.
19) Collings, J.J. (1974) The valuation of leisure travel time, a note, *Regional and Urban Economics*, Vol.4, No.1, pp.65-67.
20) Hensher, D. A. and Hotchkiss, W. E. (1974) Choice of mode and the value of travel time savings for the journey to work, *Economic Record*, Vo.50, No.1, pp.94-112.
21) Train, K. and McFadden, D. (1978) The goods/leisure tradeoff and disaggregate work trip mode choice models, *Transportation Research*, Vol.12, No.5, pp.349-353.
22) Reichman, S. (1976) Conceptual problems in evaluation of travel time, *Transportation Research Record*, No.587, pp.24-29.
23) McFadden, D. (1974) Conditional logit analysis of qualitative choice behavior, In *Frontiers in Econometrics*, (Ed.) P. Zarembka, pp.105-142, Academic Press, New York.
24) Domencich, T. and McFadden, D. L. (1975) *Urban Travel Demand: A Behavioral Analysis*, North-Holland Publishing Co.
25) Ben-Akiva, M. and Lerman, S. (1985) *Discrete Choice Analysis: Theory and Application to Travel Demand*, MIT Press.
26) Truong, T. P. and Hensher, D. A. (1985) Measurement of travel times values and opportunity cost from a discrete-choice model, *The Economic Journal*, Vol. 95, No.378, pp.438-451.
27) Bates, J. J. (1987) Measuring travel time values with a discrete choice model: a note, *The Economic Journal*, Vol.97, No.386, pp.493-498.
28) Truong, T. P. and Hensher D. A. (1987) Measuring travel time values with a discrete choice model: A reply, *The Economic Journal*, Vol.97, No.386, pp.499-501.
29) Bates, J. and Roberts, M. (1986) Value of time research: Summary of methodology and findings, Paper presented at the 14th PTRC Summer Annual Meeting, University of Sussex, U.K., pp.14-18, July 1986.
30) Small, K. A. (1982) Scheduling of consumer activities: work trips, *American Economic Review*, Vol.72, No.3, pp.467-479.
31) Jara-Diaz, S. R. and Farah, M. (1987) Transport demand and user's benefits with fixed income: The goods/leisure trade-off revisited, *Transportation Research Part B*, Vol.21, No.2, pp.165-170.

32) Jara-Diaz, S.R. and Videla, J. (1989) Detection of income effect in mode choice: Theory and application, *Transportation Research Part B*, Vol.23, No.6, pp.393-400.
33) Jara-Diaz, S. R. (1994) A general micro-model of users' behavior: The basic issues, Preprints of the Seventh International Conference on Travel Behaviour Research, Valle Nevado, Santiago, Chile, June 1994.
34) Jara-Diaz, S. R. (1997) The goods/activities framework for discrete travel choices: Indirect utility and value of time, 8th IATBR meeting, Austin, TX.
35) Jara-Diaz, S.R. (2003) On the goods-activities technical relations in the time allocation theory, *Transportation*, Vol.30, No.3, pp.245-260.
36) Jiang, M. and Morikawa, T. (2004) Theoretical analysis on the variation of value of travel time savings, *Transportation Research Part A*, Vol.38, No.8, pp.551-571.
37) Forsyth, P. J. (1980) The value of time in an economy with taxation, *Journal of Transport Economics and Policy*, Vol.14, No.3, pp.337-362.
38) Jara-Diaz, S. R. (1990) Consumer's surplus and the value of travel time savings, *Transportation Research Part B*, Vo.24, No.1, pp.73-77.
39) Gálvez, T. and Jara-Diaz, S.R. (1998) On the social valuation of travel time savings, *International Journal of Transport Economics*, Vol.25, pp.205-219.
40) Mackie, P. J., Jara-Diaz, S. R. and Fowkes, A. S. (2001) The value of travel time savings in evaluation, *Transportation Research Part E*, Vol. 37, No. 2-3, pp. 91-106.
41) Beesley, M.E. (1965) The value of time spent in travelling, *Economica*, Vol.32, pp.174-185.
42) Beesley, M.E. (1978) Values of time, modal split and forecasting, In *Behavioral Travel Modelling*, (Eds.) D.A. Hensher and P.R. Stopher, Croom Helm, London, Chapter 21, Part 7.
43) Quarmby, D. A. (1967) Choice of travel mode for the journey to work: Some findings, *Journal of Transport Economics and Policy*, Vol.1, No.3, pp.273-314.
44) Lee, N. and Dalvi, M. Q. (1969) Variations in the value of travel time, *Manchester School of Economics and Social Studies*, Vol.37, pp.213-236.
45) Dalvi, M. Q. and Lee, N. (1971) Variations in the value of travel time: Further analysis, *The Manchester School of Economics and Social Studies*, Vo.39, No.3, pp.187-204.
46) Wabe, J. S. (1971) A study of house prices as a means of establishing the value of journey time, the rate of time preference, and the valuation of some aspects of environment in the London Metropolitan Region, *Applied Economics*, Vol.3, pp.247-253.
47) Nelson, J. P. (1977) Accessibility and the value of time in commuting, *Southern Economic Journal*, Vol.43, pp.1321-1349.
48) Edmonds, R.G.J. (1983) Travel time valuation through hedonic regression, *Southern*

Economic Journal, Vol.50, No.1, pp.83-98.
49) Mansfield, N. W. (1969) Recreational trip generation : A cross section analysis of weekend pleasure trips to the Lake District National Park, *Journal of Transport Economics and Policy*, Vol.3, No.2, pp.152-164.
50) Smith, R.J. (1971) The evaluation of recreation benefits: The Clawson method in Practice, *Urban Studies*, Vol.8, No.2, pp.89-102.
51) Goodwin, P. B. (1974) Generalized time and the problem of equity in transport studies, *Transportation*, Vol.3, No.1, pp.1-24.
52) Goodwin, P. B. (1976) Human effort and the value of travel time, *Journal of Transport Economics and Policy*, Vol. 10, No. 1, pp.3-15.
53) Bonsall, P.W. (1983) "Transfer price data" - Its use and abuse, Proceedings of Seminar M, PTRC Summer Annual Meeting, Brighton.
54) Georgesu-Roegen, N. (1936) The pure theory of consumers behaviour, *Quarterly Journal of Economics*, Vol.50, pp.545-593.
55) Gunn, H.F. (1984) An analysis of transfer price data, Proceedings of Seminar H, PTRC Summer Annual Meeting, Brighton.
56) Hensher, D. A. (1976) The value of commuter travel time savings: Empirical estimation using an alternative valuation model, *Journal of Transport Economics and Policy*, Vol.10, No.2, pp.167-176.
57) Hauser, E. and Greenough, J.C. (1982) DIME: A direct method for value of time estimation, *Transportation Research Part A*, Vol.16, No.1, pp.163-172.
58) Small, K. A. (1978) Studies of the valuation of commuter travel time savings: A comment, *Journal of Transport Economics and Policy*, Vol.12. No.1, pp.86-89.
59) Hensher, D. A. (1978) A rejoinder, *Journal of Transport Economics and Policy*, Vol.12. No.1, pp.90-97.
60) Layton, A.P. (1984) The value of commuter travel time savings: Some clarifications, *Journal of Transport Economics and Policy*, Vol.18, No.2, pp.199-203.
61) Broom, D., Lowe, S.R., Gunn, H.F. and Jones, P.M. (1983) Estimating values of time: An experimental comparison of transfer price methods with the revealed preference approach, PTRC Summer Annual Meeting, Brighton, Paper N10.
62) Hensher, D. A. and Truong, T. P. (1985) Valuation of travel time savings: A direct experimental approach, *Journal of Transport Economics and Policy*, Vol.19, No.3, pp.237-261.
63) MVA Consultancy, ITS of the University of Leeds and TSU of the University of Oxford (1987) *The Value of Travel Time Savings: A Report of Research Undertaken for the Department of Transport*, MVA Consultancy.
64) Wardman, M. (1988) A comparison of revealed preference and stated preference models of travel behaviour, *Journal of Transport Economics and Policy*, Vol.22, No.1,

pp.71-91.
65) Bradley, M. A. and Gunn, H. F. (1990) Stated preference analysis of values of travel time in the Netherlands, *Transportation Research Record*, No.1285, pp.78-88.
66) Calfee, J., Winston, C. M. and Stempski, R. (2001) Econometric issues in estimating consumer preferences from stated preference data: A case study of the value of automobile travel time, *The Review of Economics and Statistics*, Vol.83, No.4, pp.699-707.
67) Richardson, A. J. (2002) Simulation study of estimation of individual specific values of time by using adaptive stated-preference survey, *Transportation Research Record*, No. 1804, pp.117-125.
68) Hensher, D. A. (2004) Identifying the influence of stated choice design dimensionality on willingness to pay for travel time savings, *Journal of Transport Economics and Policy*, Vol.38, No.3, pp.425-446.
69) Hensher, D. A. (2006) Towards a practical method to establish comparable values of travel time savings from stated choice experiments with differing design dimensions, *Transportation Research Part A*, Vol.40, No.10, pp.829-840.
70) De Jong, G., Tseng, Y., Kouwenhoven, M., Verhoef, E., and Bates, J. (2007) *The Value of Travel Time and Travel Time Reliability: Survey Design*, Final Report, Prepared for the Netherlands Ministry of Transport, Public Works and Water Management.
71) Fosgerau, M., Katrine, H. and Stephnaie Vincent, L. (2010) Between-mode-differences in the value of travel time: Self-selection or strategic behaviour?, *Transportation Research Part D*, Vol.15, No.7, pp.370-381.
72) Small, K.A. and Verhoef, E.T. (2007) *The Economics of Urban Transportation*, Routledge, Abingdon.
73) Miller, T. R. (1989) *The Value of Time and the Benefit of Time Saving*, Working Paper, Urban Institute, Washington D.C.
74) PIARC Technical Committee on Economic and Financial Evaluation (C9) (2004) *Economic Evaluation Methods for Road Projects in PIARC Member Countries*.
75) Wardman, M. (1998) The value of travel time: A review of British evidence, *Journal of Transport Economics and Policy*, Vol.32, No.3, pp.285-316.
76) Wardman, M. (2001) A review of British evidence on time and service quality valuation, *Transportation Research Part E*, Vol.37, No.2, pp.107-128.
77) Wardman, M. (2004) Public transport values of time, *Transport Policy*, Vol.11, No.4, pp.363-377.
78) Zamparini, L. and Reggiani, A. (2007) Meta-analysis and the value of travel time savings: A transatlantic perspective in passenger transport, *Network Spatial Economics*, Vol.7, No.4, pp.377-396.
79) Shires, J.D. and de Jong, G.C. (2009) An international meta-analysis of values of

travel time savings, *Evaluation and Program Planning*, Vol.32, No.4, pp.315-325.
80) Abrantes, P.A.L. and Wardman, M. R. (2011) Meta-analysis of UK values of travel time: An update, *Transportation Research Part A*, Vol.45, No.1, pp.1-17.
81) Mackie, P., Fowkes, T., Wardman, M., Whelan, G. and Bates, J. (2001) Three controversies in the valuation of travel time savings. PTRC European Transport Conference, Seminar on Behavioural Modelling, Cambridge.
82) Welch, M. and Williams, H. (1997) The sensitivity of transport investment benefits to the evaluation of small travel-time savings, *Journal of Transport Economics and Policy*, Vol.31, No.3, pp.231-254.
83) Hultkrantz, L. and Mortazavi, R. (2001) Anomalies in the value of travel-time changes, *Journal of Transport Economics and Policy*, Vol.35, No.2, pp.285-300.
84) Mackie, P.J., Wardman, M., Fowkes, A.S., Whelan, G., Nellthorp, J. and Bates, J. (2003) *Values of Travel Time Savings in the UK*, Report to UK Department for Transport, Institute for Transport Studies, University of Leeds.
85) Gunn, H. F. (2001) Spatial and temporal transferability of relationships between travel demand, trip cost and travel time, *Transportation Research Part E*, Vol.37, No.2-3, pp.163-189.
86) Hess, S., Rose, J. M. and Hensher, D. A. (2008) Asymmetric preference formation in willingness to pay estimates in discrete choice models, *Transportation Research Part E*, Vol. 44, No. 5, pp. 847-863.
87) Bates, J. and Whelan, G.A. (2001) Size and sign of time savings, Institute for Transport Studies, University of Leeds, Leeds, Working Paper 561.
88) Bates, J., Polak, J., Jones, P. and Cook, A. (2001) The valuation of reliability for personal travel, *Transportation Research Part E*, Vol.37, No.2-3, pp.191-229.
89) Lam, T. C. and Small, K. A. (2001) The value of time and reliability: measurement from a value pricing experiment, *Transportation Research Part E*, Vol.37, No.2-3, pp.231-251.
90) Armstrong, P., Garrido, R. and Ostuzar, J. de D. (2001) Confidence Intervals to bound the value of time, *Transportation Research Part E*, Vol.37, No.2-3, pp.143-161.
91) Hensher, D. A. (2001) The sensitivity of the valuation of travel time savings to the specification of unobserved effects, *Transportation Research Part E*, Vol.37, No.2-3, pp.129-142.
92) Gunn, H. F., Tuinenga, J. G., Cheung, Y. H. F. and Kleijn, H. J. (1999) Value of Dutch travel time savings in 1997, *Selected Proceedings of the 8th World Conference on Transport Research*, Vol.3, pp.513-526.
93) Algers, S., Dillen, J.L. and Wildert, S. (1996) The National Swedish Value of Time Study in PTRC, The Easthampsted Conference on the Value of Travel Time Savings.
94) Fowkes, A.S., Marks, P. and Nash, C. A. (1986) The value of business travel time

savings, Institute of Transport Studies, University of Leeds, Working Paper 214.
95) Fowkes, T. (2001) Principles of valuing business travel time savings, Institute of Transport Studies, University of Leeds, Working Paper 562.
96) Harrison, A.J. (1974) *Economics and Transport Appraisal*, Croom Helm.
97) Hensher, D. A. (1977) *Value of Business Travel Time*, Pergamon Press.
98) Axhausen, K. W., Hess, S., Konig, A., Abay, G., Bates, J. J. and Bierlaire, M. (2008) Income and distance elasticities of values of travel time savings: New Swiss results, *Transport Policy*, Vol.15, No.3, pp.173-185.
99) Hensher, D. A. (1997) Behavioral value of travel time savings in personal and commercial automobile travel, In *The Full Costs and Benefits of Transportation*, (Eds.) D.L. Greene, D.W. Jones, and M. Delucchi, Springer.
100) Kato, H. and Onoda, K. (2009) An investigation of whether the value of travel time increases as travel time is longer: A case study of modal choice of inter-urban travelers in Japan, *Transportation Research Record*, No. 2135, pp.10-16.
101) De Lapparent, M., de Palma, A. and Fontan, C. (2002) Non-linearities in the valuation of time estimates, European Transport Conference, Proceedings (Web Proceedings).
102) Jiang, M. and Morikawa, T. (2003) Variations of value of travel time savings, Paper presented at 10th International Conference on Travel Behaviour Research, Lucerne, August 2003.
103) Kato, H. (2007) Variation of value of travel time savings over travel time in urban commuting: Theoretical and empirical analysis, In Transportation and Traffic Theory 2007: Papers selected for presentation at ISTTT17, (Eds.) R.E. Allsop, M.G.H. Bell and B.G. Heydecker, Elsevier, pp.179-196.
104) Hess, S., Bierlaire, M. and Polak, J. W. (2005) Estimation of value of travel-time savings using mixed logit models, *Transportation Research Part A*, Vol.39, No.2-3, pp.221-236.
105) Sillano, M. and Ortuzar, J. de D. (2005) Willingness-to-pay estimation with mixed logit models: some new evidence, *Environmental and Planning A*, Vol.37, No.3, pp.525-550.
106) Crillo, C. and Axhausen, K. W. (2006) Evidence on the distribution of values of travel time savings from a six-week diary, *Transportation Research Part A*, Vol.40, No.5, pp.444-457.
107) Fosgerau, M. (2006) Investigating the distribution of the value of travel time savings, *Transportation Research Part B*, Vol.40, No.8, pp.688-707.
108) Tanner, J.C. (1961) Factors affecting the amount of travel. In Department of Scientific and Industrial Research, Road Research Technical Paper No. 51, HMSO, London.

109) Grey, A. (1978) The generalized cost dilemma, *Transportation*, Vol.7, No.3, pp.261-180.
110) McIntosh, P.T. and Quarmby, D.A. (1970) Generalised Costs and the Estimation of Movement Costs and Benefits in Transport Planning, London: Department of the Environment, MAU Note 179.
111) Goodwin, P. B. (1978) On Grey's critique of generalized cost, *Transportation*, Vol.7, No.3, pp.281-295.
112) Searle, G. (1978) Comment – generalized costs; fools gold or useful currency?, *Transportation*, Vol.7, No.3, pp.297-299.
113) Grey, A. (1978) Has generalized cost any benefit?, *Transportation*, Vol.7, No.4, pp.417-422.
114) Bruzelius, N. A. (1981) Microeconomic theory and generalized cost, *Transportation*, Vol.10, No.3, pp.233-245.
115) Lyons, G. (2006) Time Use: Developing a Research Agenda, Technical Report, A paper based on a 1-day workshop hosted and sponsored by the UK Department for Transport.
116) Hague Consulting Group (1990) *The Netherland's Value of Time Study: Final Report*, Report to Dienst Veerkeerskunde, Rijkswaterstaat, The Hague.
117) Ramjerdi, F., Rand, L. and Saelensminde, K. (1997) *The Norwegian Value of Time Study: Some Preliminary Results*, Institute of Transport Economics, Oslo, Norway, 1997.
118) Pursula, M. and Kurri, J. (1996) Value of time research in Finland, Paper presented at PTRC International Conference on the Value of Time, 1996.
119) Hess, S., Erath, A., and Axhausen, K. W. (2008) Estimated value of savings in travel time in Switzerland: Analysis of pooled data, *Transportation Research Record*, No.2082, pp.43-55.
120) Hague Consulting Group and Accent Marketing & Research (1996) *The Value of Travel Time on UK Roads- 1994*.
121) Gunn, H. F. and Rohr, C. (1996) Research into the value of travel time savings and losses. Paper presented at the PTRC International Conference on the Value of Time, pp.28–30, Wokingham.
122) Atkins, S. T. (1984) Why value travel time? The case against, *Journal of the Institution of Highways and Transportation*, July 1984, pp.2-7.
123) Richardson, A. J. (2003) Some evidence of travelers with zero value of time, *Transportation Research Record*, No. 1854, pp.107-113.
124) Mokhtarian, P. and Chen, C. (2004) TTB or not TTB, that is the question: a review of the empirical literature on travel time (and money) budgets, *Transportation Research Part A*, Vol. 38, No.9–10, pp. 643–675.

125) Metz, D. (2004) Travel time: Variable or constant?, *Journal of Transport Economics and Policy*, Vol.38, No.3, pp.333-344.
126) Metz, D. (2008) The myth of travel time saving, *Transport Reviews*, Vol.28, No.3, pp.321-336.
127) Givioni, M. (2008) A comment on 'The myth of travel time saving', *Transport Reviews*, Vol.28, No.6, pp.685-688.
128) Lyons, G. (2008) A comment on 'The myth of travel time saving', *Transport Reviews*, Vol.28, No.6, pp.706-709.
129) Mackie, P. (2008) Who knows where the time goes? A response to David Metz, *Transport Reviews*, Vol.28, No.6, pp.692-694.
130) Noland, R. B. (2008) Understanding accessibility and road capacity changes: A response in support of Metz, *Transport Reviews*, Vol.28, No.6, pp.298-706.
131) Shwanen, T. (2008) Reflections on travel time savings: Comments to David Metz, *Transport Reviews*, Vol.28, No.6, pp.709-713.
132) Van Wee, B. and Rietveld, P. (2008) 'The myth of travel time saving': A comment, *Transport Reviews*, Vo.28, No.6, pp.688-692.
133) Metz, D. (2008) Response to the responses, *Transport Reviews*, Vol.28, No.6, pp.713-715.
134) Hollander, Y. (2006) Direct versus indirect models for the effects of unreliability, *Transportation Research Part A*, Vol. 40, No.9, pp.699–711.
135) Noland, R.B. and Polak, J.W. (2002) Travel time variability: a review of theoretical and empirical issues, *Transport Reviews*, Vol.22, No.1, pp.39–54.
136) Fosgerau, M. and Karstrom, A. (2010) The value of reliability, *Transportation Research Part B*, Vol.44, No.1, pp.38-49.
137) Small, K. A., Winston, C. and Yan, J. (2005) Uncovering the distribution of motorists' preferences for travel time and reliability, *Econometrica*, Vol.73, No.4, pp.1367-1382.
138) Brownstone, D. and Small, K. A. (2005) Valuing time and reliability: assessing the evidence from road pricing demonstrations, *Transportation Research Part A*, Vol.39, No.4, pp.279-293.
139) Fosgerau, M. and Engelson, L. (2011) The value of travel time variance, *Transportation Research Part B*, Vol.45, No.1, pp.1-8.
140) Knight, T.E. (1974) An approach to the valuation of changes in travel unreliability: a "safety margin" hypothesis, *Transportation*, Vol.3, No.4, pp.393-408.
141) Guttman, J. M. (1979) Uncertainty, the value of time, and transport policy, *Journal of Transport Economics and Policy*, Vol.13, No.2, pp.225-229.
142) Menashe, E. and Guttman, J. E. (1986) Uncertainty, continuous modal split, and the value of travel time in Israel, *Journal of Transport Economics and Policy*, Vol.

20, No.3, pp.369-375.
143) Senna, L.A.D.S. (1994) The influence of travel time variability on the value of time, *Transportation*, Vol.21, No.2, pp.203-228.
144) Gwilliam, K.M. (1997) The value of time in economic evaluation of transport projects: Lessons from recent research, Infrastructure Notes, Transport No. OT-5, World Bank, January 1997.
145) IT Transport Ltd. (2002) The Value of Time in Least Developed Countries, Knowledge and Research (KaR) 2000/02 DFID Research No.R7785) Final Report, July 2002.
146) World Bank (2005) Valuation of time savings, Notes on the Economic Evaluation of Transport Project, Transport Note No. TRN-15, January 2005.
147) Harrison, A.J. and Taylor, S.J. (1970) The value of working time in the appraisal of transport expenditure: A review, In *Papers and Proceedings of a Conference on Research into the Value of Time* (Ed.) N.W. Mansfield, London, Department of the Environment.
148) Hensher, D. A. and Button, K.J. (2000) *Handbook of Transport Modelling*, Elsevier Science Ltd.
149) HEATCO (2006) *Deliverable 5: Proposal for Harmonised Guidelines*.
150) Karlstrom, A. (2007) On the theoretical valuation of marginal business travel time savings, Proceedings of the European Transport Conference, Leiden, Netherlands.
151) Hensher, D. A. and Goodwin, P. (2004) Using values of travel time savings for toll roads: Avoiding some common errors, *Transport Policy*, Vol.11, No.2, pp.171-183.
152) Pollak, R. and Wachter, M. (1975) The relevance of the household production function and its implications for the allocation of time, *Journal of Political Economy*, Vol.83, No.2, pp.255-277.
153) Gronau, R. (1970) The value of time in passenger transportation: the demand for air travel, Occasional Paper No.109, National Bureau of Economics Research, New York.
154) Juster, F. and Stafford, F. (1991) The allocation of time: Empirical findings, behavioral models, and problems of measurement, *Journal of Economic Literature*, Vol.29, No.2, pp.471-522.

第3章
交通の時間価値に関する基礎理論

3.1 交通の時間価値に関する基本的な考え方

　まず，交通の時間価値の基本アプローチとして，交通の時間価値の経済学上の概念を定義し，次に，基本的な時間配分モデルから交通の時間価値を導出する．その上で，業務交通と非業務交通における時間価値の違いを述べる．

3.1.1 交通の時間価値の経済学上の概念

　一般に，交通時間が変化することによって，人々の満足度も変化する．したがって，もし交通時間の変化によって満足が得られるのならば，個人は，そのために幾ばくかの金銭を支払う準備があるはずであろう，と期待される．ここで仮に，交通時間の短縮が正の効用を生み出すものと仮定しよう．このとき，限界的な交通時間の短縮に対する支払意思額が，交通時間短縮の価値と呼ばれているものである．ここで，「限界的な」という用語が使用されているのは，交通時間短縮の価値は，あくまでも微少な交通時間短縮に対する支払意思額であることをさしている．原理的には，交通時間の短縮の程度や交通時間そのものによって，限界的な支払意思額は異なりうる．ただし，多くの実証研究や分析では，交通の時間価値が一定であることが仮定されるケースが多い．

　交通時間短縮の価値で念頭に置かれる交通時間短縮に対する支払意思額は，経済学的には，「補償的余剰（Compensating Surplus）」という指標によって表さ

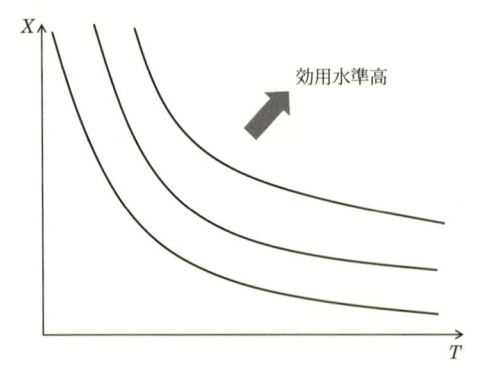

図-3.1 余暇時間 T と合成財 X で表される無差別曲線 （効用水準高）

れるものである[1]．このことを，以下では，最も基本的なモデルの枠組みによって説明することにする．

なお，本節で示される基本モデルの特徴は，効用関数中に交通時間と労働時間が含まれないことである．つまり，個人は交通時間や労働時間を自由に変更することができない．実は，このことは，交通時間に制約のある状況が暗に想定されていることを意味する．効用関数中に交通時間や労働時間が含まれる，より一般的な場合については，次節以降（例えば，**表-3.1**，**3.2** を参照のこと）で説明される．したがって，本節は，あくまでも交通の時間価値の基本的なアプローチを示すことに主眼がある．

まず，個人の効用関数が，合成財の消費量 X と余暇時間 T とによって表されるものと仮定する．すなわち，$U(X, T)$ とする．合成財の消費量と余暇時間はともに多いほど効用水準は向上すると仮定する．つまり $\partial U/\partial X > 0$ かつ $\partial U/\partial T > 0$ が成り立つものとする．また，合成財の価格を 1 に基準化する．ここで，合成財の消費量 X と余暇時間 T との組み合わせによる無差別曲線が，**図-3.1** のように示されるものとする[2]．

次に，この個人の利用可能な時間は T^0 で一定であり，この時間は，余暇時間 T か，交通時間 t のいずれかのみに配分されるものと考える．すなわち，$T^0 = T + t$ である．これは，一般に時間制約式と呼ばれる．その結果，余暇時間は，$T = T^0 - t$ と表される．

---

[1] Bruzelius[1)] や Small and Verhoef[2)] は，時間価値は，補償的偏差（Compensating Variation）であるとしている．
[2] 図-3.1 は，図-1.1 の軸を反転させたものと同一である．まず，図-1.1 では，縦軸が交通費用となっていたが，図-3.1 では，所得から交通費用を差し引いた残りとしての財の消費金額となっている．また，図-1.1 では，横軸が交通時間となっていたが，図-3.1 では，利用可能な時間から交通時間を差し引いた残りとしての余暇時間となっている．

このとき，ある交通プロジェクトによって，この個人の交通時間が短縮されるケースを想定する．プロジェクトが実施されない場合には，交通時間が $t=\bar{t}$ であったものが，プロジェクトが実施される場合には，交通時間が $t=\bar{t}-\Delta\bar{t}$ （$\Delta\bar{t}>0$）となるものとしよう．標準的なミクロ経済理論の仮定に従っ

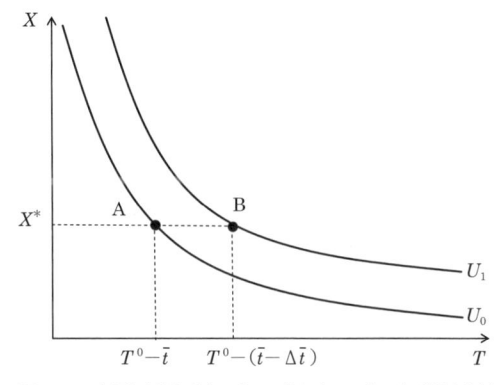

図-3.2 交通時間短縮のある時とない時の無差別曲線

て，この個人は，効用最大化行動を行うものとする．ただし，このプロジェクトによって変化するのは交通時間だけであるので，プロジェクトの有無にかかわらず，合成財の消費量は一定である．

この様子が，示されているものが**図-3.2**である．プロジェクトなしの時には，点 A の余暇時間 $T^0-\bar{t}$ と合成財消費 X^* が達成されている一方で，プロジェクトありの時には，点 B の余暇時間 $T^0-(\bar{t}-\Delta\bar{t})$ と合成財消費 X^* の状態となる．

交通プロジェクトによる交通時間の短縮によって，効用水準は点 A においては U_0 であったものが，点 B においては $U_1(>U_0)$ に向上する．したがって，この効用差 $\Delta U=U_1-U_0$ を金銭に換算すれば，それが限界的な交通時間短縮 $\Delta\bar{t}$ に対する金銭的価値，すなわち交通の時間価値となる．

以上のように，財・サービスの価格の変化ではなく，資源の量の変化に対応する効用水準の変化を金銭価値で評価する場合には，等価的余剰（Equivalent Surplus: ES）あるいは補償的余剰（Compensating Surplus: CS）という概念が使用できる（Freeman[3]）．特に，資源の量の変化に対して，変化する前の状況に戻るための支払意思額は，CS によって計測される．

まず，効用最大化行動の結果得られる効用の最大値である間接効用関数を，$V(\bar{c},\bar{t},Y,T^0)$ と表す．ここで，$\bar{c}$ は交通費用，Y は所得を表す．上のモデルでは，$Y=X+\bar{c}$ が常に成立することが暗黙に仮定されていたことになる．このとき，CS は以下のように定義される．

$$V(\bar{c},\bar{t},Y,T^0) = V(\bar{c},\bar{t}-\Delta\bar{t},Y-CS,T^0)$$

これは，交通時間短縮前の効用水準を交通時間短縮後でも維持するために，交通時間短縮による効用の増加を所得の低下によって相殺させるときの，この所得低下分を CS と定義していることを意味している．所得の低下は支払いを意味するので，この CS は交通時間短縮に対する支払意思額である．

また，CS は，支出関数を用いても定義できる．まず，支出関数を $e(\bar{c},\bar{t},T^0,U)$ と表す．支出関数とは，効用水準 U が与えられるときに，この効用水準を，所与の価格水準および所与の交通時間のもとで達成するために必要な最小費用のことである．このとき，CS は以下のように定義される．

$$\begin{aligned}CS &= e(\bar{c},\bar{t}-\Delta\bar{t},T^0,U_1) - e(\bar{c},\bar{t}-\Delta\bar{t},T^0,U_0)\\ &= e(\bar{c},\bar{t},T^0,U_0) - e(\bar{c},\bar{t}-\Delta\bar{t},T^0,U_0)\end{aligned}$$

これは，交通時間短縮が行われた後の交通時間 $\bar{t}-\Delta\bar{t}$ を用いて，交通時間短縮 $\Delta\bar{t}$ に対応する効用水準の変化 ΔU を金銭換算していることを意味する．

これを，先の例に即して図示したものが，**図-3.3** である．合成財の価格を1に基準化しているので，図中の縦軸の長さは，そのまま金銭的価値を表すことになる．したがって，線分 BD の長さが CS を表すことになる．つまり，単位当たりの交通時間短縮によって得られる効用の金銭的価値，あるいは単位当たりの交通時間短縮に対する支払意思額は，補償的余剰 CS によって求められることになる．なお，同様に等価的余剰（ES）は，**図-3.3** の線分 CA によって求められる．

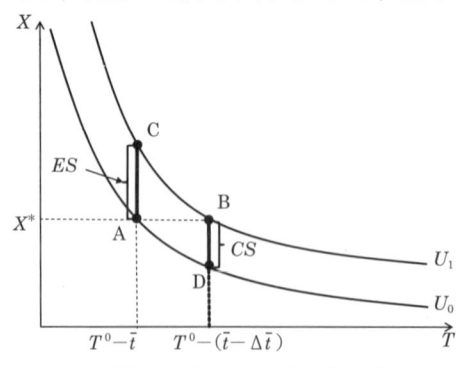

図-3.3 補償的余剰（CS）と等価的余剰（ES）

次に，この CS を用いて，交通の時間価値を定式化する．まず，交通時間短縮に対応する CS を $\sigma(V,\Delta\bar{t})\cdot\Delta\bar{t}$ と示すことにする．これは，交通時間短縮が十分に小さければ，CS が短縮される交通時間に比例し，その比例乗数が $\sigma(V,\Delta\bar{t})$ となることを仮定している．これを図示したものが**図-3.4**である．

ここで，先の定義より，

$$V\left(\bar{c},\bar{t},Y,T^0\right) = V\left(\bar{c},\bar{t}-\Delta\bar{t},Y-\sigma\left(V,\Delta\bar{t}\right)\cdot\Delta\bar{t},T^0\right) \tag{3.1}$$

が成り立つので，右辺に平均値の定理を適用することにより，

$$\begin{aligned}&V\left(\bar{c},\bar{t}-\Delta\bar{t},Y-\sigma\left(V,\Delta\bar{t}\right)\cdot\Delta\bar{t},T^0\right)\\&=V\left(\bar{c},\bar{t},Y,T^0\right)-\Delta\bar{t}\cdot\left.\frac{\partial V\left(\bar{c},\bar{t},Y,T^0\right)}{\partial \bar{t}}\right|_{V=V_m}\\&-\sigma\left(V,\Delta\bar{t}\right)\cdot\Delta\bar{t}\cdot\left.\frac{\partial V\left(\bar{c},\bar{t},Y,T^0\right)}{\partial Y}\right|_{V=V_m}\end{aligned} \tag{3.2}$$

と表すことができる．ここで，V_m は点 $V\left(\bar{c},\bar{t},Y,T^0\right)$ と $V\left(\bar{c},\bar{t}-\Delta\bar{t},Y-\sigma\left(V,\Delta\bar{t}\right)\cdot\Delta\bar{t},T^0\right)$ との中間の任意の点であり，$\Delta\bar{t}\to 0$ のとき $V_m \to V\left(\bar{c},\bar{t},Y,T^0\right)$ となる．

これを，式（3.1）に代入すると，

$$\sigma\left(V,\Delta\bar{t}\right) = -\left.\frac{\partial V/\partial \bar{t}}{\partial V/\partial Y}\right|_{V=V_m} \tag{3.3}$$

が得られる．これより最終的に

$$\lim_{\Delta\bar{t}\to 0}\sigma\left(V,\Delta\bar{t}\right) = \lim_{\Delta\bar{t}\to 0}\left(-\left.\frac{\partial V/\partial \bar{t}}{\partial V/\partial Y}\right|_{V=V_m}\right) = -\frac{\partial V/\partial \bar{t}}{\partial V/\partial Y} \tag{3.4}$$

が得られる．

以上より，限界的な交通時間短縮 $\Delta\bar{t}$ に対応する CS は，$-\left(\partial V/\partial \bar{t}\right)/\left(\partial V/\partial Y\right)$ と表されることが導出された．ここで，分子に当たるものは，交通時間に関する限界効用であり，分母に当たるものは，所得に関する限界効用である．つまり，交通の時間価値は，交通時間に関する限界効用を所得に関する限界効用で除したものに「－」をつけたものとして求めら

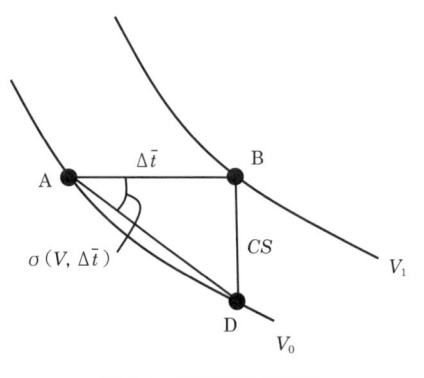

図-3.4 時間価値の計算

れる．ここで，交通時間に関する限界効用は，1単位当たりの交通時間の変化による効用水準の変化を表しており，所得に関する限界効用は，1単位当たりの所得の変化による効用水準の変化を表している．所得の限界効用で除することは，効用の単位から金銭の単位へ変換することを意味する．したがって，交通の時間価値とは，一定の効用水準のもとにおける，交通時間と貨幣との間の限界代替率を意味することになる．ちなみに，交通時間および所得に関する限界効用を計算する上で使用されるのは，直接効用関数 U ではなく，間接効用関数 V であることに留意が必要である．

なお，交通の時間価値の代替的な定義として，「限界的な交通時間の短縮に対する交通費用（下線著者）の変化」というものもしばしば用いられる（例えば，河野・森杉[4]）．これは，交通時間短縮に対する支払意思額を特に交通費用に限定したものと見なすことができる．これは，所得と交通時間との間に，$Y = X + \bar{c}$ という関係が成立する限りは，式（3.5）で示されるように，同一と見なせる．なぜならば，上の関係が成り立つ場合には，所得に関する限界効用と交通費用に関する限界不効用は一致することが期待できるからである．

$$\frac{\partial V}{\partial Y} = -\frac{\partial V}{\partial \bar{c}} \tag{3.5}$$

ただし，これは，間接効用関数に交通費用が変数として含まれる場合に限られることに注意が必要である．

3.1.2　基本モデルからの交通の時間価値の導出（モデル1）

上の基本的な考え方をもとに，より厳密にモデルを定式化した上で，交通の時間価値を導出する方法を示すことにする．このモデル（モデル1と呼ぶ）は，Train and Mcfadden[5] の財／余暇モデルを単純化したものである．このモデルの特徴は，効用関数に交通時間と労働時間が含まれないことにある．なお，この節以降にも，さまざまな時間配分モデルが提示されるが，交通の時間価値を導出する基本的プロセスは，モデル1で示されるものとほぼ同一である．

まず，ある個人の効用最大化問題を以下のように定式化する．

$$\max_{X,T} U = U(X,T) \tag{3.6a}$$

s.t. $\quad X+\bar{c}=Y \quad [\lambda] \quad$ (3.6 b)

$\quad\quad\quad T+\bar{t}=T^0 \quad [\mu] \quad$ (3.6 c)

ただし，X：合成財消費量（価格は 1）；T：余暇時間；$\bar{c}$，$\bar{t}$：交通費用と交通時間；Y：所得；T^0：利用可能時間；λ，μ：ラグランジュの未定乗数である．この最適化問題に対応するラグランジュ関数は以下のように定義できる．

$$L=U(X,T)+\lambda(Y-X-\bar{c})+\mu(T^o-T-\bar{t}) \quad (3.7)$$

すると，クーンタッカーの定理より，最適解となるための一階条件は，式（3.6b），（3.6c）に加えて，

$$\frac{\partial U}{\partial X}=\lambda^* \quad (3.8\,\mathrm{a})$$

$$\frac{\partial U}{\partial T}=\mu^* \quad (3.8\,\mathrm{b})$$

となる．これより，最適な合成財の消費量および余暇時間がそれぞれ $X^*(\bar{c},\bar{t},Y,T^0)$，$T^*(\bar{c},\bar{t},Y,T^0)$ と求められる．右肩のアスタリスクは，最適の状態を表す．同様に，ラグランジュの未定乗数も，それぞれ $\lambda^*(\bar{c},\bar{t},Y,T^0)$，$\mu^*(\bar{c},\bar{t},Y,T^0)$ と求められる．なお，ラグランジュ乗数は，シャドープライスであるとしばしば言われる．シャドープライスは，対象とする制約条件（λ ならば所得制約，μ ならば時間制約をそれぞれ指す）が緩和される場合の限界的な効用を表す．つまり，シャドープライスという観点から言えば，$\lambda^*(\bar{c},\bar{t},Y,T^0)$ は，所得に関する限界効用を示し，$\mu^*(\bar{c},\bar{t},Y,T^0)$ は，利用可能時間に関する限界効用を示す．

次に，これらの最適解を，元の直接効用関数に代入することによって，間接効用関数 $V(\bar{c},\bar{t},Y,T^0)$ が求められる．このとき，上の最適化問題に対して，包絡線定理（Varian[6]）を適用することによって，間接効用の水準がその変数によってどのような影響を受けるのかを分析することができる．

具体的には，まず，$\bar{t}$ については，

$$\frac{\partial V}{\partial \bar{t}} = \frac{\partial L^*}{\partial \bar{t}} = \frac{\partial U}{\partial X^*}\frac{\partial X^*}{\partial \bar{t}} + \frac{\partial U}{\partial T^*}\frac{\partial T^*}{\partial \bar{t}} + \frac{\partial \lambda^*}{\partial \bar{t}}(Y - X^* - \bar{c}) + \lambda^*\left(-\frac{\partial X^*}{\partial \bar{t}}\right)$$
$$+ \frac{\partial \mu^*}{\partial \bar{t}}(T^0 - T^* - \bar{t}) + \mu^*\left(-\frac{\partial T^*}{\partial \bar{t}} - 1\right) \tag{3.9}$$

となる.これに,最適解となるための一階条件を代入すると,

$$\frac{\partial V}{\partial \bar{t}} = -\mu^* \tag{3.10}$$

が得られる.

同様に,Y については,

$$\frac{\partial V}{\partial Y} = \frac{\partial L^*}{\partial Y} = \frac{\partial U}{\partial X^*}\frac{\partial X^*}{\partial Y} + \frac{\partial U}{\partial T^*}\frac{\partial T^*}{\partial Y} + \frac{\partial \lambda^*}{\partial Y}(Y - X^* - \bar{c}) + \lambda^*\left(1 - \frac{\partial X^*}{\partial Y}\right)$$
$$+ \frac{\partial \mu^*}{\partial Y}(T^0 - T^* - \bar{t}) + \mu^*\left(-\frac{\partial T^*}{\partial Y}\right) \tag{3.11}$$

となるので,同様に最適解の一階条件を代入すると,

$$\frac{\partial V}{\partial Y} = \lambda^* \tag{3.12}$$

が得られる.

すると,交通時間価値の定義より,

$$-\frac{\partial V/\partial \bar{t}}{\partial V/\partial Y} = \frac{\mu^*}{\lambda^*} \tag{3.13}$$

と求められる.つまり,交通時間価値は,時間制約に関する限界効用を所得(制約)に関する限界効用で除したものと一致する.さらに,式(3.8b)から,

$$-\frac{\partial V/\partial \bar{t}}{\partial V/\partial Y} = \frac{1}{\lambda^*}\frac{\partial U}{\partial T}\bigg|_{U=U^*} \tag{3.14}$$

とも表される.$\partial U/\partial T$ は余暇時間に関する限界効用であるから,それを所得に関する限界効用で除すことによって,結果的に,このモデルでは,交通時間価値は,余暇の時間価値と一致することになる.

3.1.3 業務交通と非業務交通の時間価値

 上で示した交通の時間価値の定義では，交通の目的が明確に区分されていなかった．特に，上で示されたモデルでは，活動として，労働が明示的に考慮されていなかったため，業務目的の交通と，非業務目的の交通との違いがわからない構造となっていた．実は，モデル1における定式化と交通の時間価値の導出方法は，非業務目的の交通を念頭に置いたものと言える．業務交通の時間短縮価値についても，モデル1と類似した考え方を適用することはできるものの，直接的に同一の枠組みを用いることはできない．

 ここで，業務交通とは，被雇用者が，雇用者の命令等によって業務時間中に行う交通であり，具体的には職種によってその内容は異なる．その一方で，非業務交通とは，業務時間外に行われる交通であり，通勤，余暇，観光などの私的交通が含まれる．通勤を非業務交通に分類することには違和感があるかもしれないが，業務時間外に行われているという点では，余暇や観光と同一の枠組みで語られることが多い．

 交通の時間価値を考える上で，業務交通と非業務交通とを区分することは極めて重要である．なぜならば，交通の時間価値を導出する上で仮定される意思決定の仕組みが異なるからである．非業務交通の場合には，上ですでに示されたように，時間配分の意思決定は，交通を行う本人以外にありえない．したがって，交通を行う個人の効用最大化問題として，行動を定式化することによって，交通の時間価値を導出することができる．その一方で，業務交通の場合には，交通を行うのは業務従事者であるが，その指示を出しているのは，直接的か間接的かの違いはあるものの，雇用者である．雇用者は，被雇用者に業務交通をさせることで，新たな顧客を獲得したり，サービスを提供したりすることを通じて収入を維持・向上させようとする一方で，被雇用者に対しては，賃金や業務交通の交通費を支払っている．したがって，被雇用者の業務交通サービスの選択（例えば，交通手段や交通経路の選択）は，雇用者の意思に沿ったものにならざるを得ない可能性がある．仮に，被雇用者の意思決定の余地が全くなく，雇用者が業務交通の意思決定を100%行っているならば，交通の時間価値は，被雇用者のものではなく雇用者のものが反映されることになる．

 つまり，業務交通と非業務交通では，意思決定の主体や，その意思決定構造が

根本的に異なる可能性があるので，同列に議論することができない．そこで，本章の残りでは，非業務交通と業務交通のそれぞれについて，交通の時間価値の理論を整理することとする．

3.2 非業務交通の時間価値

3.2.1 非業務交通の時間価値の導出（モデル 2 ～ 4）

　非業務交通の時間価値は，その背景となる非業務活動をどのように捉えるかによって異なった形で導出される．非業務交通の時間価値を導出する上で用いられる時間配分モデルは，効用関数に交通時間が含まれるか否かと，効用関数に労働時間が含まれるか否かという 2 つの要素の組み合わせで，合計 4 種類に分類することができる．

　ここで，効用関数に交通時間が含まれることは，個人が交通時間を選択できることを意味する．これは，自家用車利用時に，速度を調整することによって交通時間を変更できる状況や，公共交通利用時に，複数の経路から 1 つを選択したり，出発時刻を変更したりすることによって交通時間を変更できるという状況を想定している．このとき，最小交通時間の変更に伴う効用の変化分により交通時間節約価値が定義される．交通時間節約価値は，その定義から，交通時間から不効用が生じると仮定される場合にのみ適用可能な価値である．もし，交通時間中に正の効用が生じる場合には，交通時間節約価値はゼロとなる．

　一方で，効用関数に労働時間が含まれることは，個人が労働時間を選択できることを意味する．これは，職種等の選択を通じて労働時間の選択を行う，あるいは，フレックスタイム制度が導入されている企業に通勤する個人ならば，転職することなく労働時間の変更を行うといった，やや中長期的な意思決定の状況を想定していることになる．

　以上の 4 種類のモデルを整理したものが**表-3.1** である．

　労働時間，交通時間のいずれも効用関数に含まれないケースについては，すでにモデル 1 として定式化を示している．モデル 1 は最もシンプルなモデルである．

　モデル 2 は，効用関数中に交通時間が含まれるが，労働時間は含まれないケー

表-3.1 非業務交通の時間価値導出のための時間配分モデルの分類

	交通時間を含まない	交通時間を含む
労働時間を含まない	モデル 1 $\max_{X,T} U = U(X,T)$ s.t. $X + \bar{c} = Y,\ T + \bar{t} = T^0$	モデル 2 $\max_{X,T,t} U = U(X,T,t)$ s.t. $X + \bar{c} = Y,\ T + t = T^0,\ t \geq \tilde{t}$
労働時間を含む	モデル 3 $\max_{X,T,T_w} U = U(X,T,T_w)$ s.t. $X + \bar{c} = wT_w + Y,$ $T + T_w + \bar{t} = T^0$	モデル 4 $\max_{X,T,T_w,t} U = U(X,T,T_w,t)$ s.t. $X + \bar{c} = wT_w + Y,$ $T + T_w + t = T^0,\ t \geq \tilde{t}$

スである．ここで，交通時間は不効用を生じさせると考えられることから，最小交通時間制約条件が追加されている．この場合には，交通の時間価値は，最小交通時間の制約緩和による価値，つまり，交通時間節約価値として求められる．

モデル 3 は，効用関数中に労働時間は含まれるが，交通時間は含まれないケースである．ここで，個人の所得は，労働時間に比例して得られる賃金と，労働時間とは無関係に得られる固定収入との 2 つの要素から構成されると仮定される．

最後に，モデル 4 は，効用関数中に，労働時間と交通時間がともに含まれるケースである．これは，モデル 2 と 3 の両方の特性を持つものである．やはり，交通の時間価値は，交通時間節約価値として求められる．

以下では，モデル 2，3，4 について，交通の時間価値を導出する．

(1) 効用関数中に交通時間を含む時間配分モデル（モデル 2）

複数の交通サービス（例えば，交通手段）が存在する場合のモデルを定式化する．また，モデル 1 の時と同様に，合成財の価格を 1 に基準化する．

$$\max_{X,T,t} U = U(X,T,t) \tag{3.15a}$$

$$\text{s.t.} \quad X + \sum_i \bar{c}_i = Y \quad [\lambda] \tag{3.15b}$$

$$T + \sum_i t_i = T^0 \quad [\mu] \tag{3.15c}$$

$$t_i \geq \tilde{t}_i \quad \text{for} \quad \forall i \quad [\kappa_i] \tag{3.15d}$$

ただし，X：合成財消費量，T：余暇時間，t：交通時間ベクトル，$\bar{c}_i$：i 番目

の交通サービスの交通費用，Y：予算，t_i：i 番目の交通サービスの交通時間，T^0：利用可能時間，$\tilde{t}_i$：i 番目の交通サービスの最小交通時間，λ, μ, κ_i：ラグランジュの未定乗数である．

すると，交通時間節約価値は，以下のように求められる．

$$VTTS = -\frac{\partial V/\partial \tilde{t}_i}{\partial V/\partial Y} = \frac{\kappa_i^*}{\lambda^*} \tag{3.16}$$

ただし，V は，間接効用関数を表す．

ところで，最適化の一階条件の１つについて，その両辺を所得に関する限界効用 λ^* で除すと，

$$\frac{\kappa_i^*}{\lambda^*} = \frac{\mu^*}{\lambda^*} - \frac{\partial U/\partial t_i|_{U^*}}{\lambda^*} \tag{3.17}$$

が得られる．つまり，左辺の交通時間節約価値は，右辺の２つの項に分解することができる．De Serpa[7] は，右辺の第１項を「資源としての時間価値」，第２項を「商品としての時間価値」とそれぞれ呼んだ．

なお，資源としての時間価値は，

$$\frac{\mu^*}{\lambda^*} = \frac{\partial U/\partial T|_{U^*}}{\lambda^*} \tag{3.18}$$

となることから，余暇の時間価値と同一である．したがって，モデル２における交通時間節約価値は，以下のように示される．

$$\frac{\kappa_i^*}{\lambda^*} = \frac{1}{\lambda^*}\left(\left.\frac{\partial U}{\partial T}\right|_{U^*} - \left.\frac{\partial U}{\partial t_i}\right|_{U^*}\right) \tag{3.19}$$

つまり，交通時間節約価値は，余暇の時間価値と交通の商品としての時間価値との和で表される．

(2) 効用関数中に労働時間を含む時間配分モデル（モデル３）

モデル２と同様に，複数の交通サービス（例えば，交通手段）が存在する場合のモデルを定式化する．また，モデル１，２のときと同様に，合成財の価格を１に基準化する．

$$\max_{X,T,T_w} U = U(X,T,T_w) \tag{3.20a}$$

$$\text{s.t.} \quad X + \sum_i \bar{c}_i = wT_w + Y \quad [\lambda] \tag{3.20b}$$

$$T + T_w + \sum_i \bar{t}_i = T^0 \quad [\mu] \tag{3.20c}$$

ただし，X：合成財消費量，T：余暇時間，T_w：労働時間，$\bar{t}_i$：i 番目の交通サービスの交通時間，$\bar{c}_i$：i 番目の交通サービスの交通費用，w：労働賃金率，Y：労働外固定収入である．

すると，交通時間価値は，以下のように求められる．ただし，V は，間接効用関数を表す．

$$VOTT = -\frac{\partial V/\partial \bar{t}_i}{\partial V/\partial Y} = \frac{\mu^*}{\lambda^*} \tag{3.21}$$

ところで，最適解となるための一階条件の 1 つより

$$\frac{\mu^*}{\lambda^*} = \frac{\partial U/\partial T|_{U^*}}{\lambda^*} \tag{3.22}$$

が得られる．つまり，交通時間価値は，モデル 1 と同様に，余暇の時間価値と一致する．

さらに，最適解となるための他の一階条件について，その両辺を所得に関する限界効用 λ^* で除すと，

$$\frac{\mu^*}{\lambda^*} = w + \frac{\partial U/\partial T_w|_{U^*}}{\lambda^*} \tag{3.23}$$

が得られる．つまり，交通時間価値は，労働賃金率に労働の時間価値を加えたものとも一致することがわかる．ここで，労働の時間価値が正であるか負であるかは，必ずしも明確でない．これは，次のように示される．上の式と最適解となるための一階条件より，

$$\frac{\partial U/\partial T_w|_{U^*}}{\lambda^*} = \frac{\mu^*}{\lambda^*} - w = \frac{\partial U/\partial T|_{U^*}}{\lambda^*} - w$$

が得られることから，余暇時間価値＞労働賃金率の場合には，労働の時間価値は正となるが，逆の場合には負となる．以上より，非業務交通の時間価値が，労働賃金率より高いか低いかは，必ずしも明確でない．

(3) 効用関数中に交通時間と労働時間の両方を含む時間配分モデル（モデル 4）

以下では，複数の交通サービス（例えば，交通手段）が存在する場合のモデルを定式化する．また，他のモデルと同様に，合成財の価格を 1 に基準化する．

$$\max_{X,T,T_w,t} U = U(X,T,T_w,t) \tag{3.24a}$$

$$\text{s.t.} \quad X + \sum_i \bar{c}_i = wT_w + Y \quad [\lambda] \tag{3.24b}$$

$$T + T_w + \sum_i t_i = T^0 \quad [\mu] \tag{3.24c}$$

$$t_i \geq \tilde{t}_i \quad \text{for} \quad \forall i \quad [\kappa_i] \tag{3.24d}$$

すると，交通時間節約価値は，以下のように求められる．

$$VTTS = -\frac{\partial V/\partial \tilde{t}_i}{\partial V/\partial Y} = \frac{\kappa_i^*}{\lambda^*} \tag{3.25}$$

ただし，V は，間接効用関数である．

これに対して最適解となるための一階条件より次の式が得られる．

$$\frac{\kappa_i^*}{\lambda^*} = \frac{1}{\lambda^*}\left(\left.\frac{\partial U}{\partial T}\right|_{U^*} - \left.\frac{\partial U}{\partial t_i}\right|_{U^*}\right) = w + \frac{1}{\lambda^*}\left(\left.\frac{\partial U}{\partial T_w}\right|_{U^*} - \left.\frac{\partial U}{\partial t_i}\right|_{U^*}\right) \tag{3.26}$$

これより，交通時間節約価値は，余暇の時間価値と交通の商品としての時間価値との和であるとともに，賃金率に労働の時間価値と交通の商品としての時間価値とを加えたものともなる．先にも述べたように，「労働の時間価値」は負である可能性があるため，「労働の時間価値＋交通の商品としての時間価値」の正負は不明である．したがって，やはり，非業務交通の時間価値が労働賃金率より高いかどうかはわからない．

3.2.2 非業務交通の時間価値のまとめ

以上をまとめると，非業務交通の時間価値は**表-3.2** のようにまとめられる．

なお，効用関数に交通時間を含まないモデル 1 と 3 では，交通時間価値（VOTT: Value of Travel Time）であるのに対し，効用関数に交通時間を含むモデル 2 と 4 では，交通時間節約価値（VTTS: Value of Travel Time Savings）となっていることに留意が必要である．

モデル間で共通する部分は以下の通りである．

第一に，効用関数に交通時間を含まない場合には，交通時間価値は，労働時間を含むか否かにかかわらず，余暇の時間価値と一致する．

第二に，効用関数に交通時間を含む場合には，交通時間節約価値は，余暇の時間価値と交通の商品としての時間価値の和となる．

第三に，効用関数に労働時間を含む場合には，交通時間を含むか否かにかかわらず，余暇の時間価値＝労働賃金率＋労働の時間価値が成立する．

表-3.2 非業務交通の時間価値のまとめ

	交通時間を含まない	交通時間を含む
労働時間を含まない	モデル1 VOTT＝余暇の時間価値	モデル2 VTTS＝余暇の時間価値＋交通の商品としての時間価値
労働時間を含む	モデル3 VOTT＝余暇の時間価値 ＝労働賃金率＋労働の時間価値	モデル4 VTTS＝余暇の時間価値＋交通の商品としての時間価値 ＝労働賃金率＋労働の時間価値＋交通の商品としての時間価値

最後に，交通時間によって正の効用が生じる場合について付け加えておく．交通時間中の活動によって，交通時間から不効用ではなく正の効用が生じる場合，モデル2や4を用いて交通時間節約価値を求めると，ゼロとなる．したがって，モデル1または3によって交通時間価値を求めることが必要となる．この場合，交通時間価値は，余暇の時間価値と一致することになる[3]．

3.3 業務交通の時間価値

3.3.1 業務交通の時間価値の基本的な考え方

（1）業務交通の時間価値に関する既往研究

既往研究における業務交通の時間価値推定に対するアプローチは，大きく2つ

---

[3] ただし，現実には，余暇の時間価値と交通時間価値が一致しないケースが多いと思われる．この原因の1つは，交通時間に上限制約があるケースが多いからである．交通時間に上限のあるケースを論じたものとしては，Collings[8]が挙げられる．

に分けられる（Fowkes et al.[9] Fowkes[10]）．

　第一のアプローチは，「費用節約アプローチ（cost saving approach）」と呼ばれているものである（Adkins[11]）．ここでは，雇用者は，フリンジベネフィットも含めた限界的な労働費用が，労働によって生み出される限界的な生産価値と一致するように労働者を雇用することが仮定される．その結果，業務目的の交通の時間価値は，限界的な労働費用と一致する．なお，費用節約アプローチの中でも，特に交通の時間価値が賃金率と一致する場合には「賃金率アプローチ（wage rate approach）」，賃金率とそれ以外の要素の和と一致する場合には「賃金率プラスアプローチ（wage rate plus approach）」としばしば呼ばれる．このアプローチは，市場が十分に競争的であり，平均的な労働費用が雇用者にとっての価値を反映する場合にのみ支持されうるものであるとされる．

　ところが，このアプローチに対しては，多くの研究者から批判が出されている．Harrison[12]は，賃金率アプローチには，次のような仮定が置かれていると指摘している．

- 財および労働市場が競争的な状況であること
- 生産のための時間が分割可能であること：その結果としていずれの1分も同様に価値があること
- 全ての短縮時間が余暇ではなく労働に振り向けられること
- 交通時間の生産性が，業務の点から見て0%であること
- 業務時間中の交通による雇用者の不効用が労働の不効用と同一であること

特定の状況下では，1つあるいは複数のこれらの条件が満たされないケースがあることは明白である．しかし，Mackie et al.[13]は，「平均的にみれば，長期的にはこれらの影響はおおむね無視できるという考え方にも一定の合理性がある」と指摘している．

　第二のアプローチは，Hensher[14),15)]によって提案されたものであり，「Hensherアプローチ」と広く呼ばれているものである．いくつかのバリエーションが存在するものの，Hensher公式は，おおむね次式によって示される（Fowkes et al.[9]）：

$$VBTT = \left[(1-r-pq)MP + MPF\right] + \left[(1-r)VW + rVL\right] \quad (3.27)$$

右辺第一項：雇用者の価値；右辺第二項：被雇用者の価値

ここで，

 $VBTT$：業務交通の時間価値
 MP ：労働の限界生産性
 MPF ：交通時間短縮による疲労の減少によって追加的に生み出される産出量の価値
 VW ：交通時間に対する被雇用者の職場における労働時間の相対的な価値
 VL ：交通時間に対する被雇用者の余暇時間の相対的な価値
 r ：短縮された交通時間が余暇に振り向けられる割合
 p ：短縮された交通時間のうち，移動中に行われる労働を犠牲にして短縮された分の割合
 q ：職場における労働に対する移動中に行われる労働の相対的な生産性

である．

Fowkes et al.[9] によれば，Hensher アプローチは，次のような点を考慮しようとしたものだとされる：

- 業務目的の交通が，もしその交通がなければ余暇となったであろう時間に行われること，つまり交通時間の短縮が労働時間ではなく余暇時間に配分される可能性があること．この場合，こうした交通時間の短縮価値は，交通時間が余暇時間に移転されることによる被雇用者の価値と一致する可能性がある．
- 業務交通の途中でも労働が行われる可能性があること．この場合，交通時間の短縮は生産の低下を意味する．
- 職場における労働と移動中の労働は，被雇用者によって異なるものと認識される可能性があること．

ここで，第一点目は，Hensher アプローチが，雇用者のみならず被雇用者の時間配分についても考慮しようとしていることを意味する．第二点目は，業務交通そのものが主たる業務である，鉄道やバスの運転手のケースや，いわゆる「ブリーフケーストラベラー」のケースを前提としていることを意味する．ブリーフケーストラベラーとは，「運転そのものを業務としない者でかつ移動中に生産的な活動を行う旅行者」と定義されるものである（Mackie et al.[13]）．第三点目は，

被雇用者が，職場で労働する場合と移動中に労働する場合とでは異なる効用を享受することを意味しているものと思われる．

しかし，おそらく理論的な背景が明確でないために，Hensherアプローチの取り扱われ方は，その後の研究において混乱気味である．例えば，Fowkes et al.[9]では，統合化アプローチによる実証分析において，VWとMPFがともにゼロとなることが仮定されている．ところが，その根拠は必ずしも明らかでない．また，AHCG[16]では，VWとVLが一致することが仮定されている．ただし，AHCGの仮定は，元々は，Algers et al.[17]の方法に従ったものであるとされる．Fowkes[10]は，この仮定は賃金率が存在しない場合にのみ支持されるものであり，非現実であると批判をしている．さらに，これについて，Mackie et al.[18]は，VWはVLよりもずっと低いはずであるとも主張している．なお，Ramjerdi et al.[19]は，VW=0とVW=VLという2つのケースについて検討を行っているが，これは，交通の時間価値の幅を検討することが目的であったとされている（Fowkes[10]）．一方，AHCG[16]は，英国におけるアンケート調査データを用いて，Hensher公式に含まれるパラメータの推定を行っているが，その結果に対して英国交通省からは確信が得られていないという指摘もある（Mackie et al.[18]）．これは，おそらく調査方法と理論との整合性が不明確なためだと考えられる．ちなみに，Mackie et al.[20]は，Hensherアプローチが考慮しようとした3つの点は，実務的には，相互にキャンセルアウトしてしまうので，ほとんど無視できるという見解も示している．ただし，その根拠は明確に示されていない．このように明確な理論的裏付けがなされないまま，Hensherアプローチの解釈に関する議論が複数の研究者によって行われている．

(2) 業務交通の時間価値を検討する上での留意点

業務交通の時間価値を検討する上では，次の5つの点に留意することが重要だと考えられる．

第一の留意事項は，誰が業務交通の意思決定を行うか，という点である．非業務交通では，旅行者に対して，自分の時間を異なる活動間で配分できる自由が与えられていることを大前提として，交通の時間価値が導出されていた．ところが，業務交通においては，意思決定者が旅行者本人でない可能性がある．多くの場合，

業務交通は，雇用者が自分の目的を達成するために，被雇用者に対して命令することによって行われる．つまり，旅行者は，自分の交通に関して意思決定をする権利が完全には与えられていない可能性が高い．では，これは，業務交通に関する意思決定が，全て雇用者によって行われることを意味するのであろうか．これに対する答えは，その旅行者が置かれている条件によって異なると思われる．例えば，業務交通が，雇用者本人によって行われる場合や，鉄道やバスの運転手による商業輸送の場合には，交通に関する意思決定が完全に雇用者によって行われるものと仮定してもよいであろう．その一方で，交通に関する意思決定が，雇用者によって完全に決められるのではなく，被雇用者も参加するプロセスの中で決定されるケースも，実際には多く見られる．業務交通に関する共同意思決定の典型例は，自営業者の場合である．自営業者の業務交通には，おそらく雇用者としての側面と被雇用者としての側面の両方が関わっているものと思われる．また，例えば，雇用者と被雇用者との間で，被雇用者の業務交通に関して一定の合意がなされている場合にも，共同意思決定していると見なせるであろう．ただし，Fowkes et al.[9]も指摘するように，被雇用者による業務交通の場合，旅行者は，交通費用を完全に回収できる上に，雇用者による業務交通の指揮・管理は完全でないことが多い．その場合には，旅行者個人が実質的に自由に意思決定していると見なせる可能性もある．以上のように，業務交通の意思決定者については，複数のケースを想定することが必要だと思われる．

　第二の留意事項は，業務目的の交通時間が変化することに対して，誰が支払意思を持つのか，という点である．ここで，非業務交通の場合であれば，交通時間短縮に対する支払意思額は，旅行者本人のものであることが暗に仮定されている．業務交通の場合であっても，交通に関する意思決定が，完全に旅行者本人によって行われる場合には，旅行者本人の支払意思額をもって，交通の時間価値が求められるべきと考えられる．一方で，もし業務交通に関する意思決定が，完全に雇用者によって行われる場合には，たとえ旅行者が雇用者本人でない場合であっても，雇用者の支払意思額によって，交通の時間価値が求められるべきであろう．では，共同意思決定の場合は，どうすべきなのであろうか．これは，意思決定の文脈に依存するものと考えられる．

　第三の留意事項は，移動中に生産的な活動が行われるか否か，という点である．

近年の情報通信技術の急激な発展に伴い，スマートフォンやタブレット PC が普及し，移動中であってもさまざまな活動を行える環境が整いつつある．そして，こうした情報通信端末の普及は，業務に携わる者にとっても，職場における業務だけでなく，移動中の業務をも可能としつつある．したがって，ブリーフケーストラベラーのように，移動中に行われる生産的な活動を行う者の存在を明示的に考慮しつつ，交通の時間価値を求めることの必要性が高まっていると言えるであろう．

第四の留意事項は，業務交通が，労働時間の中で完結するか，あるいは労働時間以外の時間帯に行われるかという，業務交通のスケジュールに関する点である．業務交通が，労働時間の合間で行われる場合には，業務交通時間は，単純に労働時間の一部であると見なせる．これは，総労働時間が業務交通によって影響を受けないことを意味する．以下では，労働時間内で完結する業務交通のことを「短時間業務交通」と呼ぶことにする．一方で，業務交通が，労働時間外で行われる場合には，総労働時間が，労働時間プラス業務交通時間となる．以下では，労働時間外に行われる業務交通のことを「長時間業務交通」と呼ぶことにする．このように，業務交通のスケジュールの違いが，交通の時間価値に与える影響を明示的に考慮することが必要である．

第五の留意事項は，労働時間外に行われる業務交通に対して賃金が支払われるか否かという点である．これは，対象とする交通の行われる労働市場の制度に依存するものと考えられる．例えば，米国の公務員については，超過労働時間に対して，追加賃金が支払われるのではなく，その分だけ余暇時間（あるいは休暇）が別途与えられるという制度（Time off in lieu または Comp time）がある（Leibig [21]）．超過労働に対して賃金ではなく休暇を与える制度（Time off in lieu）は，米国のみならず複数の国々において一般的である模様である（Roche [22]）．Hensher アプローチは，もともと David Hensher 教授（シドニー大学）により，オーストラリアにおける航空利用の長距離業務目的交通を対象として提案されたものである（Henhser [14]）．ここで，オーストラリアでも Time off in lieu の制度は一般的であり，1997 年時点の調査結果では，超過勤務を行う常勤被雇用者のうち約 4％が Time off in lieu を受けているとの報告がある（Wooden [23]）．したがって，Hensher アプローチのオリジナルでは，この制度

が前提とされていた可能性がある．ただし，我が国では，このような制度は一般的ではない．

3.3.2 業務交通の時間価値の導出

以下では，賃金率アプローチ，賃金率プラスアプローチ，Hensherアプローチのそれぞれについて，業務交通の時間価値を導出する．なお，導出の詳細については，加藤[24)]を参照されたい．

(1) 賃金率アプローチの導出

雇用者が業務交通に関する意思決定を行う場合を想定する．これは，業務目的の旅行者は，雇用者により事前に指定された交通のプランに従って，目的地，交通手段，経路等を決定することを意味する．この場合の旅行者は，雇用者であっても被雇用者であってもかまわない．ここで，雇用者は，自らの経営する企業の利潤を最大とするよう時間の配分を行うものと考える．

企業は，旅行者の労働時間あるいは労働時間と業務交通時間の一部を投入することによって，1種類の生産物を産出しているものと仮定する．企業は，生産物を販売することによって収入を得る一方で，旅行者に対して賃金費用，業務交通費用，労働賃金外の固定費用を支払っているものとする．

ここで，移動中に生産活動が行われない場合で，かつ短時間業務交通を想定する．この場合，実際の生産に投入される時間は，労働時間から業務交通時間を差し引いたものとなる．一方で，業務交通時間も含めて労働時間に対して賃金が支払われることを仮定すれば，企業の利潤最大化行動は次のように定式化できる．

$$\max_{T_w, t_w} \pi = P \cdot f(T_w - t_w) - (wT_w + \bar{c}_w + Y) \quad (3.28a)$$

subject to

$$t_w \geq \tilde{t}_w \quad [\kappa] \quad (3.28b)$$

ここで，P：生産物価格，T_w：労働時間，t_w：業務交通時間，$\tilde{t}_w$：最小業務交通時間，w：労働賃金率，$\bar{c}_w$：業務交通費用，Y：労働外固定収入，κ：ラグランジュ未定乗数である．このとき，以上の最適化問題を解くことによって，最小交通時間の消費制約が有効である場合には，業務目的の交通時間節約価値は，次のよう

に導出できる．

$$VTTS = P \cdot \left.\frac{\partial f}{\partial T_w}\right|^* = w \tag{3.29}$$

これは，交通時間節約価値が労働賃金率と一致することを意味している．これは，賃金率アプローチを正当化するものと言える．

ちなみに，これと同一の結果は，長時間業務交通の場合であっても得られる．

(2) 賃金率プラスアプローチの導出

次に，被雇用者が，雇用者からの業務命令により業務交通を行うとともに，業務交通を含めた意思決定が，被雇用者自身によって行われるものとする．被雇用者は，自らの効用水準が最大となるように時間の配分を行う．効用関数は，合成財の消費量（価格を 1 に規準化），余暇時間，労働時間，非業務交通時間，業務交通時間を変数とする関数であると仮定する．ここで，合成財，余暇時間に関する限界効用は正である一方で，業務交通時間に関する限界効用は負であると仮定する．

長時間業務交通の場合を想定する．ここで，労働時間外に行われる業務交通に対して賃金が支払われない状況を仮定する．これは，Time off in lieu または Comp time を想定していることとなるため，我が国の労働賃金制度には合致しないものである点に留意が必要である．すると，個人の効用最大化行動は以下のように定式化できる．

$$\max_{X,T,T_w,t_l,t_w} U = U(X,T,T_w,t_l,t_w) \tag{3.30a}$$

subject to

$$X + \bar{c}_l = wT_w + Y \quad [\lambda] \tag{3.30b}$$

$$T + T_w + t_l + t_w = T^0 \quad [\mu] \tag{3.30c}$$

$$t_w \geq \tilde{t}_w \quad [\kappa] \tag{3.30d}$$

ここで，X：合成財消費量，T：余暇時間，T_w：労働時間，t_l：非業務交通時間，t_w：業務交通時間，$\bar{c}_l$：非業務交通費用，$\tilde{t}_w$：最小業務交通時間，w：労働賃金率，Y：労働外固定収入，T^0：利用可能時間，λ, μ, κ：各制約条件式に対応するラグランジュ未定乗数である．

このとき，以上の最適化問題を解くことによって，業務目的の交通時間節約価値は，次のように導出できる．

$$VTTS = \frac{\kappa^*}{\lambda^*} = \frac{1}{\lambda^*}\left(\left.\frac{\partial U}{\partial T_w}\right|^* - \left.\frac{\partial U}{\partial t_w}\right|^*\right) + w \tag{3.31}$$

この結果より，交通時間節約価値は，業務交通時間に対する労働時間の相対的価値に賃金率を加えたものとなる．この結果は，賃金率プラスアプローチを正当化するものだと言える．ただし，プラスに当たる部分については，これが常に正となることは保障されない．なぜならば，プラスの部分は，労働時間価値と業務交通時間価値との和であるが，労働時間価値が負の場合でかつ，その絶対値が正である業務交通時間価値よりも大きい場合には，プラスの符号が負になることがありうるからである．

以上より，労働時間外に業務交通が行われ，かつ労働時間外に行われる業務交通に対して賃金を支払わないケースにおいて，個人の効用最大化問題から賃金率プラスアプローチは導出できる．ちなみに，労働時間外に業務交通が行われる場合であっても，労働時間外に行われる業務交通に対して賃金が支払われる場合には，賃金率プラスアプローチと同一の結果が得られない．同様に，労働時間内に業務交通が行われる場合にも，同一の結果は得られない．

（3）Hensher 公式導出のための準備

ここでは，雇用者と被雇用者の両方の視点から時間配分モデルを定式化し，Hensher 公式導出のための準備を行う．

一般に，異なる主体の相互関係を考慮する方法として，大きく 3 つのアプローチがあると考えられる．第一のアプローチは，ゲーム理論に基づくものである．ここでは，雇用者と被雇用者はそれぞれ独自の利己的な効用関数を持ち，両者の相互関係は，非協力ゲーム理論あるいは協力ゲーム理論によって説明される．第二のアプローチは，異なる主体の選好の違いを特定の代表的な主体の選好（あるいは効用関数）に反映させて説明しようとするものである．例えば，Becker [25] は，世帯内意思決定の文脈において，家長の利他的な効用関数を仮定し，家長の効用最大化によって世帯内構成員の相互関係を分析しようとした．第三のアプローチは，さらに一般的に，集団内構成員のパレート効率性のみを前提条件として課す

もので，Collective モデルと呼ばれる方法である[26]．この方法は，Chiappori[27]，Bourguignon and Chiappori[28] などにおいて提案されたものである．もし，企業における業務活動が，雇用者と被雇用者のパレート効率的な活動によって行われるという前提がおけるのであれば，このアプローチが最も適切であると考えられる．

そこで，以下では，Collective モデルを雇用者と被雇用者との共同意思決定に適用することとする．まず，雇用者の効用関数と，被雇用者の効用関数をそれぞれ U_E と U とし，それらから構成される関数として集団効用関数を設定する．ここで，集団効用関数としては，さまざまなものが考えられる（例えば，Atkinson[29]）が，本研究では，重み付け線形関数を仮定する．この関数形を使用することの妥当性は，Harsanyi[30],[31] によって示された考え方により説明できる可能性がある．Harsanyi[31] は基数的効用をベースとし，個人および社会の意思決定において Neumann-Morgenstern 公理とパレート効率性の公理が同時に満たされる場合には，社会的厚生関数は，個人効用の線形和（ただし，個人の重みは非負）として表せることを示した．この理論の背景には，個人が，自分の所属する集団全体の厚生に関する倫理的な判断を行うときには，各個人は仮想的に，一定の確率で全ての他者の立場に立った場合を想定した上で，期待効用に基づいた非個人的（impersonal）な価値判断を行う，という前提がある．以上の仮定に従い，本研究では，具体的には，次のような集団効用関数を想定する．

$$U_G = U_E + \alpha U \tag{3.32}$$

ここで，α は，集団効用関数のうち，被雇用者の効用関数の重みを表すパラメータである．

次に，雇用者の効用関数は，その経営する企業の利潤のみの関数として表されるものとする．ここでは，単純化のために利潤関数そのものを，雇用者の効用関数を見なす．また，利潤関数は，賃金率アプローチで想定されたものを用いることとする．その一方で，被雇用者の効用関数は，賃金率プラスアプローチで用いたものと同一のものを用いることとする．また，本ケースでは，労働外固定収入 Y も集団効用関数の最大化によって決定される変数の１つであるものと仮定する．

以下では，移動中に生産活動が行われる場合と行われない場合，および長時間

交通の場合と短時間交通の場合の合計 4 通りのモデルを構築し，業務交通の時間価値を導出する．

a) モデル z (S)

まず，移動中に生産活動が行わない場合で，かつ短時間業務交通を想定する．この場合，企業に対して，実際の生産に投入される時間は，労働時間から業務交通時間を差し引いたものとなる一方で，被雇用者に対して支払われる賃金は，労働時間を対象とするので，集団効用関数の最大化行動は以下のように示される．

$$\max_{X,T,T_w,t_l,t_w,Y} U_G = \left[P \cdot f(T_w - t_w) - wT_w - \bar{c}_w - Y \right] + \alpha U(X, T, T_w - t_w, t_l, t_w) \tag{3.33a}$$

subject to
$$X + \bar{c}_l = wT_w + Y \quad [\lambda] \tag{3.33b}$$
$$T + T_w + t_l = T^0 \quad [\mu] \tag{3.33c}$$
$$t_w \geq \tilde{t}_w \quad [\kappa] \tag{3.33d}$$

このとき，最小交通時間の消費制約が有効である場合には，以上の最適化問題を解くことによって，業務目的の交通時間節約価値は，次のように導出できる．

$$VTTS = P \cdot \left.\frac{\partial f}{\partial T_w}\right|^* + \alpha \left(\left.\frac{\partial U}{\partial T_w}\right|^* - \left.\frac{\partial U}{\partial t_w}\right|^* \right) \tag{3.34}$$

これは，交通時間節約価値が，職場での労働時間に関する限界生産性と業務交通時間の価値に対する職場での労働時間の相対的価値に重み付けをしたものとの和で表されることを示している．

b) モデル z (L)

移動中に生産活動が行わない場合で，かつ長時間業務交通を想定する．この場合，実際の企業の生産に投入される時間は労働時間である一方で，被雇用者への賃金は労働時間と業務交通時間の和が対象であるので，集団効用関数の最大化行動は以下のように示されることになる．

$$\max_{X,T,T_w,t_l,t_w,Y} U_G = \left[P \cdot f(T_w) - w(T_w + t_w) - \bar{c}_w - Y \right] + \alpha U(X, T, T_w, t_l, t_w) \tag{3.35a}$$

subject to

$$X + \bar{c}_l = w(T_w + t_w) + Y \quad [\lambda] \tag{3.35b}$$

$$T + T_w + t_l + t_w = T^0 \quad [\mu] \tag{3.35c}$$

$$t_w \geq \tilde{t}_w \quad [\kappa] \tag{3.35d}$$

このとき，最小交通時間の消費制約が有効である場合には，以上の最適化問題を解くことによって，業務目的の交通時間節約価値は，次のように導出できる．

$$VTTS = P \cdot \left.\frac{\partial f}{\partial T_w}\right|^* + \alpha \left(\left.\frac{\partial U}{\partial T_w}\right|^* - \left.\frac{\partial U}{\partial t_w}\right|^*\right) \tag{3.36}$$

これは，モデル z (S) と同一の結果となる．

c) モデル p (S)

移動中に生産活動が行われる場合で，かつ短時間業務交通を想定する．この場合，企業に対して実際の生産に投入される時間は，労働時間から業務交通時間を差し引いたものと，移動中の労働時間とになる．ここで，企業の生産関数を $f(T_w - t_w, pt_w)$ とする．ただし，p は業務交通時間のうち実際に生産的な活動が行われる時間の割合を示すパラメータで，$0 < p \leq 1$ を仮定する．被雇用者への賃金は労働時間に対して支払われるので，集団効用関数の最大化行動は以下のように示されることになる．

$$\max_{X,T,T_w,t_l,t_w,Y} U_G = \left[P \cdot f(T_w - t_w, pt_w) - wT_w - \bar{c}_w - Y\right]$$

$$+ \alpha U(X, T, T_w - t_w, t_l, t_w) \tag{3.37a}$$

subject to

$$X + \bar{c}_l = wT_w + Y \quad [\lambda] \tag{3.37b}$$

$$T + T_w + t_l = T^0 \quad [\mu] \tag{3.37c}$$

$$t_w \geq \tilde{t}_w \quad [\kappa] \tag{3.37d}$$

このとき，最小交通時間の消費制約が有効である場合には，以上の最適化問題を解くことによって，業務目的の交通時間節約価値は，次のように導出できる．

3.3 業務交通の時間価値

$$VTTS = P \cdot \left(\left. \frac{\partial f}{\partial T_w} \right|^* - \left. \frac{\partial f}{\partial t_w} \right|^* \right) + \alpha \left(\left. \frac{\partial U}{\partial T_w} \right|^* - \left. \frac{\partial U}{\partial t_w} \right|^* \right)$$

$$= P \cdot \left(\left. \frac{\partial f}{\partial T_w} \right|^* - p \left. \frac{\partial f}{\partial (pt_w)} \right|^* \right) + \alpha \left(\left. \frac{\partial U}{\partial T_w} \right|^* - \left. \frac{\partial U}{\partial t_w} \right|^* \right) \quad (3.38)$$

これより，交通時間節約価値は，移動中の労働時間に対する職場での労働時間の相対的な限界生産性と業務交通時間の価値に対する職場での労働時間の相対的価値に重み付けをしたものとの和で表される．

d) モデル p (L)

移動中に生産活動が行われる場合で，かつ長時間業務交通を想定する．この場合，企業に対して，実際の生産に投入される時間は労働時間と移動中の労働時間となる．ここで，企業の生産関数を $f(T_w, pt_w)$ とする．被雇用者への賃金は労働時間と業務交通時間の和に対して支払われるので，集団効用関数の最大化行動は以下のように示されることになる．

$$\max_{X,T,T_w,t_l,t_w,Y} U_G = \left[P \cdot f(T_w, pt_w) - w(T_w + t_w) - \bar{c}_w - Y \right] \\ + \alpha U(X, T, T_w, t_l, t_w) \quad (3.39a)$$

subject to

$$X + \bar{c}_l = w(T_w + t_w) + Y \quad [\lambda] \quad (3.39b)$$

$$T + T_w + t_l + t_w = T^0 \quad [\mu] \quad (3.39c)$$

$$t_w \geq \tilde{t}_w \quad [\kappa] \quad (3.39d)$$

このとき，最小交通時間の消費制約が有効である場合には，以上の最適化問題を解くことによって，業務目的の交通時間節約価値は，次のように導出できる．

$$VTTS = P \cdot \left(\left. \frac{\partial f}{\partial T_w} \right|^* - \left. \frac{\partial f}{\partial t_w} \right|^* \right) + \alpha \left(\left. \frac{\partial U}{\partial T_w} \right|^* - \left. \frac{\partial U}{\partial t_w} \right|^* \right)$$

$$= P \cdot \left(\left. \frac{\partial f}{\partial T_w} \right|^* - p \left. \frac{\partial f}{\partial (pt_w)} \right|^* \right) + \alpha \left(\left. \frac{\partial U}{\partial T_w} \right|^* - \left. \frac{\partial U}{\partial t_w} \right|^* \right) \quad (3.40)$$

これは，モデル p (S) の結果と同一である．

e）まとめ

以上より，雇用者と被雇用者の両方の視点を考慮した場合の業務交通の時間価値は，**表-3.3** のようにまとめられる．ただし，いずれについても，Hensher 公

表-3.3 雇用者と被雇用者の集団意思決定モデルによる業務目的の交通時間節約価値

交通のタイプ	移動中の生産活動なし	移動中の生産活動あり
短時間交通	VTTS$=MP+\alpha VW$	VTTS$=(1-pq)MP+\alpha VW$
長時間交通		

注：MP：労働の限界生産性，VW：交通時間に対する被雇用者の職場における労働時間の相対的な価値，p：短縮された交通時間のうち，移動中に行われる労働を犠牲にして短縮された分の割合，q：職場における労働に対する移動中に行われる労働の相対的な生産性

式と一致しないことが読み取れる．

（4） Hensher アプローチの導出

a）導出モデル

これまでの定式化では，業務交通は，労働時間内に行われる（短時間業務交通）か，労働時間外に行われる（長時間業務交通）かのいずれかのスケジュールとなることが仮定されていた．以下では，業務交通のスケジュールについて，この仮定を緩和することとする．つまり，業務目的交通時間のうち，一部は労働時間内に行われ，一部は労働時間外に行われる状況を想定する．ここで，全業務交通時間のうち労働時間外に行われる時間の割合を r とする．したがって，全業務交通時間のうち労働時間内に行われる時間の割合は $1-r$ となる．

また，企業の生産関数を 2 つのサブ生産関数の単純和で表されるものと仮定する．1 つのサブ生産関数は，職場における労働時間と移動中の労働時間を変数とする $f(\cdot)$ であり，もう 1 つのサブ生産関数は，業務交通時間のみを変数とし，業務交通時間に関する限界生産性が負となる $g(\cdot)$ であるものとする．

以上の追加的な仮定のもとで，移動中に生産活動を行う場合のモデル p をベースとすると，集団効用関数の最大化行動は，以下のように定式化できることになる．

$$\max_{X,T,T_w,t_l,t_w,Y} U_G = \left[P \cdot \left\{f\left(T_w-(1-r)t_w, pt_w\right)+g\left(t_w\right)\right\}-w\left(T_w+rt_w\right)-\bar{c}_w-Y\right]$$
$$+\alpha U\left(X,T,T_w-(1-r)t_w, t_l, t_w\right) \quad (3.41a)$$

subject to

$$X + \bar{c}_l = w(T_w + rt_w) + Y \quad [\lambda] \tag{3.41b}$$

$$T + T_w + rt_w + t_l = T^0 \quad [\mu] \tag{3.41c}$$

$$t_w \geq \tilde{t}_w \quad [\kappa] \tag{3.41d}$$

これより，最小交通時間の消費制約が有効である場合には，以上の最適化問題を解くことによって，業務目的の交通時間節約価値は，次のように導出できる．

$$\begin{aligned}VTTS &= P \cdot \left[(1-r)\frac{\partial f}{\partial T_w}\bigg|^* - \frac{\partial f}{\partial t_w}\bigg|^* - \frac{\partial g}{\partial t_w}\bigg|^* \right] + \alpha \left[(1-r)\left(\frac{\partial U}{\partial T_w}\bigg|^* - \frac{\partial U}{\partial t_w}\bigg|^*\right) + r\left(\frac{\partial U}{\partial T}\bigg|^* - \frac{\partial U}{\partial t_w}\bigg|^*\right) \right] \\ &= P \cdot \frac{\partial f}{\partial T_w}\bigg|^* \left[(1-r) - pq \right] + \alpha \left[(1-r)\left(\frac{\partial U}{\partial T_w}\bigg|^* - \frac{\partial U}{\partial t_w}\bigg|^*\right) + r\left(\frac{\partial U}{\partial T}\bigg|^* - \frac{\partial U}{\partial t_w}\bigg|^*\right) \right] - P \cdot \frac{\partial g}{\partial t_w}\bigg|^* \end{aligned}$$

$$(3.42)$$

すると，この式は，

$$VTTS = (1-r-pq)MP + \alpha\{(1-r)VW + rVL\} + MPF \tag{3.43}$$

と書けるので，最後に $\alpha=1$ を仮定すれば，次の Hensher 公式を得ることができる．

$$VTTS = (1-r-pq)MP + (1-r)VW + rVL + MPF \tag{3.44}$$

b) Hensher アプローチの成立条件

以上で示されたように，Hensher 公式は，雇用者と被雇用者の共同時間配分モデルから導出することができる．これは，Fowkes[9]のいう2段階の意思決定システムに対応していると考えられる．ここで，第1段階とは，組織による業務交通に関する基本ポリシーの決定段階であり，第2段階とは，それに従って各主体が選択を行うというものである．上のモデルで，基本ポリシーに当たるものは，パラメータ α と r であると考えられる．まず，重み付けパラメータ α は，雇用者と被雇用者との交渉によって，合意により決定されるものだと想定される．たとえこれが，雇用者の責任のもとで決定されるものであったとしても，暗に雇用者と被雇用者との力関係が反映されていると思われるので，間接的に合意に

よって決定されていると見なせるであろう．一方で，rについては，企業の方針次第で，ある程度変更できる余地はあるものの，企業と顧客との関係で決まる外生的な変数と見なせる可能性もある．例えば，中長期的な意思決定を前提とするのならば，rは，企業の平均的な業務交通のスケジュール（平均的に見たときに，業務交通がどの時間帯に多く発生するのかという傾向）によって外生的に与えることができるかもしれない．この点については，企業の業務内容に依存するものであって，一意に定めることはできない．

以上の定式化のプロセスからも明らかなように，Hensher公式は，次の2つの仮定に大きく依存している．第一の仮定は，$\alpha=1$であり，これは雇用者と被雇用者との重みが同一となる集団効用関数が仮定されていることを意味する．しかし，現実にはこの重みパラメータが1とならなければならない理由は存在しない．例えば，ブリーフケーストラベラーのように，移動中でも生産的な活動のできる被雇用者の場合には，雇用者から被雇用者への配慮が高まることにより，重みパラメータが高めに設定される可能性がある．また，本研究では，集団効用関数内における雇用者の効用関数が利潤関数と一致するという単純化がなされているが，（この仮定を変更しても結論には本質的な影響はないものの）当然ながら重みパラメータは変化しうる．したがって，$\alpha=1$は，かなり強い仮定であると考えられる．以上より，一般的には，Hensher公式よりも，式（3.43）で表される「一般化されたHensher公式」の方が，その妥当性が高いと思われる．

Hensher公式導出の第二の仮定は，短縮される業務交通時間の労働時間外に配分される割合が，業務交通時間のうち労働時間外に占める部分の割合と一致するとしている点である．もし，短縮時間の配分に関して何の制約もなければ，合理的な個人は，短縮された時間を活動時間に関する限界効用の高い活動へ優先的に配分するはずである．つまり，短縮時間配分に関して何かしらの外生的な制約が与えられない限り，第二の仮定は成立しない．もし雇用者（企業）が，被雇用者の業務交通のうち無給とする割合を事前に決めているのならば（例えば，業務交通時間のうち50％分だけは給与支払いの対象とするなど），この仮定は現実味を帯びることになる．ただし，こうした外生的な制約に現実性があるか否かは，実際の労働状況を調査しない限り明らかではない．

3.3.3 業務交通の時間価値のまとめ

業務交通の時間価値について，以上で得られた成果をまとめると，次のようになる．

第一に，賃金率アプローチが適用できるのは，雇用者が業務交通に関する意思決定を行う環境下にあり，移動中に生産的な活動をせず，かつ，その業務交通に対して賃金が支払われる場合である．

第二に，賃金率プラスアプローチが適用できるのは，旅行者が自分で業務交通に関する意思決定をできる環境下にあり，業務交通が労働時間外に行われ，かつ，その業務交通に対して賃金が支払われない場合である．

第三に，Hensher アプローチは，雇用者と被雇用者の効用関数の線形和で表される集団効用関数において両者の重みが同一と仮定し，かつ，短縮される業務交通時間の労働時間外に配分される割合が，業務交通時間のうち労働時間外に占める部分の割合と一致すると仮定する場合に，集団効用最大化によって得ることができる．

《参考文献》

1) Bruzelius, N. (1979) *The Value of Travel Time: Theory and Measurement*, Croom Helm London, Surrey.
2) Small, K.A. and Verhoef, E.T. (2007) *The Economics of Urban Transportation*, Routledge, Abingdon.
3) Freeman III, A.M. (1994) *The Measurement of Environmental and Resource Values: Theory and Methods*, Resources for the Future.
4) 河野達仁，森杉壽芳（2000）時間価値に関する理論的考察－私的交通のケース－，土木学会論文集，No.639/IV-46, pp.53-64.
5) Train, K. and McFadden, D. (1978) The goods/leisure tradeoff and disaggregate work trip mode choice models, *Transportation Research*, Vol.12, No.5, pp.349-353.
6) Varian, H. (1992) *Microeconomic Analysis*, 3rd edition, Norton & Company.
7) De Serpa, A.C. (1971) A theory of the economics of time, *The Economic Journal*, Vol.81, No.324, pp.828-846.
8) Collings, J.J. (1974) The valuation of leisure travel time, a note, *Regional and Urban Economics*, Vol.4, No.1, pp.65-67.
9) Fowkes, A.S., Marks, P. and Nash, C. A. (1986) *The Value of Business Travel Time*

Savings, Institute of Transport Studies, University of Leeds, Working Paper 214.
10) Fowkes, T. (2001) *Principles of Valuing Business Travel Time Savings*, Institute of Transport Studies, University of Leeds, Working Paper 562.
11) Adkins, W. G., Ward, A. W. and McFarland, W. F. (1967) Value of Time Savings of Commercial Vehicles, Highway Research Board, NCHRP Report 33.
12) Harrison, A.J. (1974) *Economics and Transport Appraisal*, Croom Helm.
13) Mackie, P.J., Wardman, M., Fowkes, A.S., Whelan, G., Nellthorp, J. and Bates, J. (2003) *Values of Travel Time Savings in the UK*, Report to UK Department for Transport, Institute for Transport Studies, University of Leeds.
14) Hensher, D. A. (1977) *Value of Business Travel Time*, Pergamon Press.
15) Hensher, D. A. (1989) Behavioural and resource values of travel time savings: A bicentennial update, *Australian Road Research*, Vol.19, pp.223–229.
16) Accent and Hague Consulting Group (1996) The Value of Travel Time on UK Roads 1994: Final Report, prepared for the Department of the Environment, Transport and the Regions.
17) Algers, S., Dillen, J. L. and Wildert, S. (1996) The National Swedish Value of Time Study in PTRC, The Easthampsted Conference on the Value of Travel Time Savings.
18) Mackie, P. J., Fowkes, T., Wardman, M., Whelan, G. and Bates, J. (2001) Three controversies in the valuation of travel time savings. PTRC European Transport Conference, Seminar on Behavioural Moldelling, Cambridge.
19) Ramjerdi, F., Rand, L. and Saelensminde, K. (1997) The Norwegian Value of Time Study: Some Preliminary Results, Institute of Transport Economics, Oslo, Norway.
20) Mackie, P. J., Jara-Diaz, S. and Fowkes, A. S. (2001) The value of travel time savings in evaluation, *Transportation Research Part E*, Vol.37, No.2-3, pp.91–106.
21) Leibig, M. T. (2002) The importance of time off: Valuing restricted vs. unrestricted compensatory time under the Fair Labor Standards Act, *South Dakota Law Review*, Vol.48, pp.511-553.
22) Roche, W. K., Fynes, B. and Morrissey, T. (1996) Working time and employment: A review of international evidence, *International Labour Review*, Vol.135, No.2, pp. 129-157.
23) Wooden, M. (2010) The growth in "unpaid" working time, *Journal of Applied Economics and Policy*, Vol.20, No.1, pp. 29-43.
24) 加藤浩徳 (2013) 業務目的の交通時間節約価値に関する基礎理論, 土木学会論文集 D3 (土木計画学), Vol.69, No.2, pp.81-100.
25) Becker, G. (1965) A theory of the allocation of time, *The Economic Journal*, Vol.75, No.299, pp.493-517.
26) Chiappori, P. A. (1988) Rational household labor supply, *Econometrica*, Vol.56,

No.1, pp.63–90.
27) Chiappori, P. A. (1992) Collective labor supply and welfare, *Journal of Political Economy*, Vol.100, No.3, pp.437–467.
28) Bourguignon, F. and Chiappori, P. A. (1992) Collective models of household behavior: An introduction, *European Economic Review*, Vol.36, No.2-3, pp.355–364.
29) Atkinson, A. B. (1970) On the measurement of inequality, *Journal of Economic Theory*, Vol.2, pp.244-263.
30) Harsanyi, J.C. (1953) Cardinal utility in welfare economics and in the theory of risk-taking, *Journal of Political Economy*, Vol.61, No.5, pp.434–435.
31) Harsanyi, J.C. (1955) Cardinal welfare, individualistic ethics, and interpersonal comparisons of utility, *Journal of Political Economy*, Vol. 63, No.4, pp.309–321.

第4章
交通の時間価値の特性

4.1 はじめに

　交通の時間価値は，交通に関わるさまざまな要素の影響を受ける．例えば，長時間移動のときと，短時間移動のときとでは，交通の時間価値が異なる可能性がある．また，個人属性によっても交通の時間価値は異なりうる．例えば，高所得者と低所得者とでは，交通の時間価値は，異なっている可能性が高い．これらの各種要素と交通の時間価値との関係が明らかになれば，交通の時間価値をより的確に把握することが可能となる．

　そこで，本章では，交通の時間価値の特性について，既存の研究から得られている知見を紹介する．

4.2 交通時間と交通の時間価値との関係

　交通プロジェクト評価の実務では，交通の時間価値は，交通時間に関わらず一定と仮定されることが多い．例えば，出発地から目的地まで10分で到達する場合も，3時間で到達する場合も，1分の時間短縮による価値は，同一と仮定される．しかし，実際は，交通時間によって交通の時間価値が異なると感じることが多い．それは，長時間の移動において1分が短縮されるのと，短時間の移動において1

分が短縮されるのとでは，1分の時間短縮による限界的な効用が異なると考えられるためである．

4.2.1　交通時間と交通の時間価値との関係に関する理論分析
（1）　交通時間と交通の時間価値との関係（モデル1と3のケース）

第3章で定式化されたモデルのうち，最も単純な非業務交通のモデル1を用いて，理論的な分析を試みる．モデル1では，交通の時間価値は，以下のように導出されていた．

$$-\frac{\partial V/\partial \bar{t}}{\partial V/\partial Y} = \frac{1}{\lambda^*}\frac{\partial U}{\partial T}\bigg|_{U=U^*} \tag{4.1}$$

ここで，λ^*は所得に関する限界効用，$\partial U/\partial T$は余暇時間に関する限界効用である．交通時間と交通の時間価値との関係を調べるためには，交通時間$\bar{t}$によって，所得に関する限界効用と，余暇時間に関する限界効用とが，それぞれどのように変化するのかを調べればよい．

まず，交通時間の増加によって，所得に関する限界効用λ^*は，どのように変化するであろうか．最も単純なケースは，合成財消費ならびに交通費用がともに，交通時間とは独立であると仮定する場合である[1]．この場合には，交通時間が長くなっても，交通費用も合成財消費も変化しないので，所得に関する限界効用も変化しない．ここでは，単純化のために，交通時間と交通費用とが独立という仮定を置くことにしてみよう．つまり，交通時間の変化に対して，λ^*は一定となる．

次に，交通時間の増加によって，余暇時間に関する限界効用はどのように変化するであろうか．まず，モデル1では，時間に関する制約条件は，以下のように定式化されていた．

$$T + \bar{t} = T^0 \tag{4.2}$$

---

[1] もし，交通費用が交通時間の変化によって変化したり，合成財消費が影響を受けたりするケースでは，交通時間がλ^*に与える影響は，単純でなくなる．ただし，このケースに関して，河野・森杉[1)]は，合成財を，交通を伴う合成財（外出先で購入する合成財）と交通を伴わない合成財（自宅で消費する合成財）とに分離したモデルを用いることによって，個人の時間配分行動を定式化している．そして，時間価値に関する比較静学分析を行った結果，交通時間の増加と共に，λ^*は減少するという結果を得ている．

すると，余暇時間は，$T = T^0 - \bar{t}$ となる．ここで，余暇時間に関する限界効用が逓減すると仮定してみよう．つまり，余暇時間が増加するほど，単位余暇時間の増加に対する効用水準の増分（限界効用＝接線の傾き）は減少していくことを仮定する．このとき，交通時間が短いとき（$\bar{t} = \bar{t}_{short}$）の余暇に関する限界効用は，**図-4.1** の $\partial U/\partial T|_{U^*}$ のように示されることになる．

次に，交通時間が増加した場合（$\bar{t} = \bar{t}_{long}$）を考えてみよう．この様子が示されているのが**図-4.2**である．交通時間が増加したときの余暇時間に関する限界効用は，$\partial U/\partial T|_{U^{**}}$ となる．図からも読み取れるように，余暇時間に関する限界効用逓減が仮定

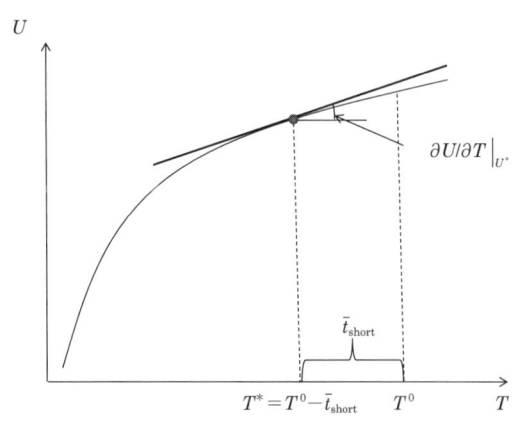

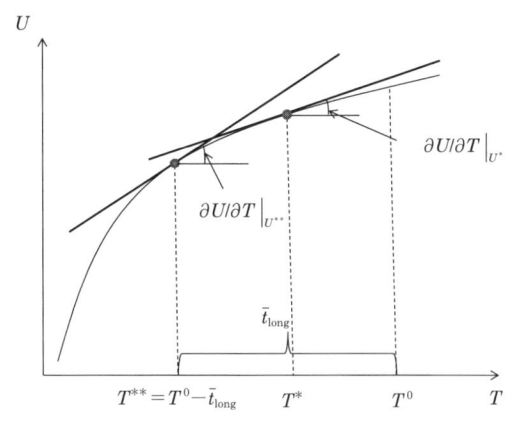

図-4.1 余暇時間に関する限界効用

図-4.2 交通時間が増加したときの余暇時間に関する限界効用

されているので，$\partial U/\partial T|_{U^{**}} > \partial U/\partial T|_{U^*}$ が成立する．これは，交通時間の増加によって，余暇時間が減少するため，余暇時間に関する限界的な効用が増加することによる．したがって，交通時間が増加すると，余暇時間に関する限界効用は増加することになる．

以上より，「交通費用が交通時間と独立である」，「余暇時間に関する限界効用逓減が成立する」という2つの仮定のもとでは，交通時間の増加によって，

・所得に関する限界効用 λ^* が一定

・余暇時間に関する限界効用は増加

となるので，結果的に，交通の時間価値も増加するという結論が得られる．

ちなみに，以上では，所得に関する限界効用λ^*が一定という仮定をおいたが，仮に，所得に関する限界効用λ^*が交通時間とともに減少する場合であっても，やはり交通時間の増加にともなって，交通の時間価値も増加する．

ただし，上の仮定が成立しない場合には，これらの結果は得られない．例えば，交通費用が交通時間と正の相関関係にある場合には，モデル1の枠組みの中では，交通時間の増加→交通費用の増加→合成財消費の減少となる．ここで，合成財消費に関する限界効用逓減を仮定する場合には，所得に関する限界効用は増加する．もし，交通時間増加によって，余暇時間に関する限界効用の増加分より，所得に関する限界効用の増加分の方が大きい場合には，交通時間とともに交通の時間価値は減少する．ただし，この場合であっても，交通時間増加によって，余暇時間に関する限界効用の増加分より，所得に関する限界効用の増加分の方が小さい場合には，交通の時間価値は交通時間とともに増加する．これらのいずれになるのかは，アプリオリには決められない．

以上では，モデル1を用いた議論を行った．このとき，交通の時間価値は，余暇の時間価値と一致する．そのため，労働時間が効用関数に含まれるモデル3であっても，モデル1と同様の結論を導くことができる．

(2) 交通時間と交通時間節約価値との関係（モデル2と4のケース）

モデル1，3で得られた結果は，交通時間が効用関数に含まれるモデル2，4についても拡張することが可能である．

モデル2，4では，交通時間節約価値は，余暇の時間価値（資源としての時間価値）＋交通の商品としての時間価値として求められた．ここで，余暇の時間価値と交通の商品としての時間価値はそれぞれ独立して，交通の時間価値との関係を議論することが可能である．既に，上で，交通時間と余暇の時間価値との関係は検討したので，交通の商品としての時間価値が，交通時間によってどのように変化するのかに注目すればよいことになる．

交通の商品としての時間価値は，次のように表される．

$$-\frac{\partial U/\partial t_i|_{U^*}}{\lambda^*} \tag{4.3}$$

まず，先と同様に，所得に関する限界効用λ^*が一定であると仮定してみよう．すると，問題は，交通時間に関する限界効用$\partial U/\partial t_i|_{U^*}$が，交通時間とともにどのように変化するのかという点に絞られる．概念としてわかりやすいので，交通時間に関する限界効用ではなく，限界不効用$-\partial U/\partial t_i|_{U^*}$を議論することにしてみよう．まず，交通時間に関する限界不効用は正と考える．つまり，交通時間の増加とともに，不効用は増加する．では，交通時間の限界不効用は，交通時間の変化とともにどのように変化するのか．

図-4.3には，交通時間に関する限界効用が逓減，逓増，一定の3ケースの様子が示されている．交通時間に関する限界効用が逓減するケース（$\partial^2 U/\partial t_i^2 < 0$）では，交通時間の増加とともに，不効用は指数関数的に増加している．これは，交通時間が長くなるほど，交通時間短縮の効果が劇的に増加することを意味している．したがって，このケースでは，交通時間増加によって，交通の商品としての時間価値は増加する．次に，交通時間に関する限界効用が逓増するケース（$\partial^2 U/\partial t_i^2 > 0$）では，交通時間の増加とともに，不効用は緩やかに増加するようになる．これは，交通時間が長くなるほど，交通時間短縮の効果が低下していくことを意味している．したがって，このケースでは，交通時間増加によって，交通の商品としての時間価値は低下する．最後に，交通時間に関する限界効用が一定のケース（$\partial^2 U/\partial t_i^2 = 0$）では，交通時間によらず，交通の商品としての時間価値は一定である．

以上をまとめると，交通の商品としての時間価値は，交通時間の増加とともに

- 交通時間に関する限界効用
  逓減の場合：増加
- 交通時間に関する限界効用
  逓増の場合：減少

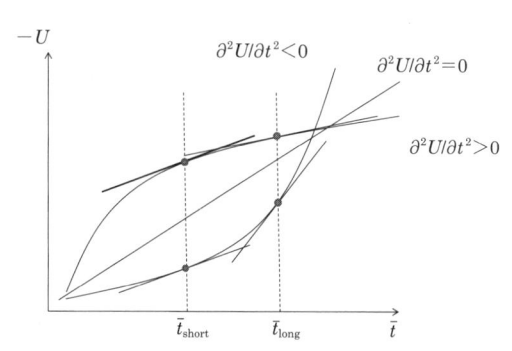

図-4.3 交通時間に関する不効用関数の形状の3つのケース

・交通時間に関する限界効用一定の場合：一定
となる．

なお，交通時間に関する限界効用がどのケースになるのかは，アプリオリに決められない．個人の選好や交通サービスの特性に依存するので，いずれのケースになるのかは，実証分析に委ねる以外にない．

最後に，余暇の時間価値の結果とあわせると，交通時間と交通時間節約価値との関係について（モデル2，4）は，

- 交通時間の増加にともなって，所得に関する限界効用 λ^* が一定あるいは減少する
- 余暇時間に関する限界効用逓減が成立する
- 交通の時間価値に関する限界効用逓減が成立する

という3つの条件が同時に成立すれば，交通時間の増加とともに交通時間節約価値も増加することになる．

ただし，これらの条件が成立するかどうかは，実証分析を行わない限りわからない．

4.2.2 交通時間と交通の時間価値との関係に関する実証分析

以上で示されたように，交通時間と交通の時間価値との関係は，理論的には明らかでない．そのため，交通時間と交通の時間価値，あるいは移動距離と交通の時間価値との関係について，数多くの実証研究が行われてきた．これらの関係については，結果にばらつきがあるものの，どちらかというと，交通時間あるいは移動距離が増加するほど交通の時間価値は増加する傾向にあるとする研究の方が多いように思われる．

移動距離とともに交通の時間価値が増加するという分析結果は，まず英国におけるメタ分析の結果から得られている．英国のメタ分析の最新の結果であるAbrantes and Wardman[2] によれば，交通時間（車両内時間と車外時間）および移動距離（マイル）に関する交通の時間価値の弾性値は，**表-4.1** のように正値と推定されている．これは，長時間あるいは長距離交通であるほど，交通の時間価値が増加することを意味する．

また，1994年に行われた英国の交通の時間価値調査（Hague Consulting

Group and Accent Marketing & Research[3]）では，SP調査データに基づいて，交通時間と交通の時間価値との関係が分析されている．その結果，業務，通勤，その他の3つの交通目的のいずれについても，交通時間が長くなるほど，交通の時間価値が上昇することが示されている．

Axhausen et al.[4]は，スイスにおけるSP調査データをもとに，移動距離および所得に関する時間価値の弾性値に関する分析を行っている．その結果をとりまとめたものの一部が，図-4.4である．これより，いずれも移動距離の増加とともに交通の時間価値は増加する傾向にあるが，交通目的によって，その関係が異なることが読み取れる．自動車利用の業務交通では，低所得者層では交通距離に

表-4.1 交通の時間価値の交通時間と移動距離に関する弾性値（Abrantes and Wardman[2]）

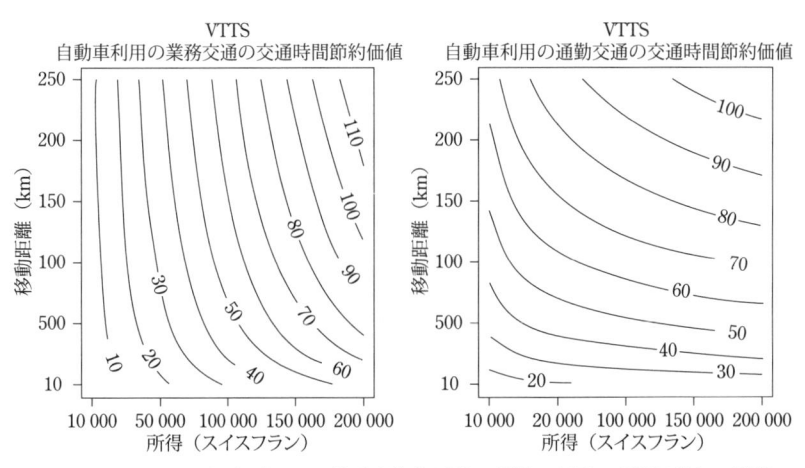

交通タイプ	推定弾性値
車両内時間	0.17
車外時間	0.08
移動距離：30マイル以下	0.04
移動距離：30マイルを超える	0.38
業務目的	0.45
通勤目的	0.08
その他目的	0.16

図-4.4 スイスのSP調査データに基づく移動距離・所得と交通の時間価値との関係（Axhausen et al.[4]）

よって交通の時間価値はほとんど変化しないが，高所得者層になると移動距離とともに交通の時間価値は増加する傾向になる．一方で，自動車利用の通勤目的では，いずれの所得階層についても，移動距離の増加とともに交通の時間価値は増加する傾向にある．

　日本国内の実証分析でも，同様の結果が得られている事例がある．Kato et al.[5]は，道路交通センサスのデータを用いて，高速道路と一般道路との選択行動を離散選択モデルによって分析している．交通時間帯別にサンプルを分類して，交通の時間価値を推定したところ，交通時間の増加とともに交通の時間価値は増加するという結果が報告されている．

　一方で，交通時間とともに交通の時間価値が減少するとしている実証研究も少なからずみられる．まず，Hultkrantz and Mortazavi[6]は，スウェーデンで1994年に実施されたSP調査による交通の時間価値に関するデータをもとに，交通時間と交通の時間価値との関係を分析している．この分析に当たっては，二項選択モデルの効用差を表す関数に交通時間と交通費用の二乗項および交差項を導入して，非線形関数のパラメータを推定している．**図-4.5**は，自動車利用者に対して，交通時間が現状より30分増加するときの受入意思額（Willingness-to-accept: WTA）と，交通時間が現状より30分削減されること対する支払意思額（Willingness-to-pay: WTP）とを示したものである．これより，いずれについて

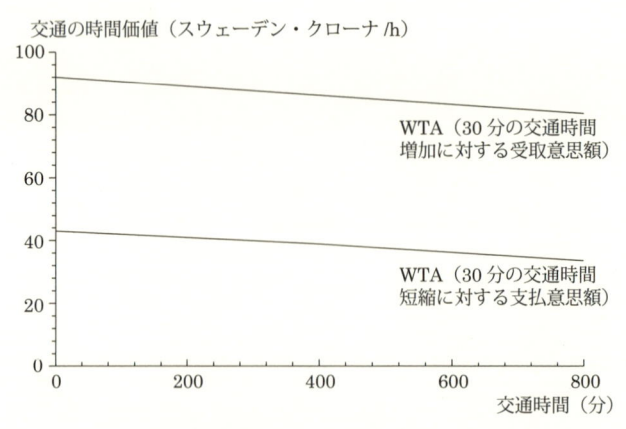

図-4.5　スウェーデンのSP調査に基づく移動時間と交通の時間価値との関係（Hultkrantz and Mortazavi[6]）

も，交通時間が長くなるほど，交通の時間価値が低下していくことがわかる．

同様に，日本国内の実証分析でも，交通時間の増加とともに交通の時間価値が減少する可能性が示されている．まず，Kato and Onoda[7] は，都市間交通を対象として RP データによって交通時間と交通時間節約価値との関係を分析している．効用関数を二次近似することによって非線形関数を定義し，MNL モデルによって交通手段選択に関する実証的な分析を行った結果，交通時間の増加とともに交通時間節約価値は低下することを示している．この原因として，交通時間の増加とともに同一の交通手段の中でもより快適な優等サービスを利用するようになること，および交通時間がある一定程度を越えると，日帰り交通から宿泊を伴う交通へと交通パターンが変化し，交通時間の制約条件が緩和されることを挙げている．また，Jiang and Morikawa[8] は，都市内交通について，SP 調査データを用いた分析を行っている．その結果，65 歳未満の免許保有者は，交通時間の増加とともに交通の時間価値が増加するが，65 歳以上の高齢者あるいは 65 歳未満でも免許非保有者では，交通時間の増加とともに交通の時間価値が減少するという結果を示している．

4.3 賃金率と交通の時間価値との関係

4.3.1 賃金率と交通の時間価値との関係に関する理論分析

交通時間と交通の時間価値との関係のケースと同様に，賃金率と交通の時間価値の関係を調べる．再び第 3 章の非業務交通のモデルに基づいて考察を行う．モデル 1，2 では，労働時間および労働賃金率が登場しないので，以下では，モデル 3，4 について考える．

(1) 賃金率と交通の時間価値との関係（モデル 3 の場合）

モデル 3 では，交通の時間価値は，以下のように導出されていた．

$$VOTT = \frac{\mu^*}{\lambda^*} = \frac{\partial U/\partial T|_{U^*}}{\lambda^*} \tag{4.4}$$

ここで，λ^* は所得に関する限界効用，$\partial U/\partial T$ は余暇時間に関する限界効用で

ある．ここで，賃金率 w が上昇しても，分子（余暇時間に関する限界効用）は不変であるので，分母の変化のみを考慮すればよくなる．ここで，労働賃金率の上昇は，所得の増加を意味する．

このとき，合成財消費に関する限界効用 $\partial U/\partial X$ が逓減することを仮定すると，図-4.6 に示されるように，労働賃金率が

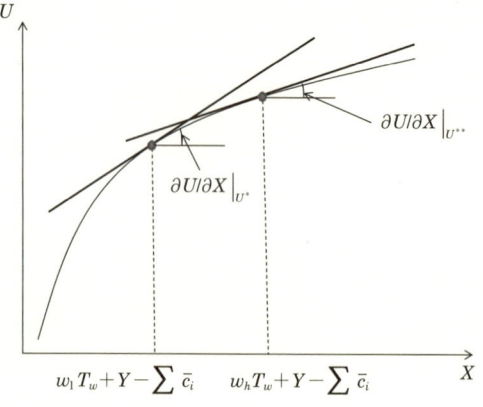

図-4.6 賃金率の変化と所得に関する限界効用の変化

$w_l \to w_h$ と増加することによって所得制約式が緩和されるので，合成財消費に関する限界効用 $\partial U/\partial X$ は低くなる．一方で，最適解となるための一階条件より，最適解は，$\partial U/\partial X|_{U^*} = \lambda^*$ を満たすので，合成財消費に関する限界効用の低下＝所得に関する限界効用の低下を意味する．

以上より，労働賃金率の上昇によって，交通の時間価値の分子は一定，分母は低下することから，全体として，交通の時間価値は増加することになる．

(2) 賃金率と交通の時間価値との関係（モデル 4 の場合）

モデル 4 では，交通時間節約価値が，以下のように求められていた．

$$VTTS = \frac{\kappa_i^*}{\lambda^*} = \frac{1}{\lambda^*}\left(\left.\frac{\partial U}{\partial T}\right|_{U^*} - \left.\frac{\partial U}{\partial t_i}\right|_{U^*}\right) \tag{4.5}$$

モデル 3 との違いは，交通時間の商品としての価値を考慮しなければならない点である．しかしこれが，労働賃金率の変化によってどう変化するかを直感的に分析することは困難である．理論的には，

$$\frac{\partial}{\partial w}\left(\frac{\kappa_i^*}{\lambda^*}\right) = \frac{\left(\partial \kappa_i^*/\partial w\right)\cdot \lambda^* - \left(\partial \lambda^*/\partial w\right)\cdot \kappa_i^*}{\left(\lambda^*\right)^2} \tag{4.6}$$

が正であるか負であるかを確認すればよい，実質的には，上式の分子の正負を確認すればよいが，これを厳密に確認するためには，Jiang and Morikawa[9] が示

すように，比較静学分析を行わざるを得ない．Jiang and Morikawa[9]によれば，モデル4の場合も，賃金率の上昇によって，交通時間節約価値は増加することが示されている．

4.3.2 所得と交通の時間価値との関係に関する実証分析

残念ながら，筆者の知る限り，労働賃金率と交通の時間価値との関係に関する実証分析は見当たらない．一方で，所得水準と交通の時間価値との関係については，多数の実証研究があり，いずれについても，所得水準の増加とともに交通の時間価値は増加するという結果が得られている．

まず，英国の1994年交通の時間価値調査（Hague Consulting Group and Accent Marketing & Research[3]）のデータをもとに分析した結果によれば，世帯の所得水準が増加するほど，交通の時間価値は上昇する．また，先に示した図-4.4をみてもわかるように，スイスの事例（Axhausen et al.[4]）からも，交通の時間価値は，所得の増加とともに増加する傾向にある．

スウェーデンとノルウェーの時間価値研究によれば，非業務交通の時間価値については，個人の税引き前所得に関して0.23 - 0.46という低い弾性値が得られている（Algers et al.[10]；Ramjerdi et al.[11]）．こうした研究と異なり，Fosgerau[12]は，デンマークの時間価値研究のデータを用いて，非業務交通の時間価値の税引き後の所得弾力性は1.0であるという仮説を棄却できないという結果を得ている．一方で，業務交通の時間価値においては，所得弾力性は1だと考えられる傾向にあるが，これに対しては一部の研究者が異論を唱えている（Gunn and Rohr[13]；Hensher and Goodwin[14]）．

なお，我が国でも，他国と同様の傾向が実証分析によって得られている．例えば，Kato and Fujiu[15]は，東京圏の鉄道利用者を対象として，各利用者の出発地ゾーンを，平均所得によって分類して，それぞれの所得階層について鉄道経路選択行動を分析し，交通の時間価値を推定した．これより，所得階層が高い地域に居住する通勤者ほど，交通の時間価値が高いことを示している．また，Jiang and Morikawa[8]も，SPデータを用いた分析から，所得水準の上昇とともに交通の時間価値が増加することを実証的に示している．

4.4 交通手段，徒歩，待ち時間，乗り換え時間と交通の時間価値との関係

もし交通手段別にそれを利用する消費者の属性が異なると仮定するならば，旅行者の交通の時間価値は，交通手段間で異なることが予想される．例えば，比較的高所得者の利用者が多い交通手段では，交通の時間価値も高くなる可能性がある．一方で，交通手段の快適性の側面に注目すると，快適性が低かったり，疲労度が高かったりする交通手段の交通の時間価値は一般に高くなる傾向にある．表-4.2 は，EU 諸国を対象に交通機関別に交通の時間価値のメタ分析を行った結果であるが，航空利用者の交通の時間価値は，他手段の利用者の交通の時間価値よりも高い一方で，バス利用者の時間価値は，低くなる傾向がある．

同様に，乗車しているときの時間価値は，歩いているときの時間価値よりも低くなる傾向がある．例えば，Wardman[16),17)] は 171 の英国での研究に基づくメタ分析を行ったところ，徒歩時間の価値は乗車時間の価値の 0.97〜4.07 倍であり，待ち時間の価値は同じく 1.84〜5.28 倍との結果を得ている．また，多くの国における交通の時間価値のガイドラインでは，乗車時間と，徒歩，待ちあるいは乗り換え時間とが区別されている．例えば，デンマークとスウェーデンでは徒歩時間と乗車時間の価値は同じであるが，待ち時間と乗り換え時間は乗車時間の 2 倍の価値があるとされている．また，スイスでも乗り換え時間の価値は乗車時間の価値の 2 倍と設定されている．

4.5 交通時間短縮の規模と交通の時間価値との関係

伝統的に，多くの国において，短縮時間の大きさによらず，一定の交通の時間価値が用いられてきた．これに対して，微少な短縮時間の時間価値は，そうでない場合の時間価値よりも低くなる可能性があるという批判が行われてきた．例えば，Welch and Williams[18)] は，ある特定の閾値未満の時間短縮の場合には，交通の時間価値は閾値以上の時間短縮の場合よりも小さくなるという仮説を提示し

4.5 交通時間短縮の規模と交通の時間価値との関係

表-4.2 交通の時間価値推定値：業務交通（2002年ユーロ/人・時）（HEATCO[19]）

| | 短距離通勤交通 | | | 長距離通勤交通 | | | 短距離その他交通 | | | 長距離その他交通 | | |
	航空	バス	車・鉄道	航空	バス	車・鉄道	航空	バス	車・鉄道	航空	バス	車・鉄道
オーストリア	11.98	5.78	8.03	15.4	7.42	10.32	10.05	4.84	6.73	12.91	6.22	8.65
ベルギー	11.44	5.51	7.67	14.68	7.07	9.84	9.59	4.62	6.43	12.31	5.93	8.26
キプロス	11.83	5.7	7.93	15.18	7.32	10.18	9.92	4.78	6.65	12.74	6.14	8.53
チェコ共和国	8.57	4.13	5.75	11	5.31	7.38	7.19	3.46	4.82	9.23	4.45	6.18
デンマーク	12.64	6.09	8.48	16.23	7.82	10.88	10.6	5.11	7.11	13.61	6.56	9.12
エストニア	7.44	3.58	4.99	9.55	4.6	6.4	6.24	3.01	4.18	8.01	3.86	5.36
フィンランド	11.31	5.45	7.58	14.52	7	9.73	9.48	4.57	6.36	12.17	5.87	8.16
フランス	16.34	7.87	10.95	20.97	10.11	14.06	13.7	6.6	9.18	17.58	8.47	11.79
ドイツ	11.99	5.78	8.04	15.4	7.42	10.32	10.05	4.85	6.74	12.91	6.22	8.65
ギリシャ	10.34	4.98	6.93	13.28	6.4	8.9	8.67	4.18	5.82	11.14	5.37	7.46
ハンガリー	7.53	3.63	5.05	9.68	4.66	6.48	6.31	3.04	4.23	8.11	3.91	5.44
アイルランド	12.51	6.03	8.39	16.07	7.74	10.77	10.49	5.06	7.04	13.48	6.49	9.03
イタリア	15.16	7.31	10.16	19.47	9.38	13.04	12.71	6.12	8.52	16.32	7.86	10.94
ラトビア	6.79	3.27	4.55	8.72	4.2	5.85	5.69	2.74	3.82	7.31	3.52	4.9
リトアニア	6.62	3.19	4.43	8.49	4.09	5.69	5.55	2.67	3.72	7.12	3.43	4.77
ルクセンブルグ	17.77	8.6	11.91	22.82	11	15.3	14.9	7.18	9.99	19.13	9.22	12.83
マルタ	9.73	4.69	6.53	12.5	6.02	8.37	8.17	3.93	5.47	10.48	5.05	7.02
オランダ	11.59	5.59	7.77	14.88	7.17	9.97	9.72	4.68	6.52	12.48	6.01	8.37
ポーランド	7.36	3.55	4.94	9.46	4.56	6.34	6.17	2.97	4.14	7.93	3.82	5.32
ポルトガル	9.97	4.81	6.69	12.81	6.18	8.59	8.36	4.03	5.61	10.74	5.17	7.2
スロバキア	6.87	3.31	4.6	8.82	4.25	5.91	5.76	2.78	3.86	7.4	3.57	4.96
スロベニア	12	5.78	8.04	15.4	7.42	10.33	10.06	4.85	6.74	12.92	6.22	8.66
スペイン	12.72	6.12	8.52	16.33	7.87	10.94	10.66	5.13	7.15	13.69	6.59	9.18
スウェーデン	12.24	5.9	8.2	15.71	7.57	10.53	10.26	4.94	6.88	13.17	6.35	8.83
英国	12.44	5.99	8.34	15.97	7.69	10.7	10.43	5.02	6.99	13.39	6.46	8.98
EU（25カ国）	12.65	6.1	8.48	16.25	7.83	10.89	10.61	5.11	7.11	13.62	6.56	9.13
スイス	16.74	8.06	11.22	21.49	10.36	14.41	14.03	6.76	9.4	18.02	8.69	12.08

た．ここでは，**図-4.7**に示されるようなさまざまな関数形が想定され，実道路ネットワーク上での交通プロジェクトにおける便益の感度分析が行われている．

このいわゆる「細切れ短縮時間」に対する時間価値は，特に道路プロジェクト評価においては重要な実務的な問題となりうる．なぜならば，もし「微少な」時間を，例えば5分未満などと定義すると，多くの道路プロジェクトの時間短縮

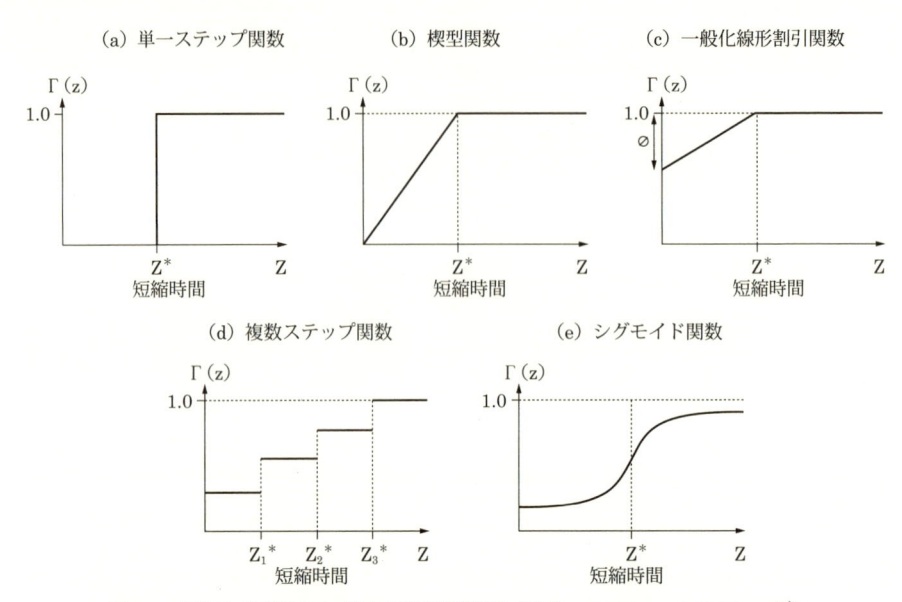

(a) 単一ステップ関数　　(b) 楔型関数　　(c) 一般化線形割引関数

(d) 複数ステップ関数　　(e) シグモイド関数

図-4.7 細切れ時間短縮に対する評価関数形（出典：Welch and Williams[18]）

はこのカテゴリーに含まれてしまうからである．実務的な観点からみれば，プロジェクト評価のプロセスに短縮時間の規模の違い（もっと一般的には，時間の変化に関する非線形性）を考慮すると，費用便益分析における加法性や可逆性のような本質的な概念に関連して深刻な困難を引き起こしてしまう可能性がある（Mackie et al.[20]）．しかし，だからといって，そのような違いが存在するかどうかを議論しない理由にはならない．そこで，これまで短縮時間の規模と交通の時間価値との関係に関する実証研究が少なからず行われてきた．

たとえば，Hultkrantz and Mortazavi[6] は，スウェーデンにおける SP 調査データを用いて，非線形効用関数に基づく離散選択モデルから時間価値を推定している．この結果より，短縮される交通時間が 10〜15 分以下の短時間の場合には，交通の時間価値はゼロもしくはマイナスになる可能性があることを示した．

これに対し，Fowkes[21] は，「もしそれ以下になると時間価値がゼロになるような時間短縮の閾値があるか，スケジュール調整ができないために価値が減少するような時間短縮の閾値があるのならば，ゼロからその閾値までの間で，個人間でのそのような時間の分布は一様でなければならない．さらには，その範囲内で

の所与の微少の時間短縮は，閾値に関してそれを感じる人々の割合へと正確に一致していくはずであり，それゆえ，閾値の大きさと同一の時間短縮が得られることになる．その結果，全ての時間短縮を同一の単一価値によって評価することと同じ結果が得られる」と主張している．

微少な交通時間短縮の時間価値は，国レベルでガイドラインを策定する上でも，しばしば大きな論点となっている．HEATCO[19]によれば，ドイツを除くEU25カ国およびスイスでは，交通の時間価値は時間短縮の規模によらず一定である．ドイツでは，例外的に，非業務交通の短時間短縮に対する時間価値は，そうでない場合の時間価値の30％と設定される．これと同様の短時間短縮の時間価値の割引は，かつてはオランダ，フランス，アメリカでも採用されていたが，現在では考慮されていない（Welch and Williams[18]）．

4.6　交通時間短縮の符号と交通の時間価値との関係

交通時間が増加するか減少するかによって，交通の時間価値が異なるのかどうかについては，これまでいくつかの実証研究によって検討が行われてきている．Gunn[22]は，交通時間が増加するときの方が減少するときよりも時間価値が高くなる現象の存在を指摘し，これを「符号効果」（sign effect）と呼んだ．Gunn[22]は，これが個人の持つ選好特性によるものであるとした．その一方で，これがSP調査の設計上の問題によるものだとしている研究もある（例えば，Mackie et al.[23]）．また，符号効果を否定する研究もある．Bates and Whelan[24]は，時間節約の符号によってVTTSが異なるかどうかについて検討した結果，±20分の短縮と増加とでは有意な差はみられなかったとしている．この結論は英国の国単位の時間価値研究の結果に基づくものであるが，スウェーデンの時間価値研究データ（Algers et al.[10]）での知見と同じであったという．その一方で，交通時間の増加と減少によって，時間価値が異なるという結果を得ている研究もいくつかある（例えば，Hess et al.[25]）がその原因については明確にされているわけではない．

符号効果による影響は，典型的に**図**-4.8および**図**-4.9で示されている．いずれ

も交通時間と交通費用が現時点(参照点)よりも増加した場合と減少した場合における無差別曲線であるが,図-4.9は,図-4.8をもとに単純化されたケースが示されている.図-4.9より,第一象限(交通時間,交通費用がともに減少する場合)の方が,第三象限(交通時間と交通費用がともに増加する場合)よりも時間価値が低くなる,つまり無差別曲線の傾きが緩やかになっていることが読みとれる.

なお,符号効果を,人間のヒューリスティックスあるいは行動特性の1つであると考えると,これはプロスペクト(Prospect)理論(Kahneman and

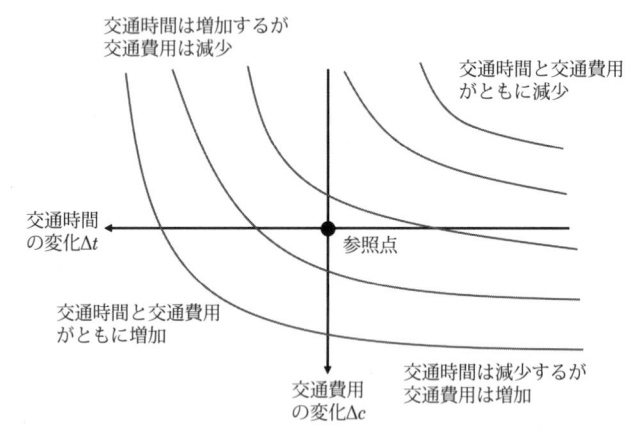

図-4.8 交通時間と交通費用の変化に対応する無差別曲線

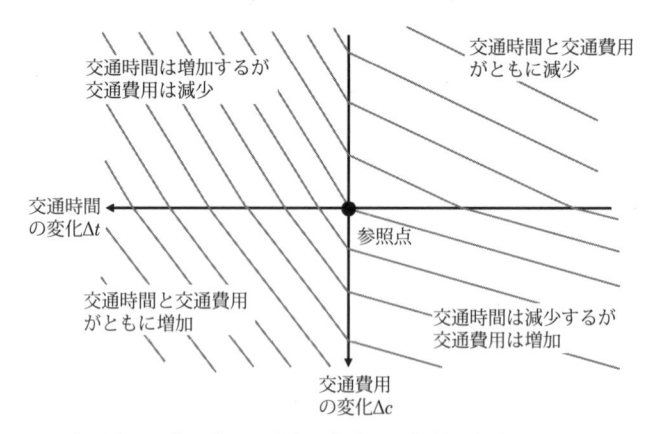

図-4.9 交通時間と交通費用の変化に対応する無差別曲線を単純化したもの

Tversky[26]）によって説明できる可能性がある．こうしたヒューリスティックスは，選択行動の分析においてバイアスを及ぼすおそれが指摘されている（Kahnemanm[27]）．交通行動に関しても，同様の効果が見られることが報告されている（Van de Kaa[28]）．

SP 調査に関する問題としては，アンカリングバイアス（anchoring bias）や慣性バイアス（inertia bias）と呼ばれるものがある．アンカリングバイアスとは，判断する際に特定の特徴や情報の断片をあまりにも重視する傾向を意味するものであり（Tversky and Kahneman[29]），SP 調査において，調査者が与えた情報に影響を受けて回答がゆがむような状況が考えられる．例えば，支払意思額に関する情報，あるいはそれを推論できるような情報が，アンケート調査票内で提示された場合，被験者は，そこで示された（推論できる）支払意思額を選好しているかのような，ゆがんだ回答をしてしまう可能性がある．

一方で，慣性バイアスとは，被験者がそれ以前の経験や行動に影響を受けて行動に偏りが出る傾向を意味するものである．これは，Thaler and Sunstein[30]によれば，「現在保有している状況に固執する強い願望」と説明される．SP 調査の中では，このバイアスによって，行動の選択肢の一部が故意に検討されなくなったり，適当に（ランダムに）選択するという戦略をとるようになったり，あるいはリスク回避的な選好の結果として「現状のまま」という選択が強くなされたりすると，行動の偏りが出る可能性がある．Mackie et al.[23] は，慣性バイアスを明示的に考慮したモデルを構築し，パラメータを推定し，慣性バイアス項が統計的に有意となる結果を得ている．ただし，Mackie et al.[23] では，「慣性は，SP 調査に対する回答を単純化するために，現状が望ましいと考えるものである」と述べ，このバイアスはあくまでも調査設計によって生じたものであるとしている．

4.7 交通の時間価値の分布

交通の時間価値は全員で同一ではなく，個人間で分布している可能性が高い．そこで，近年，効用関数中の交通時間および交通費用の係数パラメータが特定の確率分布に従う Mixed Logit モデル（Train[31]），あるいは Random Coefficient

モデルを用いた時間価値の推定が行われるようになっている．これにより，交通の時間価値の分布を知ることが可能となる．

典型的には，交通時間の係数パラメータに正規分布が仮定されるケースが多い．ただし，交通時間の係数パラメータに正規分布を仮定する場合，交通の時間価値がゼロあるいは負値なる可能性があることから，その妥当性については，さまざまな議論が行われている（Hess et al.[32]）．例えば，交通の時間価値がゼロ（Richardson[33]）あるいは負の価値（Redmond and Mokhtarian[34]）を持ちうることが指摘されているが，その背景には，旅行者が交通時間の短い選択肢を必ずしも選択しないという行動特性がある．これに関して，Mokhtarian and Salomon[35]は，旅行者が，最短交通時間経路でない経路を選択するという過剰交通（excess travel）の例を示している．Salomon and Mokhtarian[36]は，過剰交通が生まれる原因として，次の2つを挙げている．第一の原因は，観測されていない客観的な要素の存在である．これは，交通によって生じる負の効用が，交通と同時に行われる他の活動から生じる正の効用によって相殺される場合がこれに該当する．標準的な交通行動モデルでは，特定の時間中には単一の行動のみが行われるという仮定が置かれているため，こうした複数の行動を同時に行っている状況を想定していないという限界がある．第二の原因は，交通の体験そのものが正の効用を生み出す可能性である．例えば，自動車を保有したり利用したりすることによって正の満足感が得られる場合がこれに該当する．

一方で，負の時間価値の存在を否定する立場からは，交通時間の係数パラメータに対して，制約のある分布関数を適用することもしばしば行われている．最も典型的に用いられるのは，対数正規分布である（Bhat[37],[38]；Train and Sonnier[39]；Hess and Polak[40]）．ただし，対数正規分布を適用すると，標準偏差が過大に推定されたり，推定計算の収束時間が長くなるという欠点も指摘されている（Hess et al.[32]）．

以下に，実データを用いた交通の時間価値の分布に関する事例を紹介する．まず，Cirillo and Axhausen[41]は，ドイツのカールスルーエで収集された6週間にわたるパネルデータを用いて，Mixed Logitモデルにより時間価値を推定している．図-4.10は，得られた推定値をもとに，Hensher and Greene[42]の方法に従って，乱数を50,000回発生させて，交通の時間価値の分布を計算した結果である．

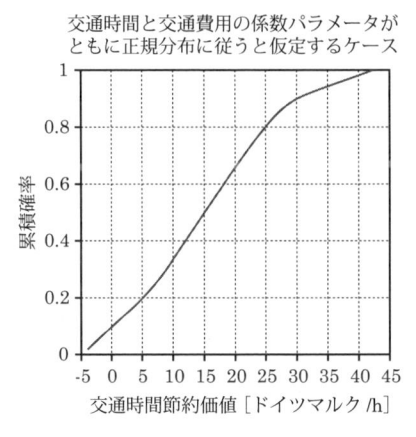

4.7 交通の時間価値の分布

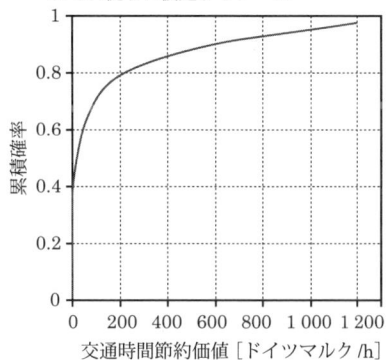

図-4.10 交通の時間価値推定値の累積分布（出典：Cirillo and Axhausen[41]）

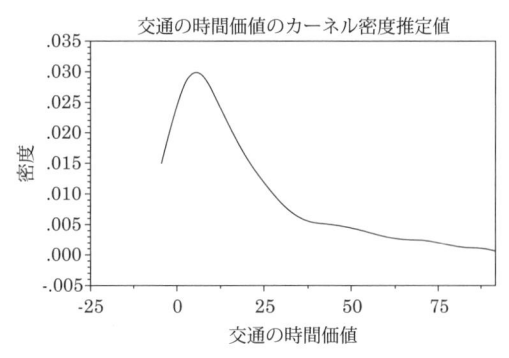

ここでは，交通時間と交通費用の係数パラメータに対して異なる確率分布が仮定されている．**図-4.10** の左のグラフは，交通時間と交通費用の係数パラメータがともに正規分布に従うことを仮定した場合の時間価値分布であり，右のグラフは，交通時間には切断された正規分布，交通費用には対数正規分布を仮定した場合の時間価値分布である．

図-4.11 交通の時間価値推定値の分布
横軸は，1人当たり1時間当たりの交通の時間価値であり，単位はドル/h．縦軸は，密度分布を表す．

同様に，Hensher[43] は，オーストラリアにおける有料道路と無料道路との選択に関するデータから，交通の時間価値に関する分布を推定している（Hensher and Goodwin[14]）．**図-4.11** で示されるように，時間価値の低い人の割合が高い人の割合よりも高い，ゆがみのある分布が得られていることが読みとれる．

4.8 交通の時間価値の経年変化

交通の時間価値が経年でどのように変化するのかは，最近関心が高まりつつある課題の1つである．以下では，時間価値が経年で変化する要因と，時間価値の経年変化に関する実証研究を紹介する．

4.8.1 交通の時間価値の経年変化を引き起こす要因

Beesley[44]は，一般的に活動の時間価値を変動させる要因として，
1) 利用可能な時間予算の変化
2) 仕事の面倒さと消費の楽しさの変化
3) 時間に関連した消費財の価格や仕事中の労力の変化
4) 一定の消費，生産活動に必要な時間の変化
5) 個人の趣味や世代交代による消費者の趣味の変化

を指摘している．

また，MVA Consultancy et al.[45]によれば，所得の影響を別にすると，経済成長に伴う将来の交通の時間価値に関する一般的傾向は以下の通りであるとされている．

1) 労働時間の減少により時間価値が低下する
2) 失業の減少により，時間価値が高まる
3) 退職者の比率が増加することにより，時間価値が低下する
4) 交通の質が改善されることにより，時間価値が低下する
5) 余暇時間の利用方法のバリエーションが豊富になることにより，時間価値が高まる
6) 仕事の魅力が増加することにより，時間価値が高まる
7) 女性の参加が増加することにより，時間価値が高まる

そして，これらは相互に関連しており，各々の影響は不確実であるため，全体としての影響は中立とすることが望ましいという結論を出している．

Beesley and Dalvi[46]は，交通の時間価値が時系列で変化するさまざまな原因を指摘しており，交通の時間価値の変化の方向でさえ不確定であることに基づい

て，時系列で変化しない時間価値が望ましいことを示した．

最初の英国における全国交通の時間価値調査（MVA Consultancy et al.[45])）は，実質時間価値が一定であると仮定するアプローチは，理論的な観点から見れば，実質時間価値を所得の成長とともに変化させるアプローチと「同程度に論理的でかつ正当と認められる」と主張した．その一方で，時系列で時間価値は増加してきているように見えるとも指摘された．結果的に，「我々の調査の中で，このトピックに関して特定の作業をしているわけではないし，逆の方向に関するもっともらしい議論が行われていることを鑑みれば，いかなる確固たる結論も出すことはできないように感じられる．この問題は，今後の研究課題として残すべき点だと思われる」と結論づけている．

Mackie et al.[20] は，時間価値の経年変化に関して詳細な検討を行っている．ここでは，理論的な考察として，以下のような説明が行われている．

第一に，所得は毎年成長している．その結果として，旅行者の金銭的費用の変化に対する感度が次第に低下するものと期待される．この所得に関する限界効用の低下は，所得の増加とともに時間価値が増加することを意味する．しかし，だからといって，時間価値が所得に対して直接比例的に増加すると期待する理由はない．

第二に，時系列での時間価値の変化は，移動の不効用の変化や交通の機会費用の変化によっても影響を受ける．交通による不効用は，交通の質，快適性，施設が改善されることから，時系列で低下することが予想される．例えば，自家用車は時間とともにより快適となり，車両内エンターテイメントや環境も改善が見られる．公共交通についても，より快適となり，内装や座席，乗車環境の質，例えば車両内施設やサービスが改善されてきた．しかしその一方で，特定の環境下においては逆の影響も発生している．例えば，都市内の自動車運転環境は悪化する一方で，主要な郊外部からの鉄道サービスにおいて車両内混雑が深刻となった．これらは，移動中の時間による不効用を増加させることにつながる．最近よく見られるようになった「ロードレージ」（運転中の激怒）と呼ばれる現象は，人々の忍耐力が一般的に低下している傾向を示しており，これは，時間とともに時間価値が増加することを示唆している可能性がある．

第三に，技術の進歩にともなって，余暇活動の質と量は毎年増加する傾向にあ

る．これにともなって，これらの活動間で競争が激しくなり，交通時間の機会費用は高まっていることが期待される．しかし，その逆にこれにより労働時間が減少する方向に向かっており，結果として時間制約が緩和されつつあるのも事実である．

　第四に，交通時間の利用機会がより生産的となっていることも交通の時間価値に影響を与えていることが予想される．この点から見れば，携帯電話が登場し，広く保有・使用されることになったことやいくつかの交通手段においてラップトップコンピュータが使用可能となったことは明らかに時間価値を低下させる影響を持っていると考えられる．さらなる技術の進歩によって，移動中に行われる有益な活動の質や量がさらに増加する可能性もある．

4.8.2　繰り返し調査による実証研究

　時間価値の経年変化に関する実証研究は，二時点における交通の時間価値の変化を調べることにより行われている．特に，二時点において比較可能な調査が繰り返されている場合には，時間および金銭に関する限界効用がどのように変化するかを検討することが可能となる．

　これに関する先進的な研究は，1988年と1997年にオランダの交通の時間価値調査において収集されたSP調査データを用いた研究である（Gunn et al.[47]）．ここでは，二時点のデータセットに対してモデルが推定されており，このモデルには時間に関する限界効用と金銭に関する限界効用とに影響を与える要素が含まれているとともに，時間に関する限界効用に対するトレンド効果を明示的に考慮できるようになっている．その結果，交通の時間価値は，経年で低下する傾向があることがわかった．これは，携帯電話やラップトップコンピュータの普及ならびにオランダで導入された週36時間労働が原因であると考察されている．この負の時間価値のトレンドは，所得による時間価値の成長の効果を，打ち消すには十分なものであった．

　また，これと同様の繰り返し調査は，Tyne Crossingルート選択に関するSP調査として，最初の英国における交通の時間価値調査（MVA Consultancy[45]）の一部でも1985年に実施されたとともに，2回目の英国における調査（Hague Consulting Group and Accent Marketing & Research[3]）の一部として1994年

にも実施された．ここでは，通勤交通と余暇交通についてこれらの2つのデータセットを用いた結合モデルが推定された．余暇交通モデルの推定結果からは，1994年時点の時間価値が，1985年時点での時間価値の50％へ低下するという負の時間価値トレンドが示唆された一方で，通勤交通の結合モデルに関しては，元の価値から10〜30％の範囲で低下する負のトレンドが見出された．通勤交通モデルの結果は，オランダで得られた結果とより整合的であると考察されている．ただし，英国の調査結果に関して，Mackie et al.[20]は，これらの2つの調査は同一の調査デザインが用いられ，かつ料金やガソリンの料金がインフレによって増加している点では共通しているものの，残念ながら比較可能なものではないと指摘している．

4.8.3 交通の時間価値の経年変化に関する研究成果のまとめ

以上で見てきたように，時間価値の経年変化に関する決定的な結論はまだ出されていない．ただし，実証研究からは，交通時間節約価値は次第に減少していることが示唆されている．この傾向は，今後とも強まる可能性がある．なぜならば，携帯電話やスマートフォンなどの登場などに見られるようにIT技術の進展にともなって移動中にさまざまな活動が行えるようになっているからである．

一方で，移動中の活動に関して言えば，すでに述べたように，交通時間には正の効用が存在する可能性に焦点を当てた研究が，近年増加しつつある．たとえば，Redmond and Moktharian[34]は，米国のサンフランシスコ湾岸地域におけるデータを用いて，通勤者は，自らの交通時間を不効用と考えているわけではなく，むしろ自宅と業務との間の切り替えを行うという意味で，有益な時間であると考えていること，また，多くの人々は，通勤時間がゼロであることは最適ではないと考えていることを明らかにしている．

なお，交通の時間価値の経年変化を議論するとき，多くの場合，交通時間節約価値が念頭に置かれている点に留意が必要である．この場合，交通時間からは負の効用が生じることが常に仮定される．ここで，移動中の活動によって交通時間節約価値が減少することは，交通時間に関する限界効用が，負値ではあるものの増加すること（ゼロに近づくこと）を意味している．仮に，移動中の生産的活動によるメリットが移動による不快さや苦痛などのデメリットを上回って，交通時

間から正の効用を生み出すようになった場合には，交通の時間価値は，交通時間節約価値ではなく，交通時間価値（交通時間短縮の価値）によって計測される必要がある．

いずれにせよ，交通の時間価値の経年変化については，さらなる実証分析が必要だと言える．

《参考文献》

1) 河野達仁，森杉壽芳（2000）時間価値に関する理論的考察－私的交通のケース－，土木学会論文集，No.639/IV-46, pp.53-64.
2) Abrantes, P.A.L. and Wardman, M.R. (2011) Meta-analysis of UK values of travel time: An update, *Transportation Research Part A*, Vol.45, No.1, pp.1-17.
3) Hague Consulting Group and Accent Marketing & Research (1996) *The Value of Travel Time on UK Roads- 1994.*
4) Axhausen, K. W., Hess, S., Konig, A., Abay, G., Bates, J. J. and Bierlaire, M. (2008) Income and distance elasticities of values of travel time savings: New Swiss results, *Transport Policy*, Vol.15, No.3, pp.173-185.
5) Kato, H., Sakashita, A., Tsuchiya, T., Oda, T. and Tanishita, M. (2011) Estimation of road user's value of travel time savings using large-scale household survey data from Japan, *Transportation Research Record*, No.2231, pp.85-92.
6) Hultkrantz, L. and Mortazavi, R. (2001) Anomalies in the value of travel-time changes, *Journal of Transport Economics and Policy*, Vol.35, No.2, pp.285-300.
7) Kato, H. and Onoda, K. (2009) An investigation of whether the value of travel time increases as travel time is longer: A case study of modal choice of inter-urban travelers in Japan, *Transportation Research Record*, No. 2135, pp.10-16.
8) Jiang, M. and Morikawa, T. (2003) Variations of value of travel time savings, Paper presented at 10th International Conference on Travel Behaviour Research, Lucerne, August 2003.
9) Jiang, M. and Morikawa, T. (2004) Theoretical analysis on the variation of value of travel time savings, *Transportation Research Part A*, Vol.38, No.8, pp.551-571.
10) Algers, S., Dillen, J.L. and Wildert, S. (1996) The National Swedish Value of Time Study, In PTRC: The Easthampsted Conference on the Value of Travel Time Savings.
11) Ramjerdi, F., Rand, L. and Saelensminde, K. (1997) *The Norwegian Value of Time Study: Some Preliminary Results*, Institute of Transport Economics, Oslo, Norway.

12) Fosgerau, M. (2006) Investigating the distribution of the value of travel time savings, *Transportation Research Part B*, Vol.40, No.8, pp.688-707.
13) Gunn, H. and Rohr, C. (1996) Research into the value of travel time savings and losses. Paper presented at the PTRC International Conference on the Value of Time, pp.28–30 October, Wokingham.
14) Hensher, D. A. and Goodwin, P. (2004) Using values of travel time savings for toll roads: Avoiding some common errors, *Transport Policy*, Vol.11, No.2, pp.171-183.
15) Kato, H. and Fujiu, M. (2007) How does the value of travel time saving vary over the individual's income?, *Journal of the Eastern Asia Society for Transportation Studies*, Vol. 7, pp.128-140.
16) Wardman, M. (2001) A review of British evidence on time and service quality valuation, *Transportation Research E*, Vol.37, No.2, pp.107-128.
17) Wardman, M. (2004) Public transport values of time, *Transport Policy*, Vol.11, No.4, pp.363-377.
18) Welch, M. and Williams, H. (1997) The sensitivity of transport investment benefits to the evaluation of small travel-time savings, *Journal of Transport Economics and Policy*, Vol.31, No.3, pp.231-254.
19) HEATCO (2006) *Deliverable 5: Proposal for Harmonised Guidelines*.
20) Mackie, P.J., Wardman, M., Fowkes, A.S., Whelan, G., Nellthorp, J. and Bates, J. (2003) *Values of travel time savings in the UK, Report to UK Department for Transport*, Institute for Transport Studies, University of Leeds.
21) Fowkes, A.S. (1999) Issues in evaluation: A justification for awarding all time savings and losses, both small and large, equal unit value in scheme evaluation, In Hague Consulting Group and Accent: *The Value of Travel Time on UK Roads 1994*, The Hague, The Netherland.
22) Gunn, H. (2001) Spatial and temporal transferability of relationships between travel demand, trip cost and travel time, *Transportation Research Part E*, Vol.37, No.2-3, pp.163-189.
23) Mackie, P., Fowkes, T., Wardman, M., Whelan, G. and Bates, J. (2001) Three controversies in the valuation of travel time savings, PTRC European Transport Conference, Seminar on Behavioural Modelling, Cambridge.
24) Bates, J. and Whelan, G.A. (2001) *Size and Sign of Time Savings*, Institute for Transport Studies, University of Leeds, Leeds, Working Paper 561.
25) Hess, S., Rose, J. M. and Hensher, D. A. (2008) . Asymmetric preference formation in willingness to pay estimates in discrete choice models, *Transportation Research Part E*, Vol. 44, No. 5, pp. 847-863.
26) Kahneman, D. and Tversky, A. (1979) Prospect theory: An analysis of decision under risk, *Econometrica*, Vol.47, No.2, pp.263-291.

27) Kahneman, D. (2002) Maps of bounded rationality: A perspective on intuitive judgment and choice, In *Les prix Nobel 2002*, (Ed.) T. Frangsmyr, Nobel Foundation, Stockholm.
28) Van de Kaa, E.J. (2010) Applicability of an extended prospect theory to travel behaviour research: A meta-analysis, *Transport Reviews*, Vol.30, No.6, pp.771-804.
29) Tversky, A. and Kahneman, D. (1974) Judgment under uncertainty: Heuristics and biases, *Science*, Vol.185, pp.1124-1130.
30) Thaler, R.H. and Sunstein, C.R. (2009) *Nudge, Improving Decisions about Health, Wealth, and Happiness*, Penguin Books Ltd., London.
31) Train, K. (2003) *Discrete Choice Methods with Simulation*, Cambridge University Press, Cambridge.
32) Hess, S., Bierlaire, M. and Polak, J.W. (2005) Estimation of value of travel-time savings using mixed logit models, *Transportation Research Part A*, Vol.39, No.2-3, pp.221-236.
33) Richardson, A.J. (2003) Some evidence of travelers with zero value of time, *Transportation Research Record*, No.1854, pp.107-113.
34) Redmond, L.S. and Mokhtarian, P.L. (2001) The positive utility of the commute: modeling ideal commute time and relative desired commute amount, *Transportation*, Vol. 28, No.2, pp.179-205.
35) Mokhtarian, P.L. and Salomon, I. (2001) How derived is the demand for travel? Some conceptual and measurement considerations, *Transportation Research Part A*, Vol. 35, No.8, pp.695-719.
36) Salomon, I. and Mokhtarian, P.L. (1998) What happens when mobility-inclined market segments face accessibility enhancing policies?, *Transportation Research Part D*, Vol.3, No.3, pp.129–140.
37) Bhat, C.R. (1998) Accommodating variations in responsiveness to level-of-service measures in travel mode choice modeling, *Transportation Research Part A*, Vo.32, No.7, pp.495–507.
38) Bhat, C.R. (2000) Incorporating observed and unobserved heterogeneity in urban work travel mode choice modeling, *Transportation Science*, Vol.34, No.2, pp.228–238.
39) Train, K. and Sonnier, G. (2004) Mixed logit with bounded distributions of correlated partworths, In *Applications of Simulation Methods in Environmental and Resource Economies*, (Eds.) R. Scarpa and A. Alberini, Kluwer Academic Publishers.
40) Hess, S. and Polak, J.W. (2004) Mixed logit estimation of parking type choice, Paper presented at the 83rd Annual Meeting of the Transportation Research Board, Washington, DC.
41) Crillo, C. and Axhausen, K. W. (2006) Evidence on the distribution of values of travel time savings from a six-week diary, *Transportation Research Part A*, Vol.40,

No.5, pp.444-457.
42) Hensher, D.A. and Greene, W.L. (2003) The mixed logit model: the state of practice, *Transportation*, Vol. 30, No.2, pp.133-176.
43) Hensher, D.A. (2002) *Valuation of travel time savings: new evidence for Sydney*, Report prepared for Transfield, Sydney.
44) Beesley, M. E. (1974) Conditions for successful measurement in time valuation studies' Behavioral Travel Demand Modelling and Valuation of Travel Time, Transportation Research Board Special Report 149, pp.161-172. (reproduced and expanded in Urban Transport: Studies in Economic Policy).
45) MVA Consultancy, ITS of the University of Leeds and TSU of the University of Oxford, (1987) *The Value of Travel Time Savings: A Report of Research Undertaken for the Department of Transport*, MVA Consultancy.
46) Beesley, M. E. and Dalvi, M. Q. (1978) Concluding comments, In *Determinants of Travel Choice*, (Eds.) D. A. Hensher and M. Q. Dalvi, Saxon House Studies, Farnborough.
47) Gunn, H. F., Tuinenga, J. G., Cheung, Y. H. F. and Kleijn, H. J. (1999) Value of Dutch travel time savings in 1997, *Selected Proceedings of the 8th World Conference on Transport Research*, Vol.3, pp.513-526.

第5章
交通の時間価値の推定方法

5.1 交通の時間価値の推定アプローチ

　1人当たりの交通の時間価値推定の方法には，所得接近法と選好接近法の2つがある[1]．所得接近法とは，交通の時間価値を労働賃金率あるいは労働賃金率を修正することによって求めようとするものである．一方で，選好接近法とは，人々の実際の行動結果や意向に関するデータから，人々の時間と費用とにかかわる選好情報を入手し，そこから統計的に交通の時間価値を推定しようとするものである．

　第3章でも述べたように，理論的に見て，交通の時間価値は労働賃金率と何らかの関係があることは事実であるが，労働賃金率と直接的な関係を導くためには，効用関数あるいは人々の交通行動に強い仮説が必要である．したがって，所得接近法は，理論的には，特定の条件下でのみ支持される方法である．その一方で，所得接近法は，労働賃金率という統計的に明確な指標に基づくものであるため，信頼性が高いという利点がある．多くの国では，労働賃金率を推定するための統計データが整備されており，多くの場合，労働賃金率データは毎年の更新も

---

[1] 人や車両の時間価値の推定は，機会費用の考え方にもとづいて行われる．人の時間の機会費用に当たるものは賃金（所得）と考えられるので，人を対象とした機会費用法＝所得接近法と見なせる．

可能である．また，厳密には交通の時間価値は労働賃金率と違いがあるかもしれないが，その概算値はおおむね一致していると見なせるならば，実務的には労働賃金率あるいはそれに類する数値を，交通の時間価値と見なしても，問題ないという考え方もある．

　選好接近法は，実際の人々の行動あるいは意向から交通の時間価値を推定するので，交通を行う文脈を明示的に考慮することができ，その結果，所得以外の主観的要素が反映される．例えば，移動中の不効用（苦痛，退屈など）は，所得接近法には含まれないが，選好接近法ではこれらを含めることができる．そのため，交通時間短縮の効果をより的確に計測できる可能性がある．一方で，選好接近法では，サンプルデータに基づいて，交通の時間価値が推定されるので，データの質が結果に大きな影響を与える．サンプルが適切に選定されていなかったり，データに偏りがあったりする場合には，当然，適切な交通の時間価値は推定できない．例えば，交通時間データと交通費用データとの間で相関が強い場合には，これらを同時に説明変数として統計的な推定をすると問題が生じるケースがある．また，SPデータが使用される場合には，データ収集の方法が適切でなければ，偏った推定結果を生み出す可能性がある．

　以下では，それぞれのアプローチによって交通の時間価値を推定する方法を解説する．

5.2　所得接近法による交通の時間価値推定

　まず，所得接近法の時間価値設定の基本的な考え方を示した上で，次に，1人当たりの時間価値と車両1台当たりの時間価値を推定する方法をそれぞれ解説する．以下では，主に自家用車利用者の交通の時間価値を対象とする．

5.2.1　所得接近法の考え方

　所得接近法では，機会費用[2]の考え方に基づいて，時間価値が推定される．所得接近法による時間価値設定に当たっては，多くの場合，次のような仮定が置かれる．

- 個人は，自らの効用を最大化するように，労働や資本を企業に提供することにより所得を得て，財・サービスおよび余暇を消費するものとする．ここで，交通時間からは効用が生じない（交通時間の効用中立性が成立する）ものとする．また，個人は，労働時間を自由に変更できるものとする．
- 各企業は利潤を最大化するように労働や資本，および中間財を投入し，財・サービスを生産しており，業務交通の意思決定は，企業によって行われる．
- 各市場（財・サービス市場，労働市場等）は完全競争的であり，各市場における需要と供給は長期的に均衡している．

以上の仮定のもとで，交通時間の機会費用は，交通時間短縮に対する支払意思額と一致する．これは，業務交通と非業務交通について，それぞれ以下のように説明できる．

（1）業務交通の時間価値

まず，機会費用の考え方に従えば，短縮された交通時間は，企業によって，被雇用者の労働時間へ再配分される．すると，被雇用者の労働時間の増加によって，企業は追加的な生産が可能となる．つまり，限界的な労働時間増加の価値は，企業の労働時間に関する限界生産性と一致する．企業により利潤最大化がなされる場合には，限界生産性と限界費用とは一致するので，結果的に，業務交通時間の機会費用は，企業の労働時間に関する限界費用と一致する．ちなみに，企業にとって，業務交通時間短縮後の状態において，元の状況（交通時間が短縮される前の状況）と同じ利潤を得るためには，削減されるであろう労働時間に関する限界費用の分だけ，費用を追加的に支払えばよい．つまり，この追加的な支払費用は，業務交通時間短縮に対する企業の支払意思額となる．以上より，交通時間の機会費用と交通時間短縮の支払意思額とは一致する．

---

[2] 機会費用とは，ある選択肢を採る際に犠牲とされる費用（コスト）であり，実際に選ばれたもの以外の選択肢の中で，最も高い収益が得られる選択肢を選んだ場合の収益で測定される．つまり，1分間の時間価値（機会費用）は，その1分間の使途としてさまざまな行動の選択肢が考えられる中で，実際に選ばれた行動以外で，最も高い収益が得られる行動にその1分間を充てることとした場合に得られるはずの収益で計測される．

(2) 非業務交通の時間価値

機会費用の考え方に従えば，短縮された交通時間は，旅行者本人によって，最も収益性の高い活動である労働へ再配分される．ここで，労働市場が完全ならば，単位労働時間に対して市場価格が支払われるので，限界的な交通時間の機会費用は，労働賃金率となる．一方で，交通時間が短縮された状況において，旅行者が元の状況（つまり，交通時間が短縮される前の状況）と同じ効用を得るためには，得られるであろう労働賃金をあきらめる（つまり，労働賃金分だけ支払う）必要がある．つまり，限界的な交通時間短縮に対する支払意思額は労働賃金率と一致する．以上より，交通時間の機会費用と交通時間短縮の支払意思額とは一致する．

なお，以上の仮定では，交通時間から効用は生じないものとされているので，交通時間の機会費用には，交通時間の短縮によって交通時間そのものから発生する不効用（あるいは効用）が減少することに対する支払意思額は含まれない．

5.2.2　所得接近法による1人当たり時間価値の推定

所得接近法では，1人当たりの時間価値は，旅行者の交通の時間価値が，旅行者の単位時間当たりの収入あるいは企業の単位時間当たり労働費用と一致するという基本的な仮定に基づいて計算される．

ここで，所得接近法による時間価値推定では，次の2種類のデータが使い分けられる[3]．

- 雇用者の費用：雇用者が，被雇用者を雇用するために支払っている労働費用を指す．ここには，雇用者が被雇用者に支払う現金給与に加えて，被雇用者のために負担しているフリンジベネフィットが含まれる．
- 被雇用者の現金給与：被雇用者が，実際に雇用者から得て，使用可能な現金給与を指す．ここでは，所得税や住民税などの雇用者が負担する税が，収入

---

[3] これと類似した概念として，英国のガイドライン（Department for Transport[1]）では，資源費用，市場価格，認知費用という3つの数値が用いられている．ここで，資源費用は雇用者の費用に該当し，市場価格は被雇用者の現金給与に該当すると考えられる．認知費用は，雇用者の場合，資源費用と一致し，被雇用者の場合には市場価格に一致すると仮定されている．

から控除されなければならない．なお，労働時間に依存しない固定的な収入（例えば，有給手当や病欠手当など）は含まれない．

ここで，フリンジベネフィットとしては，例えば，以下のような内容の費用が含まれる．

- 日本の場合：「現金給与以外の労働費用」として定義されるもの＝法定福利費，法定外福利費，現物給与の費用，退職給付等の費用，教育訓練費，その他労働費用（募集費，転勤に要する費用，社内報，作業服等）（厚生労働省[2]）
- 米国の場合：「Total Benefit」として定義されているもの＝有給手当，休暇手当，病欠手当，追加的な支払，保険，退職金，社会保険，健康保険等（Bureau of Labor Statistics[3]）
- 英国の場合：「Employers' social contributions」および「Vocational Training Costs」と定義されるもの＝最低賃金，法定・法定外社会保健費，退職金，病欠補償，その他労働費用（募集費，教育訓練費，作業服等）（National Statistics[4]）

(1) 業務交通の時間価値

所得接近法では，原則として，業務交通の時間価値の算定には，雇用者の機会費用が用いられるべきである．そのため，雇用者の単位時間当たりの費用をもとに時間価値が推定される．

具体的な時間価値算定の方法は，入手可能な統計データによって異なるが，典型的な計算方法は次の通りである．

まず，企業の支出費用に関する統計データより，年間平均現金給与を得る一方で，労働に関する統計データより，年間平均労働時間を得る．そして，前者を後者で除することによって，労働賃金率を求める．その一方で，企業の支出費用に関する統計データより，平均フリンジベネフィットの平均労働費用に対する比率（フリンジベネフィット率）を計算する．これを労働賃金率に乗ずることで，最終的な業務交通の時間価値が求められる．

つまり，

(業務交通の時間価値)＝(年間平均現金給与)÷(年間平均労働時間)
　　　　　　　　　÷(フリンジベネフィット率)

によって計算される.ただし,フリンジベネフィット率＝平均フリンジベネフィット÷(平均現金給与＋平均フリンジベネフィット)である.

　なお,企業の支出費用に関する統計データによっては,正規雇用者に対する費用のみが含まれているケースがある.その場合には,適宜,非正規雇用者の労働賃金費用についても考慮される必要がある.

(2) 非業務交通の時間価値

　所得接近法では,原則として,非業務交通の時間価値については,被雇用者の機会費用が用いられるべきである.つまり,被雇用者の単位時間当たりの収入をもとに時間価値を算定すればよい.

　具体的な時間価値算定の方法は,入手可能な統計データによって異なるが,典型的な計算方法は次の通りである.

　まず,企業の支出費用に関する統計データより,年間平均現金給与を得る一方で,労働に関する統計データより,年間平均労働時間を得た上で,前者と後者で除することによって,労働賃金率を求める.次に,ここから,所得税,住民税,消費税などの税率を控除して,最終的な非業務交通の時間価値が求められる.

　つまり,

(非業務交通の時間価値)＝(年間平均現金給与)÷(年間平均労働時間)
　　　　　　　　　×(1－各種税率)

によって計算される.

　ただし,非業務交通の1人当たりの時間価値が,世帯当たりの時間価値と一致するという仮定が置かれる場合には,世帯当たりの年間平均収入によって時間価値が算定される.

(3) 所得接近法による1人当たり時間価値算定の留意事項

　以上の計算に当たって,留意すべき点の1つは,賃金率やフリンジベネフィッ

ト率が，企業の規模，業種によって異なる可能性があることである．必要に応じて，企業の規模別あるいは業種別に異なる時間価値を設定する必要がある．

次に，交通機関別に利用者の所得データが得られる場合には，交通機関別に時間価値を設定することも可能である．同様に，移動の状況（待ち時間，乗換時間など）によって異なる時間価値が設定される場合もある．ただし，これに関しては，単純な機会費用で計算することはできない．そこで，選好接近法の知見をもとに，待ち時間や乗換時間の時間価値を，乗車中の時間価値に特定の比率（例えば，英国の場合，2倍[1]）を乗じて求められるケースが多い．

また，自分で運転しているか，他人の運転に同乗しているかによって時間価値が異なると考えることも可能である．日本では，非業務目的での自家用車同乗者の時間価値が，ドライバーの時間価値とは異なるものと設定されている（道路事業の評価手法に関する検討委員会[5]）．ここでは，同乗者の時間価値は，全人口のうち15歳以上の人口の占める割合を，ドライバーの時間価値に乗ずることにより計算されている．これは，15歳以上の個人は，労働市場で所得を得ることができることから，実際に労働をしていない場合であっても，その機会費用は労働賃金率として考慮可能である（逆に言えば，14歳以下の個人は，労働することが法的に禁じられているために，機会費用がゼロであることを仮定）という根拠に基づくものである．

5.2.3 所得接近法による1台当たり時間価値の推定

1台当たりの時間価値を計算するためには，自動車利用に対する機会費用全体が考慮されるべきである．ここでは，乗車している人々（ドライバー，同乗者）の機会費用のみならず，車両の機会費用も考慮される必要がある．

つまり，

（1台当たり時間価値）＝（1台当たり単位時間当たりの乗車者の機会費用）
　　　　　　　　　　＋（1台当たり単位時間当たりの車両の機会費用）

まず，乗車者の機会費用については，1人当たりの時間価値をもとに，平均的な乗車人員を考慮して計算される．ドライバーと同乗者とで，時間価値が同一であると仮定される場合には，単純に

第5章　交通の時間価値の推定方法

（1台当たり単位時間当たりの乗車者の機会費用）＝（1人当たり時間価値）
×（平均乗車人数）

によって計算される．仮に，ドライバーと同乗者とで異なる時間価値が設定される場合には，それぞれの合計によって計算できる．なお，1人当たり時間価値が，業務交通と非業務交通とで異なるなど，複数のカテゴリーに分けて設定されている場合には，各カテゴリー別の車両台キロの比率を乗じることによって，平均的な時間価値を計算することが必要である．

例えば，業務交通と非業務交通の1人当たり時間価値がそれぞれ設定されている場合で，かつ1人当たり時間価値が，ドライバーと同乗者で同一の場合には，1台当たり時間価値は，以下のように計算することができる．

$$1台当たり時間価値（円/分・台）=$$
$$w_{業} \times \{時間価値_{業}（円/分・人）\times 平均乗車人数_{業}（人/台）\}$$
$$+ w_{非} \times \{時間価値_{非}（円/分・人）\times 平均乗車人数_{非}（人/台）\}$$

ただし，時間価値$_{業}$：業務交通の1人当たり時間価値，時間価値$_{非}$：非業務交通の1人当たり時間価値，$w_{業}$：業務交通の車両台キロ比率，$w_{非}$：非業務交通の車両台キロ比率である．

一方で，車両の機会費用の算定に当たっては，いくつかのアプローチがありうる．1つめの方法は，自分の車両が使用されないことによって得られる最大の収入をもって計算する方法である．例えば，他人に車両を貸した場合に得られる最大収入は，レンタカー会社の料金によって，計算することが可能かもしれない．ただし，これは，自分の保有している車両が，レンタカー市場で直ちに貸与可能である，という仮定が必要であるので，その妥当性には十分留意しなければならない．2つめの方法は，車両の償却費用によって計算する方法である．これは，単位時間の車両の利用によって，減少する車両の価値によって車両の機会費用を計算するものである．これを計算するためには，まず，車両の償却期間を設定した上で，単位時間当たりの価値の減耗を計算することが必要となる．この計算には，定額法による減価償却費の算定と同一の方法が適用可能である．ただし，この方法では，車両を全く使用しないでも，単位時間が経過するごとに車両の価値

が減耗することが仮定されているため，車両の利用による追加的な減耗分を計算することができない．そこで，走行時間当たりの減耗分を追加することが，必要に応じて行われる．ただし，これらの計算には，多くの仮定が必要となることから，計算結果の妥当性には十分な検討が必要である．

5.3 選好接近法による交通の時間価値推定

選好接近法による交通の時間価値は，第3章で示されたモデルによって説明できる．以下では，時間配分モデルから時間価値を推定するためのデータと方法について述べる．

5.3.1 交通の時間価値推定のための交通調査データの種類と特性
（1） 交通の時間価値推定に必要なデータの種類

交通の時間価値を実証的に推定する方法には，集計データによる方法と，個票データによる方法とがある．集計データとは，特定の発着地の組み合わせ（ODペア）間の交通機関分担率（シェア）や，分布交通量（ODペア間交通量）などを指す．一方で，個票データとは，各個人の行動結果を表すもので，質的な選択結果や特定の交通機関の利用頻度などが含まれる．

過去には，集計データをもとに，集計的な交通モデルによって交通の時間価値が推定されたケースもあった（例えば，Hensher[6]）．しかし，近年の分析技術の進展によって，現在では，交通の時間価値は個票データによって推定されるケースがほとんどである．

次に，個票データを用いて交通の時間価値を推計する方法は，個人の交通「行動」に関わるデータを用いる場合と，個人の交通時間短縮に対する「支払意思額」に関わるデータを用いる場合とに分けられる．現在行われている交通の時間価値推定の標準的なアプローチは，行動データを用いた方法であるが，交通時間短縮に対する直接的な支払意思額に関する調査データから，交通の時間価値が推計されることもある[7]．

さらに，個人の交通行動データには，各個人の一定期間における行動の頻度や

表-5.1 交通の時間価値推定のためのデータと対応する手法

集計/個票			RP/SP	手　　法
集計	行動結果	量的		集計モデル（集計ロジット，判別分析，ヘドニック法など）
個票	支払意思額	量的	SP	CVM（仮想市場法）など
	行動結果/意思	量的	RP，SP	回帰分析，トビットモデルなど
		質的	RP，SP	離散選択モデルなど

注：RP は Revealed Preference（顕示選好），
　　SP は Stated Preference（表明選好），
　　CVM は Contingent Valuation Method をそれぞれ表す．

活動への配分時間などのような量的データ（数値データ，離散データと連続データのいずれも含まれる）と，各個人の離散的な選択（例えば，交通手段の選択）結果や選好の順位（例えば，選好する交通手段のランキング）などの質的データ（定性データ）とに分類できる．質的データは，数値で表現されておらず直接計算することは不可能なので，多くの場合，同じ性質を持つデータの数を数値として扱ったり，個々の性質に 0 や 1 をあてはめる数量化を行ったりして，数学的な処理が行われる．

交通の時間価値推定のためのデータタイプと手法とを整理したものが**表-5.1** である．

紙面の都合上，これらの全てについて説明することはできないので，本章では，主に個票ベースで，かつ質的な交通行動データを用いた分析手法を念頭に置くことにする．

（2）　離散選択モデルを用いて交通の時間価値を推定するのに必要なデータ

離散選択モデルを用いて，交通行動データをもとにして交通の時間価値を推定するためには，まず，対象となる交通に関わる選択行動が定められなければならない．交通の時間価値の推定で典型的に対象とされるのは，交通手段選択や経路選択である．それ以外にも，目的地選択，時刻選択，駐車場選択，車両（特に鉄道）選択，座席選択などが用いられるケースもある．いずれにせよ，ここでは，個人の交通時間と費用との間にトレードオフがある選択行動であることが必要である．

次に，選択結果もしくは選択意向に関わるデータが必要である．例えば，交通

手段選択の場合には,「自動車」や「鉄道」のような選択の結果,あるいは,選択の意向を,各個人について入手しなければならない.これは,行動分析における被説明変数となる.

一方で,選択行動の結果を説明するための変数に関するデータを入手する必要がある.ここには,各選択肢の交通時間,交通費用およびその他の関連するサービス変数(例えば,快適性,乗り換え回数,交通情報の有無など)が含まれる.また,選択行動の文脈に関する情報として,交通目的,時刻,場所,季節,曜日,天候などが必要である.さらに,選択行動を行う個人に関する情報(例えば,性別,年齢,職種など)もあることが望ましい.

その他,データの詳細については,交通行動モデルや離散選択分析に関する教科書(Ortuzar and Willumsen[8]; Ben-Akiva and Lerman[9]など)を参照にされたい.

(3) RPデータとSPデータ

個票ベースの交通データには,大きく分けて,顕示選好(Revealed Preference: RP)データと表明選好(Stated Preference: SP)データとに大別できる.RPデータは,個々人の実際の行動結果に関するデータであり,ここには,例えば,最近の交通手段の選択結果や,過去1週間の外出回数などが含まれる.一方で,SPデータとは,仮想的に特定の行動条件が与えられたときに,個々人が,これからどのような行動をするつもりかという意向に関するデータである.ここには,仮想的な環境下における交通手段の選択(例えば,現在は存在しないが近い将来完成する予定の新たな交通機関の選択意向)や選好順位,交通サービスの変化に対する支払意思額,受取意思額などが含まれる.

RPデータは,観測データをもとにすることから,データの信頼性が高いと一般的に考えられる傾向にある.そのため,伝統的な経済学者は,RPデータをもとにした分析にこだわるケースが多いと言われる[4].ただし,RPデータには次のような限界があり,場合によっては,SPデータの方が優位であることも指摘されている(Louviere et al.[10]; Calfee, et.al.[11]).

・RPデータでは,まだ市場に存在していない財・サービスについて,消費者の選好(あるいは需要)に関する情報を得ることができないが,SP調査では,

そうした財・サービスであっても仮想的に尋ねることによって，消費者の選好に関する情報を得ることができる．
・RPデータでは，説明変数の値のばらつきが限られていたり，説明変数間で強く相関していたりする可能性が高いが，SP調査では，説明変数に広範囲の値を設定したり，説明変数間で独立な数値を設定することが可能であるため，RPデータの問題を解消できる．
・RPデータでは，個人にとって最善の選択結果に関するデータしか得ることができないが，SP調査では複数の選択肢間の完全な選好順位を得ることができるために，モデルの推定精度を格段に向上させることができる．

一方で，SP調査では，そもそも信頼性の高い選好データを得るための調査設計となっている必要があるが，この設計には困難を伴うことが多い．Bonsall[12]によれば，仮想的な質問に対する回答のバイアスとして，以下の4種類が挙げられている．

1) 回答者が質問者に同意する傾向から生じる肯定バイアス
2) 変化に伴うマイナス面の考慮が欠けた場合に起こる，制約されない回答のバイアス
3) 利用している選択肢の相対的に不利な点に対して回答者が選択的に考慮しないという意味での，合理化バイアス
4) 政策決定に影響を与えようとして回答者が故意に回答をゆがめるという，政策的回答バイアス．

また，SPデータを用いた計量経済学的な分析においては，推定値の一致性と有効性を確保できる技法が用いられる必要がある．

RPデータとSPデータのいずれが，交通の時間価値の推定に適しているのかは，対象となる国・地域や選択行動等の文脈によって異なる．各データの利点・欠点

---

[4] Hensher[13]は，SPデータに対する学術分野間の態度に関して，以下のように述べている：「1970年代までの交通行動研究は，主に経済学者と計量経済学者，ならびに交通需要分析に経済学的アプローチを用いることに関心のあるエンジニアによって独占されていた．その後，地理学者が行動モデル研究に貢献を始めたが，心理学者，社会学者，マーケティング研究者からの貢献はほとんどなかった．経済学者は，実験データ（しばしば「希望」データと呼ばれる）に懐疑的であった．現在でも，実験経済学が主流派経済学者から関心を集めつつあるにもかかわらず，多くの経済学者がSPデータに懐疑的である．」

を勘案しながら，総合的に判断されるべきである．ただし，近年，欧州を中心にSPデータを用いた交通の時間価値推定が主流になりつつある．これは，欧州諸国において，RPデータを収集できる大規模な社会調査が，財政事情等の問題からあまり行われなくなってきていることが理由として考えられる．特に，先に述べたように，RPデータを得るための社会調査では，最善の選択結果に関する情報しか得られないために，データを収集すべき個人の人数が多くなる一方で，SPデータを得るための調査では，1人の被験者から複数の選好データが得られるので，データ収集の対象となる個人の人数が少なくてすむという利点もある．

なお，SPデータによって推定される時間価値が，RPデータによって推定される時間価値と同等の精度を持つかどうかについては，繰り返し検証が行われてきているところである（Bates[14]；Louviere et al.[15]）．SPデータの信頼性に関しては，依然として懐疑的な意見もあるが，SP調査の設計が正しく行われれば，十分な精度の時間価値が推定できるという意見が出されている（例えば，Wardman[16]）．

(4) RPデータ収集の方法

交通行動の実績に関するデータの収集には，大量のデータをとり，社会の全体像を把握することを目的とする統計的社会調査が用いられる．ここでは，母集団を設定し，無作為抽出によってサンプルデータを得ることが多い．ただし，国勢調査のように全数調査も存在する．

統計的社会調査には，面接法（調査者が調査対象者に直接会って質問し，回答を得る方法），留め置き法（調査票を一定期間対象者に渡しておき，後日訪問して調査票を回収する方法），郵送調査（調査票を郵送し，郵送で返送してもらう方法），電話調査（電話をかけて質問を行い，結果を聴取する方法），電子調査（インターネットで調査フォームを公開して，回答を募る方法．インターネット調査，ウェブ調査とも言われる）などがある．

郵送調査では，比較的若年層の回答が少ない一方で，電子調査では中・高齢年層の回答が少ないことがしばしば報告されている．また，面接法や留め置き法については，近年のプライバシーに対する関心の高さから，調査の協力が得られないために，有効回答率が低下することが懸念事項として指摘されている．

なお，人々の交通行動の実態を把握する調査としては，パーソントリップ調査が代表的な調査方法である[17]．この調査では，個人の1日における移動状況を把握することにより，「どの交通機関が」「どのような人によって」「いつ」「どのような目的で」「使われているか」を調べることができる．

それ以外の，一般的な交通調査方法の詳細については，交通調査に関する教科書（例えば，Bonnel et al.[18]）を参照にされたい．

5.3.2 交通の時間価値推定のためのSP調査の設計方法

SP調査は，上でも述べたようにRP調査の欠点を補う利点がある一方で，調査の設計の善し悪しが結果に直接的な影響を及ぼす．したがって，適切な時間価値を得るためには，SP調査の設計を丁寧に行うことが不可欠となる．

（1） SP調査の設計の考え方
a）対象とする行動の設定

交通の時間価値を推定する上で，SP調査によって得るべき情報は，選択に対する意向に関する質的データである．

選択に対する意向とは，異なる属性（時間や費用）を持つ複数の選択肢の中から最も望ましい選択肢を1つ選択する，あるいは望ましい順に選択肢を並べるというものである．ここで，交通に関する選択としては，標準的には，経路選択，手段選択，目的地選択が考えられる．

【経路選択】

同一のODペアに対して複数の経路を想定し，それぞれの経路に費用，所要時間およびその他の状況を与える．回答者は，設定された状況のもとで，利用したいと考える経路を選択する．ここでは，経路間の費用の差と所要時間との差とを考えることによって，所要時間短縮の価値を計測することが可能である．特に，経路選択の場合，特定の交通機関に特化した時間価値を計測できるというメリットがある．また，回答者にとっても比較的理解しやすい想定と言える．ただし，特に自動車利用者を対象とする場合，経路間での費用の違いを燃料費の差のみで認識することはかなり困難である．そのため，回答者に正しく費用の差を想定してもらうためには，有料道路（あるいは高速道路）と無料道路（一般道路）との

選択を提示せざるを得ないケースが多い．ただし，その場合には，得られたデータが，有料道路（高速道路）の料金に対する支払意思額となる可能性があることに留意が必要である．

【手段選択】

同一の目的地に対して，複数の交通手段を想定し，それぞれの手段を利用した場合の費用，所要時間およびその他の状況を与える．回答者は，設定された状況のもとで，利用したいと考える手段を回答する．有料道路等の想定が必要な経路選択に比べれば，それぞれの選択肢の想定が現実的であり，回答者にとって負担が少ない．ただし，所要時間の短縮の価値と，交通手段の持つ特性の違いによる価値（例えば，道路交通は，鉄道に比べると所要時間の不確実性が大きいなど）とを分離することが困難となる可能性がある．

【目的地選択】

複数の目的地を想定し，それぞれの目的地への経路に費用，時間およびその他の状況を与える．回答者は，設定された状況のもとで，目的地を選択する．目的地の選択に当たっては，移動の所要時間の他に，現地での滞在時間等，多数の要因が影響を与えるため，回答者に対して適切な情報を提示することが困難となる．

b) 対象とする交通の属性（都市内交通/都市間交通）の設定

都市間交通を対象とするのか，都市内交通を対象とするのかによって，回答者の回答が異なる可能性がある．

まず，都市内交通あるいは都市間交通を明確に提示した場合，例えば，都市内交通での信号の多さや加速減速の頻度の高さが明示的に考慮される可能性がある．仮に，都市内交通と都市間交通との違いを明示的に示さない場合であっても，設問の設計次第で回答者が特定の交通属性を想定することが可能である．例えば，選択肢ごとの距離や時間を提示することで，回答者が都市間か都市内かを想定することが期待できる．

なお，交通時間や費用などについて差分のみを提示する場合（例えば，選択肢Aは選択肢Bよりも所要時間が10分短いが，300円費用が高いなど）には，交通属性を考慮することなく回答者が回答可能となる．ただし，その場合，各選択肢の交通時間や費用の絶対値に対する想定が，回答者によって異なるので，もし交通時間・費用の絶対値が時間価値に影響を与える場合には，その効果が不明確

になる可能性がある．

c）移動目的の設定

　移動の目的として，標準的に使用されるのは，業務，通勤，通学，観光，私用などの区分である．目的を明確に分離することによって，例えば通勤や通学のように到着時刻に対する制約の強い活動とそうでない活動との違いを，回答者がより的確に想定できるようになる．ただし，その設定次第では，想定される交通の状況が異なるおそれがある．例えば，私用には，買い物や銀行などでの日常的用務（いわゆるメンテナンス活動）と，親戚や友人を訪ねたり，遊園地に出かけたりするレジャー活動とがあるが，これらが明示的に分離されない場合には，回答者の想定がバラバラとなる可能性がある．

d）移動日・移動時期の設定

　まず，移動日を指定するか否かは，結果に影響を与える．人々は，1週間単位で定常的な（一定のパターンのある）活動を行っているケースが多いと思われるので，曜日を指定することによって，特定の曜日の行動を想定しやすくなる．あるいは，平日と休日とで行動は大きく異なると考えられるが，これらを明示的に分離する場合，移動目的と関連性の高い区分となる可能性が高い．仮に，曜日や平日/休日を明示的に示さず，例えば，最近の行動あるいは最も日常的な移動の曜日を想定してもらうなどの場合には，回答者によるばらつきが大きくなるという欠点がある．

　季節や天候による行動の変動を考慮した方がよい場合もある．例えば，冬期の積雪など，走行性や所要時間に影響を及ぼすことが高いと思われるケースでは，回答に当たって，これらの条件を明示的に示すことが望ましい．

e）料金の設定

　道路交通の場合，まず，回答者の費用に対する想定のしやすさを考えると，燃料費やタイヤの減耗費などを対象とするよりも，有料道路の料金を費用として設定する方が現実的であると考えられる．ただし，実際には，代替経路や手段等を利用することにより燃料費等が変化することは事実である．したがって，燃料費の差違について想定されないようにするため，明示的に「燃料費に選択肢間の違いはないものとする」などと提示することが必要であろう．

　各選択肢の料金の設定に当たっては，実態に沿った料金設定とするか，現実と

はかけ離れた仮想的な料金設定とするかという選択がありうる．あまりに実態とかけ離れた料金設定をすると，回答者が状況を想定しにくくなるが，実態に即したものだけでは，RP調査と同一になってしまうので，一定程度の仮想的料金設定が必要である．

次に，有料道路と無料道路との選択を想定するときに，有料道路ではなく高速道路と明示するか否かという選択がある．高速道路と明示する場合には，料金や時間以外の要素（例えば，高速道路の線形がよいことによる走行性の高さや信号がないことによる快適性の高さ）が選択に影響を及ぼす可能性がある．一方で，有料道路とのみ提示すると，日本の文脈でいえば，特定の道路に限定されてしまうおそれもあるので，留意が必要である．

さらに，料金が自己負担であるか否かを明示することも必要だと考えられる．特に時間と費用とのトレードオフをベースに選択行動を分析する限りにおいては，回答者自身が費用を負担することを想定させる必要がある．

f) 時刻・時間の設定

出発時刻や到着時刻，目的地での滞在時間，往路・復路の別などを明示することによって，回答者は設定された行動を想定しやすくなる．また，出発時刻や到着時刻の制約を明示することによって，交通時間短縮の価値と交通時間の信頼性価値等を明確に分離することが可能となる．

g) 経路に関する情報の設定

例えば，旅行距離，道路種別，車線数，大型車のアクセス制限，信号の数や地形条件などの走行快適性を明示すると，回答者が設定された経路状況を想定しやすくなる．特に普段利用している経路を基準として選択肢が設定される場合には，これらについて差がないことを明示することにより，回答者の想定に関するばらつきを軽減できる可能性がある．

同様に，経路の混雑度や所要時間の不確実性，事故や渋滞による遅延についての情報を明示することにより，回答者が設定された経路の混雑状況を想定しやすくなる．さらに，各経路の交通安全性や環境負荷に関する情報も同一の議論が可能である．

(2) SP 調査の形式

複数の選択肢から1つを選択してもらうという選択形式の SP 調査を念頭に置くと，調査形式は大きく2種類に分類することができる．1つは，RP をベースとした SP 調査であり，もう1つは，純粋な SP 調査である．

RP をベースとした SP 調査とは，回答者が普段利用する選択肢（RP データ）を基準として，そこから交通時間や交通費用などの属性を少しずつ変化させることで選択肢を作る形式である．これは，Pivot style 調査あるいは RP-off-SP 調査などと呼ばれている．属性の変化のさせ方として，時間や費用の数値を直接変化させる方法（例えば，「普段利用している経路よりも10分時間が短いが300円費用が高い」など）と，時間や費用の変化をパーセントなどで提示する方法（例えば，「普段利用している経路よりも所要時間が30％短いが，費用は50％高い」など）とがある．普段利用する選択肢に関して尋ねることによって，回答者は状況をイメージしやすくなり回答しやすくなる一方で，仮想的な選択肢のサービス水準が普段利用する選択肢に強く影響を受けるため，本来調査で必要となる適切な選択意向データが得られなくなるおそれがある．

一方で，純粋な SP 調査とは，普段利用している状況とは全く別の仮想的な状況を回答者に提示して，各選択肢の属性を考慮しながら回答してもらう形式である．これは，現状をベースとしないので，その制約がなくなるものの，仮想的な状況が日頃の行動と異なる想定である場合，回答しにくいものとなるおそれがある．

(3) 質問の組み合わせ設定

SP 調査の各選択肢の属性データは，2〜5段階程度で変化させる（例えば，＋20％，＋10％，±0％，−10％，−20％など）ケースが多い．ただし，そもそも変化させる属性自体も複数ある（例えば，費用と時間）ことが多いので，アンケート調査における質問の組み合わせは，最も単純な2選択肢の質問の場合であっても，段階数$^{2 \times 属性数}$と極めて多数になる（例えば，3段階で2属性を変化させる場合，全ての組み合わせを考えると，81通りの質問がありうる）．そのため，全ての組み合わせについて，回答者に回答を求めるのは，回答の負担を考慮すると難しいことが多い．そこで，実験計画法などを用いて，質問の組み合わせ数を

減らすことが必要不可欠である．また，インターネット調査などの場合には，回答者に対して，ランダムに質問を提示することによって，回答者1人当たりの負担を減らしつつ，できるだけ多くの組み合わせパターンの質問に対する回答を得ることも考えられる．

(4) 実際の調査票の設計手順

SP調査の調査票の設計に当たっては，できる限り被験者の反応を事前に確認しながら，回答バイアスが少なく，回答の負担の小さい調査票を作成することが望まれる．そのため，調査者が調査票案を作成した後，少人数の被験者を対象としたインタビューを行って，調査票に対する意見を収集したり，比較的小規模な人数を対象としたプレ調査を実施することによって，調査票に対する回答者の反応を確かめたりすることが必要である．まず，インタビューでは，調査票における質問文や質問の構成，選択問題における属性の設定方法の妥当性，仮想的な状況の理解度，使用されている図表のわかりやすさなどについて，率直な意見を収集して，回答しやすいものにするための工夫を行う．プレ調査では，収集した小規模サンプルデータを使って実際に時間価値を推定して，調査票の有効性を確認することが望ましい．こうした被験者からの意見や反応をもとに，調査票を改善し，大規模調査に臨むことが，特にSP調査では重要になると考えられる．

5.3.3 離散選択モデルによる交通の時間価値の推定

(1) 離散選択モデルの考え方

離散選択モデルとは，選択肢集合の中から1つの選択肢を選ぶ行為をモデルとして表現したものである（Ben-Akiva and Lerman[9]）．ここで，選択肢集合とは，個人が選択をしうる選択肢の集合のことを意味する．

選択肢集合は次のような特徴を持つものと仮定される：
・選択肢は互いに排他的である
・選択集合は網羅的である
・選択肢の数は有限である

以上をミクロ経済学の消費者行動の観点から見れば，個人は，2段階の効用最大化行動を行っているものと見なすことができる．つまり，離散選択モデルでは，

個人の行動に対して,「ある特定のサービスが1単位消費され,それ以外のサービスは消費されない」という条件を課すことによって,まず条件付き間接効用関数を設定した上で,次に,離散的に効用が最大となるサービスが選択される,という2段階の最適化が想定されることになる.

離散選択モデルでは,ランダム効用理論が前提とされる.個人が選択肢を選択することによって得られる効用水準は,次の2つの項に分けられる.
- 分析者が観察可能な代表的効用
- 分析者が観察不可能な誤差項

そして,ランダム効用理論では,個人が特定の選択肢を選ぶ確率が想定される.そして,ある選択肢iの選択確率は,選択肢集合内の全ての選択肢に対して,選択肢jとiの誤差項の差が,選択肢iとjの代表的効用の差よりも小さくなる確率と一致すると考える.まず,個人nがJ選択肢の中から1つを選ぶ場合を考える.ここで,個人nが選択肢jから得る効用水準(条件付き間接効用)をV_{nj}と書く.このとき,個人nが選択肢iを選択する必要十分条件は,選択肢iから得る効用水準が,選択肢jから得る効用水準よりも大きいこと($V_{ni} > V_{nj}, i \neq j$)である.また,代表的効用は,選択肢固有の属性$x_{nj}$と個人特有の属性$s_n$に依存すると考え,代表的効用を$v_{nj} = v(x_{nj}, s_n)$と書く.また誤差項を$\varepsilon_{nj}$とし,個人の条件付き間接効用関数を$V_{nj} = v_{nj} + \varepsilon_{nj}$と書く.誤差項ベクトル$\varepsilon_n = \langle \varepsilon_{n1}, \ldots, \varepsilon_{nJ} \rangle$の同時分布関数を$f(\varepsilon_n)$と置けば,個人$n$が選択肢$i$を選ぶ選択確率は,

$$P_{ni} = \Pr(V_{ni} > V_{nj})$$
$$= \Pr(v_{ni} + \varepsilon_{ni} > v_{nj} + \varepsilon_{nj})$$
$$= \Pr(\varepsilon_{nj} - \varepsilon_{ni} < v_{ni} - v_{nj})$$
$$= \int I(\varepsilon_{nj} - \varepsilon_{ni} < v_{ni} - v_{nj}) f(\varepsilon_n) d\varepsilon_n, j \neq i \quad (5.1)$$

と書ける[19].ここで$I(\cdot)$は,括弧の式が真であれば1,それ以外は0となる指示関数である.

（2） 離散選択モデルにおける交通の時間価値の導出

離散選択モデルを用いる場合の交通の時間価値は，次のように導出できる（Bates and Roberts[20]）．なお，以下では，表示の単純化のため，個人 n を省略している．また，以下の定式化では，効用関数中に誤差項が明示されていないが，効用関数中の誤差に当たる部分は，一種の定数項であると理解すればよい．

まず，次のような効用最大化問題を考える．ここでは，交通サービス以外の財は，唯一の合成財として取り扱われる一方で，交通サービスは複数あることを想定する．

$$\max_{X,T,\mathrm{x},\mathrm{t}} U = U(X,T,\mathrm{x},\mathrm{t}) \tag{5.2a}$$

subject to

$$X + \sum_i \bar{c}_i x_i = Y \quad [\lambda] \tag{5.2b}$$

$$T + \sum_i t_i x_i = T^0 \quad [\mu] \tag{5.2c}$$

$$t_i \geq \tilde{t}_i \text{ for } \forall i \quad [\kappa_i] \tag{5.2d}$$

ただし，X：合成財消費量（価格を1に基準化）；T：余暇時間；x：交通サービスの消費量ベクトル；t：交通時間ベクトル；t_i：i 番目の交通サービスの交通時間；$\bar{c}_i$：i 番目の交通サービスの交通費用，Y：予算，T^0：利用可能時間；$\tilde{t}_i$：i 番目の交通サービスの最小交通時間；λ, μ, κ_i：各制約式に対応するラグランジュの未定乗数である．なお，直接効用関数は，合成財消費量および余暇時間に関して増加関数で，かつ交通サービスの消費量および交通時間に関して減少関数であるものと仮定する．上の基本モデルにおいて，i 番目の交通サービスのみが1単位消費されることを仮定する．つまり，$x_i = 1$，$x_j = 0$ (for $\forall j \neq i$) とする．すると，i 番目の交通サービスが選択されるという条件下での効用最大化問題は，以下のように定式化できる．

$$\max_{X,T,t_i} U_i = U_i(X,T,t_i) \tag{5.3a}$$

subject to

$$X + \overline{c}_i = Y \quad [\lambda] \tag{5.3b}$$

$$T + t_i = T^0 \quad [\mu] \tag{5.3c}$$

$$t_i \geq \tilde{t}_i \quad [\kappa_i] \tag{5.3d}$$

クーンタッカーの定理より，最適解の一階の条件は，

$$\left.\frac{\partial U_i}{\partial X}\right|^* = \lambda^*, \quad \left.\frac{\partial U_i}{\partial T}\right|^* = \mu^*, \quad \left.\frac{\partial U_i}{\partial t_i}\right|^* = \mu^* - \kappa_i^* \tag{5.4a}$$

$$\kappa_i^*(t_i - \tilde{t}_i) = 0 \text{ かつ } \kappa_i^* \geq 0 \tag{5.4b}$$

$$X^* + \overline{c}_i = Y, \quad T^* + t_i^* = T^0 \tag{5.4c}$$

となる．

ここで，i番目の交通サービスが選択されるという条件下での条件付き間接効用関数を$V_i = V_i(\overline{c}_i, \tilde{t}_i, Y, T^o)$とすると，包絡線定理より

$$\frac{\partial V_i}{\partial \overline{c}_i} = \frac{\partial U_i}{\partial \overline{c}_i} + \lambda^* \frac{\partial(Y - X - \overline{c}_i)}{\partial \overline{c}_i} = -\lambda^* \tag{5.5a}$$

$$\frac{\partial V_i}{\partial \tilde{t}_i} = \frac{\partial U_i}{\partial \tilde{t}_i} + \kappa_i^* \frac{\partial(t_i - \tilde{t}_i)}{\partial \tilde{t}_i} = -\kappa_i^* \tag{5.5b}$$

が得られる．これより，最終的に，以下のように交通の時間価値（＝交通時間節約価値）が導出される．

$$\frac{\kappa_i^*}{\lambda^*} = \left.\frac{\partial V_i / \partial \tilde{t}_i}{\partial V_i / \partial \overline{c}_i}\right|^* \tag{5.6}$$

（3） 効用関数の近似式の導出

具体的に時間価値を求めるためには，効用関数を特定化する必要がある．多くの場合，離散選択モデルでは，線形の効用関数が用いられる．ただし，これは単なる関数の近似にすぎないので，それ以外の関数を特定することも当然可能である（Bates and Roberts[20]; Bates[21]; Blayac and Causse[22]; Kato[23]）．以下では，最も標準的に用いられる線形近似ケースを説明する．

まず，条件付き直接効用関数について，以下のように$(X, T, t_i) = (0, 0, 0)$に対するTaylor展開を行い，1次項までの近似式として表す．

$$U_i(X,T,t_i) = \frac{\partial U_i}{\partial X}X + \frac{\partial U_i}{\partial T}T + \frac{\partial U_i}{\partial t_i}t_i + Z_i \tag{5.7}$$

これに,最適解の一階の条件式の1つを代入(ただし,$t_i = \tilde{t}_i$ を仮定)することによって,間接効用関数は,

$$\begin{aligned}V_i(\bar{c}_i, \tilde{t}_i, Y, T^o) &= \lambda^*(Y - \bar{c}_i) + \mu^*(T^o - \tilde{t}_i) + (\mu^* - \kappa_i^*)\tilde{t}_i + Z_i \\ &= \lambda^*(Y - \bar{c}_i) + \mu^* T^o - \kappa_i^* \tilde{t}_i + Z_i \end{aligned} \tag{5.8}$$

となる.ところで,離散選択モデルでは,個人の交通サービス選択確率が,選択肢間の間接効用関数の差の関数として表現されるため,選択肢間で共通の変数,例えば上式の $\lambda^* Y$ と $\mu^* T^o$ の項は,選択確率に影響を及ぼさない.そこで,選択肢間の共通変数の表記を省略すると,

$$V_i = -\lambda^* \bar{c}_i - \kappa_i^* \tilde{t}_i + Z_i \tag{5.9}$$

が得られる.これは,既往の多くの研究で仮定されている線形の間接効用関数である.

これより,交通時間節約価値は,交通時間と交通費用に関するパラメータの比として,

$$VTTS = \frac{\kappa_i^*}{\lambda^*}$$

と求められる.

(4) 離散選択モデルの特定と推定

a) モデルの特定

まず,条件付き間接効用関数中の誤差項の設定やその関数形に関する仮定によって,いくつかのモデルタイプに分類することが可能である.

ここでは,選択肢が2つの場合を想定してみる.選択肢1と選択肢2の誤差項の差 $\varepsilon_{n2} - \varepsilon_{n1}$ が,標準正規分布を持つとすれば,選択肢1の選択確率は,

$$P_{n1} = Pr(\varepsilon_{n2} - \varepsilon_{n1} < \upsilon_{n1} - \upsilon_{n2}) = \int_{-\infty}^{\upsilon_{n1}-\upsilon_{n2}} \frac{1}{\sqrt{2\pi}} \exp\left(-\frac{x^2}{2}\right)dx \tag{5.10}$$

と表される.このモデルは,二項プロビットモデルと呼ばれるものである

(Daganzo[24]).

また，選択肢1と2の誤差項がガンベル分布に従い，その累積分布関数が

$$Pr(\varepsilon_{ni} \leq x) = \exp\{\exp(-x)\} \quad i = 1, 2 \tag{5.11}$$

と表され，かつ両者が互いに独立である場合，

$$Pr(\varepsilon_{n2} - \varepsilon_{n1} \leq x) = \frac{1}{1 + e^{-x}} \tag{5.12}$$

が成立することから，選択肢1の選択確率は，

$$P_{n1} = Pr(\varepsilon_{n2} - \varepsilon_{n1} < v_{n1} - v_{n2}) = \frac{1}{1 + \exp(-(v_{n1} - v_{n2}))}$$

$$= \frac{\exp(v_{n1})}{\exp(v_{n1}) + \exp(v_{n2})} \tag{5.13}$$

となる．このモデルは，二項ロジットモデルと呼ばれるものである．

選択肢が3つ以上となった場合，誤差項が同一の分布でかつ相互に独立（i.i.d.: identically and independently distributed）なガンベル分布に従うと仮定すると，選択肢 i の選択確率は，以下のように導出される．

$$P_{ni} = \frac{\exp(v_{ni})}{\sum_j \exp(v_{nj})} \tag{5.14}$$

これは，多項ロジットモデル（Multinomial Logit：MNL）と呼ばれている．

以上のモデルでは，条件付き間接効用関数内の係数パラメータが一定値であることが仮定されていた．交通の時間価値は，交通時間と交通費用の係数パラメータを用いて得られる（すでに示されたように，線形の効用関数が仮定される場合には，交通時間と交通費用の係数パラメータの比によって時間価値が導出される）．ここで，効用関数中の係数パラメータは，個人の選好を表す係数であるが，これが一定値であると仮定することは，サンプル集団内で，選好が一様であることを暗に仮定していることを意味する．ところが，実際には，選好パターンが，個人間で異なっている可能性がある．こうした個人間の選好の異質性を表現するためには，これらのパラメータに課されている制約を緩和する方法が考えられる．そこで，係数パラメータが特定の確率分布関数に従うと仮定する Mixed Logit モデルが最近使われるようになってきた[19]．ここで，確率分布としては，正規分

布や対数正規分布がよく仮定される．

多項ロジットモデルを前提とするとき，条件付き間接効用関数内の係数パラメータベクトル θ が所与とすると，個人 n が選択肢 i を選択する確率は，

$$L_{ni}(\theta) = \frac{\exp(v_{ni}(\theta))}{\sum_j \exp(v_{nj}(\theta))} \tag{5.15}$$

によって表すことができる．ここで，係数パラメータが確率分布関数 $f(\theta)$ に従うと仮定すると，Mixed Logit モデルにおける選択確率は，$f(\theta)$ 上の $L_{ni}(\theta)$ の積分となる．したがって，選択確率は，

$$P_{ni} = \int L_{ni}(\theta) f(\theta) d\theta \tag{5.16}$$

と表されることになる．

b) モデルの推定

条件付き間接効用関数内の係数パラメータは，サンプルデータに基づいて最尤推定法によって推定される．ここで推定されるものには，効用関数内の係数パラメータに加えて，プロビットモデルの共分散行列の要素なども含まれる．サンプルデータが十分得られている場合には，それらを用いて，以下のような対数尤度関数が最大となるようにパラメータ値が決定される．

$$LL = \ln \left\{ \prod_{n=1}^{N} (P_{ni})^{\delta_{ni}} \right\} = \sum_{n=1}^{N} \delta_{ni} \ln P_{ni} \tag{5.17}$$

ただし，δ_{ni}：個人 n が選択肢 i を選択したときには 1，そうでないときには 0 となる．

ここで，多項ロジットモデルの場合には，対数尤度関数がパラメータベクトルに対して凹関数であることが証明されているので，ニュートンラプソン法等のアルゴリズムによって計算機によって比較的容易に近似解を得ることが可能である．

(5) SP データと RP データの融合

SP 調査において，RP 調査をベースとする Pivot style 調査を行う場合や，単純 SP 調査の場合であっても，選択実績データを別途得ている場合には，同一個人に対して選択意向に関する SP データと選択実績に関する RP データの両方を

得ることが可能となる．この場合，これらのデータを両方活用することによって，1) SP調査データのバイアスの影響を軽減することができる，2) 同時推定により統計的有効性が増大する，3) RPデータだけからでは同定できないパラメータの推定が可能となる，といったメリットがある[25), 26)]．

5.3.4 交通の時間価値推定値の信頼性区間

離散選択モデルを用いて推定された時間価値がどの程度確からしい（信頼できるのか）を知るためには，推定された交通の時間価値の統計的有意性を調べる必要がある．Armstrong et al.[27)] は，線形の効用関数を前提として推定された時間価値の点推定値を統計的に検定する方法を2つ提案している．

（1）前提条件

条件付き間接効用関数が，線形でかつ加法的であると仮定する．ここで，交通時間と交通費用に関する係数パラメータを，それぞれ θ_t と θ_c であるとすると，交通の時間価値は，以下のように求められる．

$$VOT = \frac{\theta_t}{\theta_c} \tag{5.18}$$

係数パラメータ θ_t と θ_c は，ともに特定の確率密度関数に従うランダムな変数であるために，上で求められる時間価値もランダムな変数となる．したがって，その値の確からしさを吟味するためには，特定の有意水準のもとにおける信頼性を調べる必要が生じる．

最尤法によって推定されたパラメータは，漸近正規分布に従うことが知られている（Ben-Akiva and Lerman[9)]）．その結果，上の式で推定された時間価値も未知の確率分布に従うランダムな変数となる（一般的な正規分布に従う2つの変数の比によって定義される変数は，厳密には，どのような確率密度関数に従うかは，事前にはわからない）．ただし，特殊なケースとして，もし2つの変数が相互に独立の正規分布に従う場合には，それらの比も正規分布に従う．

（2）漸近t検定による方法

漸近t検定は，一般に正規分布に従う変数が有意にゼロと異なるか否かを証明

するために用いられる．Ben-Akiva and Lerman[9]は，パラメータの線形的な組み合わせに対して，この検定を拡張している．係数パラメータθ_tとθ_cはそれぞれ漸近正規分布に従うので，以下のような帰無仮説を設定することが可能である：

$$H_0 : \theta_t - VOT \cdot \theta_c = 0 \tag{5.19}$$

ここで，特定の有意性水準を設定して，統計的な有意性を確認すればよい．ここで使用すべき統計量は，

$$t = \frac{\theta_t - VOT \cdot \theta_c}{\sqrt{\mathrm{Var}(\theta_t - VOT \cdot \theta_c)}} \tag{5.20}$$

となる．この値は，線形モデルでは正規分布に従い，MNLモデルのような非線形モデルでは，漸近正規分布に従う．Garrido and Ortuzar[28]は，信頼区間を以下のように求めている．

$$V_{S,I} = \left(\frac{\theta_t}{\theta_c}\frac{t_c}{t_t}\right)\frac{(t_t t_c - \rho t^2)}{(t_c^2 - t^2)} \pm \left(\frac{\theta_t}{\theta_c}\frac{t_c}{t_t}\right)\frac{\sqrt{(\rho t^2 - t_t t_c)^2 - (t_t^2 - t^2)(t_c^2 - t^2)}}{(t_c^2 - t^2)} \tag{5.21}$$

ここで，t_tとt_cはそれぞれ係数パラメータθ_tとθ_cのt検定値，tは特定の有意水準が与えられたときに求められるt値，ρは2つの係数パラメータの相関係数を表す．この値は，t_tとt_cがtより大きいときにのみ実数として得られる．

(3) 尤度比検定による方法

この方法は，$\theta_t - VOT \cdot \theta_c = 0$という制約を課した上で最尤推定法によって推定された結果と，無制約条件下で最尤推定法によって推定された結果とを用いて，推定の統計的効率性を比較するものである．帰無仮説は，漸近t検定のときと同じであるが，尤度比検定では，検定に以下の推定量を用いる：

$$LR = -2\left[LL(\theta_r) - LL(\theta)\right] \tag{5.22}$$

ここで，$LL(\theta_r)$と$LL(\theta)$は，それぞれ制約条件下と無制約条件下の最終対数尤度を表す．すると，LRは，自由度1のx^2分布に従う．

具体的には，以下のような手続きによって計算を行う．

まず，無制約条件のケースでは，以下のような条件付き間接効用関数の確定項

（代表的効用）を設定する：

$$v_{ni} = \theta_t t_{ni} + \theta_c c_{ni} + \sum_k \theta_k Z_{nik} \tag{5.23}$$

ここで，Z_{nik} は，交通時間，交通費用以外の説明変数で，θ_k はその係数パラメータを表す．

次に，制約条件ありのケースでは，交通時間と交通費用の係数パラメータに制約を課した条件付き間接効用関数の確定項（代表的効用）を設定する：

$$v_{ni} = \theta_c \left(VOT \cdot t_{ni} + c_{ni} \right) + \sum_k \theta_k Z_{nik} \tag{5.24}$$

上の2つのケースに対して最尤推定法を適用すると，それぞれ最終対数尤度として，無制約条件ケースだと $LL(\theta_r)$ が，制約条件ケースだと $LL(\theta_r/VOT)$ がそれぞれ求められる．もし，時間価値が VOT と一致するならば，$LL(\theta) = LL(\theta_r/VOT)$ となるはずだが，実際には異なる結果が得られる．

そこで，以下の統計量を計算し，適当な有意水準のもとで両者が一致するか否かの検定を行えばよい．

$$LR = -2\left[LL(\theta_r/VOT) - LL(\theta) \right] \tag{5.25}$$

5.3.5 交通の時間価値を推定する上での留意事項

（1）交通サービスデータの設定

RPデータを用いて時間価値を推定する上での実用上の課題の1つは，交通サービス（LOS: Level of service）データの設定方法である．交通サービスデータとは，各選択肢の時間や費用等のデータのことである．実務的には，このデータは，ネットワークモデルから得られる場合が多い．ここで，ネットワークモデルとは，ゾーンシステムをもとに，各ゾーンの代表地点間を結ぶことによってネットワークを設定した上で，ネットワーク内のリンクに時間や費用などの属性データを付すことによって，ゾーン間の特定の経路の交通サービスデータを求めるモデルである．例えば，あるトリップの高速道路利用経路の交通サービスデータを設定する場合には，まず，そのトリップが行われた発ゾーンと着ゾーンとの間で，高速道路を利用する最小交通時間の経路を選定する．そして，その経路上の全てのリンクの

交通時間や交通費用を合算することによって，当該経路の総交通時間や総交通費用が計算される．ところが，この方法によって求められる経路の交通時間や交通費用は，あくまでもゾーンの代表地点間のものであるため，真の個人ベースの交通サービスデータとは異なる．そのため，端末徒歩時間（例えば，自宅から最寄りの駐車場まで）などは，別途個別に測定が必要な場合がある．また，各リンクの交通時間が一意に与えられる場合には，リンク上の混雑を考慮することができなくなるため，実際の所要時間から乖離してしまう可能性もある．なお，実際に選択された選択肢の交通サービスデータについては，実績値（アンケート調査票における回答値）を用い，代替選択肢の交通サービスデータについてはネットワークモデルによって求めるという方法がとられることもあるが，前者は，アクセス等も含めた真値であるのに対して，後者はモデル値にすぎないので，両者の設定方法の違いによる影響を十分に考慮する必要がある．その意味では，全ての選択肢の交通サービスデータを同一の方法によって設定する方が，安定的な結果が得られる可能性が高い．

なお，本質的には，観測された選択は，意思決定者の認知する選択肢の属性に基づくものであり，認知された属性値が観測者が測定あるいは設定した値と一致しない可能性があることにも留意が必要である．

(2) 代替選択肢の設定

RPデータによって時間価値を推定する上で，もう1つ問題になるのは，代替選択肢の設定である．アンケート調査等によって，回答者によって実際に選択された選択肢の情報を得ることは可能であるが，代替選択肢としてどのようなオプションが回答者の選択肢集合に含まれていたかを特定することは困難である．この問題を解決する方法は，アンケート調査において代替選択肢を直接尋ねることであるが，実際に選択されていない選択肢について，回答者が想定することは困難であることも少なくない．そこで，しばしば分析者によって，一定のルールに従って代替選択肢が設定されている．

例えば，高速道路利用経路と一般道路利用経路との選択の場合でいえば，実際に選択された経路が一般道路利用経路の場合，代替経路として，同一のODペア間を結ぶ多数の高速道路利用経路の中から，ネットワークモデルによって最小

交通時間となる経路が選定されることが多い．ただし，代替経路を選定するルールは，最小交通時間経路の選択ではなく，最小費用経路の選択や，それ以外の属性を考慮した経路の選択であってもかまわないわけで，その意味で，実際に回答者が考慮した代替経路は，ここで設定される代替経路とは異なる可能性もある．そのため，代替経路の設定ルールが適切でなければ，現実の行動をうまく説明することが困難となり，パラメータの推定結果にバイアスが生じるおそれがある．

（3）　自己選択バイアス

交通行動実績に関するRP調査あるいは交通行動の意向に関するSP調査をアンケート方式によって実施すると，その調査に関心のある者だけが回答するという自己選択バイアスが生じやすい（Cao et al.[29]；Mokhtarian and Cao[30]）．これは，志願者バイアスとも呼ばれているもので，回答者に偏りが生じるので，推定される時間価値にもバイアスが生じる危険性がある．

また，特定の選択肢を選択している旅行者だけを対象としたアンケート調査を実施すると，偏ったデータが収集されてしまう危険性もある．例えば，高速道路利用経路と無料道路利用経路の選択に関する調査を実施する際に，対象者へのアクセスが容易であるという理由で，高速道路の料金所等で調査票を配布して回答を集めると，明らかに高速道路を利用できる高所得者層（あるいは高速道路の利用に対する支払意思額の高い個人）のみがサンプルデータとして収集されるため，バイアスのかかった時間価値の推定が行われる危険性がある．同様に交通手段別に調査を実施して回答を得る場合には，交通手段の選択に関する自己選択バイアスが生じる可能性が指摘されている（Mackie et al.[31]）．こうした選択肢別の調査データを使用する場合には，既知の市場分担率を利用して，未知パラメータを推定することなどの対応が必要となる[32]．

同様に，紙ベースのアンケート調査では，中・高齢層の回答者が若年層よりも多くなる一方で，インターネット調査では，若年層の回答者が中・高齢層よりも多くなる，という偏りが生じることが多い．こうした結果が得られる場合には，例えば，母集団の年齢階層分布（あるいは既知の年齢階層分布）と合致するように，年齢階層別の拡大係数を設定して，重み付けを行った上で，離散選択モデルのパラメータ推定を行うことが必要となる．

《参考文献》

1) Department for Transport (UK) (2011) *Values of Time and Operating Costs*, TAG Unit 3.5.6, Transport Analysis Guideline (TAG).
2) 厚生労働省 (2006) 就労条件総合調査, http://www.mhlw.go.jp/toukei/list /11-20.html.
3) Bureau of Labor Statistics (US) (2011) Employer Costs for Employee Compensation Historical Listing March 2004 – September 2011, December 2011.
4) National Statistics (UK) (2000) Results of the Labour Cost Survey for 2000.
5) 道路事業の評価手法に関する検討委員会 (2008) 時間価値原単位および走行経費原単位 (平成 20 年価格) の算出方法, 第 4 回委員会参考資料 1.
6) Hensher, D. A. (1976) Review of studies leading to existing values of travel time, *Transportation Research Record*, No. 587, pp.30-41.
7) Venkatachalam, L. (2004) The contingent valuation method: A review, *Environmental Impact Assessment Review*, Vol.24, No.1, pp.89-124.
8) Ortuzar, J. D. and Willumsen, L. G. (2000) *Modelling Transport*, Wiley.
9) Ben-Akiva, M. and S. Lerman (1985) *Discrete Choice Analysis: Theory and Application to Travel Demand*, MIT Press.
10) Louviere, J. J., Hensher, D. A. and Swait, J. D. (2000) *Stated Choice Methods: Analysis and Application*, Cambridge University Press.
11) Calfee, J., Winston, C. M. and Stempski, R. (2001) Econometric issues in estimating consumer preferences from stated preference data: A case study of the value of automobile travel time, *The Review of Economics and Statistics*, Vol.83, No.4, pp.699-707.
12) Bonsall, P.W. (1983) "Transfer price data" - Its use and abuse, Proceedings of Seminar M, PTRC Summer Annual Meeting, Brighton.
13) Hensher, D.A. (1994) Stated preference analysis of travel choices: The state of practice, *Transportation*, Vol.21, No.2, pp.107-133.
14) Bates, J.J. (1984) Values of time from stated preference data, Proceedings of Seminar H, PTRC Annual Meeting, Brigton.
15) Louviere, J.J., Henley, D.H., Woodworth, G., Meyer, R.J., Levin, I.P., Stoner, J.W., Curry, D. and Anderson, D.A. (1980) Laboratory simulation versus revealed preference methods for estimating travel demand models, *Transportation Research Record*, No.890, pp.11-17.
16) Wardman, M. (1988) A comparison of revealed preference and stated preference models of travel behaviour, *Journal of Transport Economics and Policy*, Vol.22, No.1, pp.71-91.
17) 新谷洋二 (2003) 都市交通計画, 第 2 版, 技報堂出版.
18) Bonnel, P., Lee-Gosselin, M., Zmud, J. and Madre, J.-L. (2009) *Transport Survey Methods: Keeping Up With a Changing World*, Emerald Group Publishing Limited.

19) Train, K. E. (2003) *Discrete Choice Methods with Simulation*, Cambridge University Press.
20) Bates, J. and Roberts, M. (1986) Value of time research: Summary of methodology and findings, Paper presented at the 14th PTRC Summer Annual Meeting, University of Sussex, U.K., pp.14-18, July 1986.
21) Bates, J. J. (1987) Measuring travel time values with a discrete choice model: a note, *The Economic Journal*, Vol.97, No.386, pp.493-498.
22) Blayac, T. and Causse, A. (2001) Value of travel time: a theoretical legitimization of some nonlinear representative utility in discrete choice models, *Transportation Research Part B*, Vol.35, No.4, pp.391-400.
23) Kato, H. (2007) Variation of value of travel time savings over travel time in urban commuting: Theoretical and empirical analysis, In Transportation and Traffic Theory 2007: Papers selected for presentation at ISTTT17, (Eds.) R. E. Allsop, M. G. Bell and B. G. Heydecker, Elsevier, pp.179-196.
24) Daganzo, C. (1979) *Mutinominal Probit: The Theory and Its Application to Demand Forecasting*, Academic Press.
25) Morikawa, T. (1989) *Incorporating Stated Preference Data in Travel Demand Analysis*, Ph.D. Dissertation, Department of Civil Engineering, MIT.
26) Ben-Akiva, M. and Morikawa, T. (1990) Estimation of mode switching models from revealed preferences and stated intentions, *Transportation Research Part A*, Vol.24, No.6, pp.485-495.
27) Armstrong, P., Garrido, R. and Ostuzar, J. de D. (2001) Confidence Intervals to bound the value of time, *Transportation Research Part E*, Vol.37, No.2-3, pp.143-161.
28) Garrido, R.A., Ortuzar, J. de D. (1993) The Chilean value of time study: methodological developments, In Proceedings of the 21st PTRC Summer Annual Meeting, University of Manchester Institute of Science and Technology, England.
29) Cao, X., Handy, S.L., and Mokhtarian, P.L. (2006) The influences of the built environment and residential self-selection on pedestrian behavior, Evidence from Austin, TX, *Transportation*, Vol.33, No.1, pp.1-20.
30) Mokhtarian, P. and Cao, X. (2008) Examining the impacts of residential self-selection on travel behavior: A focus on methodologies, *Transportation Research Part B*, Vol.42, No.3, pp.204-228.
31) Mackie, P.J., Wardman, M., Fowkes, A.S., Whelan, G., Nellthorp, J. and Bates, J. (2003) *Values of travel time savings in the UK, Report to UK Department for Transport*, Institute for Transport Studies, University of Leeds.
32) Manski, C. and Lerman, S. (1977) The estimation of choice probabilities from choice-based samples, *Econometrica*, Vol.45, No.8, pp.1977–1988.

第6章
我が国における交通の時間価値

6.1 はじめに

　我が国の交通の時間価値はどのような特性を持つのであろうか．この疑問に答えるためには，我が国の旅行者の行動実績あるいは表明選好に関するデータを用いた交通の時間価値の推定が必要となる．

　ここで，一般に，交通の時間価値の特性を把握するためには，3つのアプローチがある．第一のアプローチは，RPデータを用いた交通の時間価値の推定である．これは，実際の行動結果に関するデータを用いて，交通選択行動モデルを推定し，そこから交通の時間価値を求めるものである．ところが，我が国では，政府による公式の交通行動調査データを用いて，道路交通の時間価値が網羅的に分析されたことがほとんどなかった．その理由はいろいろ考えられるが，1つには，後章でも示されるように我が国の費用便益分析のガイドラインでは，道路交通の時間価値が所得接近法によって設定されてきたために，そもそも時間価値を選好接近法により推定する必要がなかったためだと考えられる．第二のアプローチは，メタ分析によるものである．例えば，Wardman[1],[2] は，英国の都市内，都市間の交通選択データを用いて推定された時間価値の研究成果を用いて約1 000のデータセットを作成し，それをもとに交通の時間価値の特性分析を行っている．日本のケースについては，交通行動分析に関する研究成果の蓄積が一定程度進んできているにもかかわらず，これまで，交通の時間価値に関するメタ分析が行わ

れたことがなかった．第三のアプローチは，SPデータを用いるものである．ここでは，例えば，現在使用している経路と，代替の経路とについて，時間と費用とを被験者に提示し，それらを比較させる質問形式がとられる．その結果から，ロジットモデルなどの離散選択モデルを用いたパラメータの推定が行われ，そこから交通の時間価値が求められる．しかし，我が国の道路交通に関しては，経路選択に関する公式のSPデータが入手できないことからこのアプローチを採用するためには，新たにSP調査を実施し，データを入手する必要がある．そのため，ほとんどSPデータに基づく交通の時間価値推定は行われてこなかった．

　これらの背景のもと，本章では，
1) 道路交通センサスデータを用いた我が国のRPベースの道路交通の時間価値推定
2) 我が国の交通行動分析に関わる研究のデータベース化と，それをもとにした交通の時間価値に関するメタ分析
3) 我が国の文脈を考慮した独自のSP調査の実施と，SPデータを用いた道路交通の時間価値推定の実施可能性の検討

を行う．以上の分析・検討を通じて，我が国の交通の時間価値に関する特性を総合的に考察することを，最終的なねらいとする．

6.2　我が国におけるRPデータを用いた道路交通の時間価値推定

6.2.1　分析の目的

　本分析は，道路交通利用に関するRPデータの1つである道路交通センサスデータ[1]を用いて，我が国の道路交通の時間価値を実証的に推定するものである．ここでは，発地と着地を所与とした場合の個人の経路選択行動を対象として，個人の選択実績データから時間価値を推定する．経路選択行動の分析に当たっては，高速道路を用いる経路と一般道路のみを用いる経路の2選択肢から，利便性（効用水準）の高い経路が合理的に選択されているものと仮定する．なお，本節の分析の一部は，Kato et al.[3]をもとにしている．

6.2.2 分析の方法

個人の経路選択行動に対して，二項ロジットモデルを適用する．ここでは，観測された自動車利用トリップに対して，高速道路利用経路と高速道路非利用経路の2経路が存在するものと仮定する．高速道路利用経路とは，トリップの発地から着地までの間に少なくとも1区間の高速道路利用区間が含まれる経路を指す．一方で，高速道路非利用経路とは，トリップの発地から着地までの間に高速道路利用区間が含まれない経路を指す．

分析では，全サンプルデータをプールして用いて交通の時間価値を推定しその特性を分析する方法（全サンプルを用いた交通時間節約価値の分析）と，属性別に個人を分類してから各グループについて交通の時間価値を推定し，属性グループ間で比較する方法（属性グループ別データを用いた交通時間節約価値の比較分析）の2種類を用いることとする．

(1) 全サンプルを用いた交通時間節約価値の分析

まず，各個人は，時間や予算に関する制約のもとで自分の効用水準を最大化するよう行動しているものとする．ここで，個人が，発地と着地とが所与のもとで，その間の所与の経路選択肢の中から1つの経路を選択しなければならない状況

---

[1] 道路交通センサスは，全国の道路と道路利用の実態を捉え，将来の道路整備の方向を明らかにするための調査で，全国の道路状況，交通量，旅行速度，自動車運行の出発地・目的地，運行目的等のデータを収集している．実施主体は国土交通省であり，調査は概ね5年ごとに，対象年の秋季に実施されている．この調査は，一般交通量調査と自動車起終点調査から構成され，更に一般交通量調査は，道路状況調査（車道や歩道の幅員やその構成，交差点，バス停，歩道の設置状況等を把握する調査），交通量調査（平日および休日おける自動車，二輪車，歩行者の交通量を1時間ごとに計測する調査），旅行速度調査（朝または夕方のピーク時における実走行により区間の旅行速度を計測する調査）で構成されている．自動車起終点調査は，路側OD調査（一部の県境等を横切る道路で，自動車を道路脇に止め，聞き取り方式により出発地・目的地等の運行状況を把握する調査とフェリー乗船時に聞き取り方式により運行状況を把握する調査），オーナー・インタビューOD調査（車の使用者や所有者に対して，車の1日の動き（利用目的，目的地，駐車場所等）についてアンケート方式で把握する調査）が実施されている．オーナー・インタビュー調査のマスターデータでは，発地と着地および，高速道路利用時の高速道路利用区間に関する情報を得ることができるため，高速道路と一般道路との選択行動を，ある程度分析することが可能である．ただし，高速道路の経路を完全に確定させるためには，高速道路へのアクセスと高速道路からのイグレスに関して，経路を推定する必要がある[4]．

に置かれているものとする．

このとき，各経路の条件付き間接効用関数は，以下のように特定化できるものと仮定する．

$$V_{ni} = \theta_c c_{ni} + \left(\theta_t + \sum_j \theta_{tj} Z_{nij}\right) t_{ni} + \varepsilon_{ni} \tag{6.1}$$

ただし，V_{ni}：経路 i が選択されるという条件下での個人 n の間接効用関数，c_{ni}：経路 i が選択されるという条件下での個人 n の交通費用，t_{ni}：経路 i が選択されるという条件下での個人 n の交通時間，ε_{ni}：経路 i が選択されるという条件下での個人 n の誤差項，Z_{nij}：個人 n の経路 i の j 番目の説明変数，θ_c：交通費用に関する係数パラメータ，θ_t：交通時間に関する係数パラメータ，θ_{tj}：交通時間に関する j 番目の説明変数に対する係数パラメータである．

パラメータ推定には，重み付け最尤推定法を用いることにする．これは，サンプリングの割合が調査対象地域ごとに異なることを反映させるためである．

まず，n_m をゾーン m において車両登録されている個人とする．このとき，個人 n_m に対して設定される重みパラメータは，

$$\omega_{n_m} = \frac{H_m}{N_m} \tag{6.2}$$

となる．ここで，N_m：ゾーン m の被験者数，H_m：ゾーン m に登録されている車両数である．すると，対数尤度関数は以下のように定義することができる．

$$\ln L = \sum_{n_m} \sum_i \omega_{n_m} \cdot \delta_{i,n_m} \cdot \ln P_{n_m i} \tag{6.3}$$

ここで，$\delta_{n_m i}$ はもし個人 n_m が経路 i を選択していたら 1，そうでなければ 0 となる変数，$P_{n_m i}$ は個人 n_m が経路 i を選択する確率である．

ちなみに，二項ロジットモデルを仮定しているので，特定の経路の選択される確率は，$P_{n_m i} = 1/\left(1 + \exp\left(v_{n_m j} - v_{n_m i}\right)\right)$ と表される．ただし，$v_{n_m j}$ は，個人 n_m が経路 j を選択する場合の間接効用関数の確定項（代表的効用）である．最終的に，交通時間節約価値は，$VTTS = \left(\theta_t + \sum_j \theta_{tj} Z_{nij}\right) \Big/ \theta_c$ と表される式によって求められる．

（2）属性グループ別データを用いた交通時間節約価値の比較分析

上と同様に，サンプルを属性グループに分けた上で，条件付き間接効用関数を以下のように特定化する．

$$V_{n_k i} = \theta_{ck} c_{n_k i} + \theta_{tk} t_{n_k i} + \varepsilon_{n_k i} \tag{6.4}$$

ここで，$V_{n_k i}$：属性グループ k に属する個人 n_k の経路 i が選択されるという条件下での間接効用関数，$c_{n_k i}$：属性グループ k に属する個人 n_k の経路 i が選択される場合の交通費用，$t_{n_k i}$：属性グループ k に属する個人 n_k の経路 i が選択される場合の交通時間，$\varepsilon_{n_k i}$：属性グループ k に属する個人 n_k の経路 i が選択される場合の誤差項，θ_{ck}：属性グループ k の交通費用に関する係数パラメータ，θ_{tk}：属性グループ k の交通時間に関する係数パラメータである．先と同様に，重み付け最尤推定法によって各属性グループについてパラメータを推定する．

この場合には，属性グループ k の交通時間節約価値は，$VTTS_k = \theta_{tk}/\theta_{ck}$ によって求められる．

（3）推定される交通の時間価値の特性

後ほど示される実証分析では，交通費用は，高速道路利用の場合には高速道路料金と一致し，高速道路を利用しない場合には，0であると仮定される．これは，推定された交通の時間価値が，高速道路サービスの利用による交通時間短縮に対する支払意思額であることを意味している．燃料費や維持管理費のようなその他の費用は，交通費用に含まれていない．これは，これらの費用を個々のトリップに対して推定することは困難であり，かつ，これらの費用が，個人の経路選択に与える影響はかなり小さいことが予想されるからである．

6.2.3 使用データの概略

（1）交通行動データ

実証分析には，平成17年度道路交通センサスのオーナー・インタビュー調査データを使用する．この調査は，全国の自動車を対象に車両を抽出し，訪問書き留め方式により車両の運行状況を調査したものである．抽出された車両が個人の自家用乗用車類の場合，抽出された世帯の所有する全ての自家用車の属性および

運行状況について調査が行われる．三輪以上の自動車のうち，乗用車類として軽乗用車・乗用車・バス，貨物車類として軽貨物車・小型貨物車・貨客車・普通貨物車・特殊車が調査対象となる．マスターデータは，平日で 2 757 964 サンプル，休日で 1 678 010 の合計 4 436 014 サンプルを含む．

今回の調査目的を鑑みて，運行目的をオリジナルな分類から大まかな分類へと以下の表のように整理し直した．

表-6.1　運行目的の分類

分　　類	オーナーマスターデータでの分類
出勤	「出勤」
帰宅	「帰宅」
送迎	「送迎」
私事・観光	「家事・買物」，「食事・社交・娯楽（日常生活圏内）」，「観光・行楽・レジャー（日常生活圏外）」，「観光（名所・旧跡，催し物などを見る）」，「保養（温泉，家族・知人との交流など）」，「体験型レジャー（遊園地・ドライブ・釣り写真など）」，「その他私用（通院・習い事など）」
業務	「荷物／貨物の運搬を伴わない業務」
タクシー・ハイヤー	「営業用乗用車（ハイヤー・タクシー）流動実態調査票」におけるデータ
貸切バス	「営業用乗用車（貸切バス）流動実態調査票」におけるデータ

(2)　交通サービスデータ

モデルにより時間価値を推定する際，各選択経路の交通サービスデータが必要である．しかし，本検討で用いる平成 17 年度道路交通センサスオーナー・インタビュー調査には，交通サービスデータに関して以下のような問題がある．

・ヒアリングで OD ペア間の交通時間や距離が調査されているが，調査対象者の出発時刻や目的地の到着時刻に関する記憶が曖昧で，信頼性に欠ける．
・高速道路の料金が調査されていない．

そこで，分析者側で，独自に LOS データを設定し，オーナー・インタビュー調査とマッチングさせることによって，データを独自に作成することとした．

まず，LOS データ設定に際して，独自の道路ネットワークを設定した．ここでは，デジタル道路地図：Digital Road Map（DRM）をベースとした，一般都道府県道以上を対象としたネットワークを使用することとした．

各経路の交通時間の設定に当たっては，リンク別に旅行速度を設定する必要が

ある．しかし，道路交通センサス一般交通量調査では，「混雑時」の旅行速度しか調査されていないため，調査区間単位で時間帯が同一でないなど，LOS データを設定する上で問題がある．そこで，リンクパフォーマンス関数（BPR 関数）を用いて自由旅行速度を求め，各時間帯の旅行速度を算出して用いることとした．

まず，BPR 関数は下式で定義される．

$$t(x) = \frac{L_a \cdot 60}{S_0} \left\{ 1 + \alpha \left(\frac{x}{cap} \right)^\beta \right\} \tag{6.5}$$

ただし，S_0：自由旅行速度（km/h），L_a：リンクの距離（km），α：パラメータ = 0.48（土木学会より），β：パラメータ = 2.82（土木学会より），x：道路交通センサス時間帯別交通量（台/時），cap：道路交通センサス一般交通量調査時間帯別交通容量（台/時）である．

ここで，ピーク時旅行速度 S_C（km/h）とピーク時交通量 x_c（台/時）を用いると以下の式が得られる．

$$\frac{60}{S_C} = \frac{60}{S_0} \cdot L_a \left\{ 1 + \alpha \left(\frac{x_c}{cap} \right)^\beta \right\} \tag{6.6}$$

これを S_0 について解くと，

$$S_0 = S_C \cdot L_a \left\{ 1 + \alpha \left(\frac{x_c}{cap} \right)^\beta \right\} \tag{6.7}$$

となる．なお，ここで推計される自由旅行速度は，指定最高速度を超える可能性がある．そこで，自由旅行速度を最高でも規制速度＋50km/h とした．（免許停止に相当する速度）．また，その他未調査の区間は隣り合う区間のデータで補完することとした．

この推定方法によって得られた交通時間と，観測交通時間との相関係数は 0.999 となり，この方法の有効性が確認された．

リンク別の交通費用のデータに関しては，通常の高速道路料金の場合には，実際の料金換算と同様に，ターミナルチャージ＋24.6 円×利用距離で算出し，24 捨 25 入により設定した．首都高など均一料金の場合には，ターミナルチャージにより設定した．

最後に，以上のリンク別の交通時間と交通費用のデータをもとに，経路の交通サービスデータを設定した．ここでは，各個人の選択経路を，発地と着地を所与

として，最短経路探索によって見つけることとする．ここで，高速道路利用経路については全ネットワークを用いて最短経路探索を行い，高速道路非利用経路については高速道路区間を外したネットワークを用いて最短経路探索を行う．発地と着地については，全国を 6 795 ゾーンに分割したゾーニングを用いることとする．それぞれの経路に対して，リンク別の交通時間・交通費用のデータを適用することによって，最終的に各個人の経路別の交通サービスデータを完成させる．

(3) サンプルデータの抽出

推定に用いるサンプルとしては，高速道路利用，一般道路利用のいずれかしか選択できないような制約された環境条件下のトリップではなく，一般道路利用と高速道路利用の両方の選択可能性があるトリップである方が好ましい．そこで，本分析では，道路交通センサスデータのうち，高速道路と一般道路の両方を選択できたと考えられる，OD ペア間の高速道路利用経路と高速道路非利用経路との交通時間の差が－ 20 分～ 70 分の範囲となるサンプルのみを対象とすることにした．サンプルの選別方法については，これ以外の方法についても多数検討を行ったが，他の手法では，高速道路利用のサンプル数が極端に少なくなるなどの問題が生じたため，最終的には交通時間差を基準としたサンプリング手法を用いることとした．

また，オーナー・インタビュー調査の個票データより，以下のサンプルも除外することとした：貨物トリップ，ゾーン内々トリップ，発ゾーンもしくは着ゾーン不明，フェリー利用，四国内外トリップ，運行目的不明，車種不明，高速道路の利用の有無不明．まず，貨物トリップを対象外としたのは，今回の分析は旅客交通が対象であるためである．ゾーン内々トリップを除去したのは，交通時間や交通費用のデータがゾーン間でのみ設定可能であるためである．フェリー利用を対象外としたのは，フェリーの旅行時間，運行頻度等は，LOS データの算出の際に不明な要因が多いためである．四国内外トリップを対象外としたのは，本州から四国へは，高速道路のみの接続となるため，高速道路非利用経路について，適切な LOS データが設定できないためである．

以上のプロセスによって，146 409 サンプルが得られた．これには，通勤目的トリップの 82 068 サンプル，業務目的トリップの 12 305 トリップ，私事目的

トリップの51 555トリップが含まれる．**表-6.2**は，これらのデータの基礎特性を整理したものである．

まず，通勤交通のうち77.2％が男性によって行われている一方で，業務目的では85.6％，私事目的では61.5％が男性によって行われている．これは，多くの自動車利用者が男性であることを示している．

第二に，農業従事者の通勤，業務，私事目的の交通のシェアが，それぞれ1.8％，15.8％，5.1％となっており，これは，我が国の農業従事者の割合が低いことを反映している．その一方で，小売・サービス業従事者の通勤目的の交通のシェアは22.5％，業務目的の交通シェアは32.3％となっており，他の業種に比べて，小売・サービス業従事者の自動車利用が多いことがわかる．

第三に，業務交通のうち39.0％が，50歳代の個人によって行われている．これは，若年層に比べて50歳代のようなシニアなビジネスマンが多数自動車を利用していることを意味する．また，私事交通のうち30.5％が60歳代の個人によって行われている．これは，定年後の高齢者が若年層よりも自由時間が多いためにより自動車を利用していることを反映しているものと考えられる．

第四に，通勤交通の47.1％は朝7時台に出発している．これは，平均して我が国のピーク時間帯が7時から8時であることと合致している．

第五に，通勤交通の70.0％，業務交通の64.1％，私事交通の75.0％が20km以下の移動距離となっている．これより，短距離移動が大半を占めている実態がわかる．

最後に，サンプルデータにおける交通時間と交通費用との相関係数は0.765であった．これは，高速道路料金が高速道路区間距離に比例するように設定されている一方で，交通時間も走行距離におおむね比例しているためである．これは，顕示選好（RP）データを用いた交通の時間価値分析を行う上では，やむを得ない特性であると考えられる．このデータを用いた推定結果については，慎重な議論が必要であることはいうまでもない．

6.2.4　パラメータ推定の結果

（1）　属性グループ別データを用いた交通時間節約価値の比較分析結果

まず，属性グループ別のデータを用いて経路選択モデルを推定した結果を示し

表-6.2 サンプル

		通勤						業務	
		高速利用	%	非高速利用	%	全体	%	高速利用	%
性別	男性	2 347	3.7	61 007	96.3	63 354	77.2	1 019	9.7
	女性	422	2.3	18 292	97.7	18 714	22.8	106	6.0
職種	農林水産業	34	2.4	1 369	97.6	1 403	1.8	95	4.4
	生産・運輸	298	2.0	14 771	98.0	15 069	19.0	63	9.1
	小売・サービス	605	3.4	17 228	96.6	17 833	22.5	384	8.6
	事務・技術	1 167	3.9	28 759	96.1	29 926	37.7	383	10.8
	その他	591	3.9	14 600	96.1	15 191	19.1	248	8.5
年齢階層	20 - 29	193	1.7	11 403	98.3	11 596	14.5	43	8.3
	30 - 39	615	3.6	16 453	96.4	17 068	21.3	159	10.3
	40 - 49	779	3.9	19 420	96.1	20 199	25.2	303	10.8
	50 - 59	863	3.6	23 053	96.4	23 916	29.8	397	8.7
	60 -	271	3.7	7 093	96.3	7 364	9.2	189	8.2
出発時刻	0:00 - 6:59	719	4.7	14 568	95.3	15 287	18.7	80	22.7
	7:00 - 7:59	1 248	3.2	37 173	96.8	38 421	47.1	105	15.0
	8:00 - 8:59	390	2.6	14 862	97.4	15 252	18.7	141	13.2
	9:00 - 9:59	111	3.2	3 321	96.8	3 432	4.2	144	9.2
	10:00 - 10:59	47	4.3	1 058	95.7	1 105	1.4	109	7.3
	11:00 - 11:59	29	3.7	760	96.3	789	1.0	101	8.3
	12:00 - 17:59	109	2.4	4 375	97.6	4 484	5.5	400	7.6
	18:00 - 19:59	49	3.1	1 554	96.9	1 603	2.0	16	4.6
	20:00 - 23:59	45	3.7	1 184	96.3	1 229	1.5	16	11.7
移動距離	0km - 10 km	72	0.3	25 145	99.7	25 217	30.8	36	0.9
	11km - 20km	438	1.4	31 633	98.6	32 071	39.2	111	2.9
	21km - 30km	613	4.3	13 682	95.7	14 295	17.5	122	6.9
	31km - 40km	567	9.8	5 217	90.2	5 784	7.1	162	17.4
	41km - 50km	412	17.0	2 006	83.0	2 418	3.0	152	26.7
	51km - 60km	265	24.4	823	75.6	1 088	1.3	127	34.1
	61km - 70km	160	31.4	349	68.6	509	0.6	107	38.8
	71km - 100km	197	37.0	336	63.0	533	0.7	202	48.2

たものが**表-6.3**である．これより，全ての属性グループのモデルにおいて統計的に有意な結果が得られていることがわかる．全ての変数に関してt検定値が有意に高い数値を示している．また尤度比も十分に高い数値となっている．それに加えて，全ての変数に関する係数において符号が合理的なものとなっている．なお，選択肢固有定数の導入についても検討を行ったが，いずれのモデルにおいても有意な結果を得ることができなかった．

各経路は，車両単位で選択された結果であることから，経路選択モデルから推

データの特性

業務				私事					
非高速利用	%	全体	%	高速利用	%	非高速利用	%	全体	%
9 517	90.3	10 536	85.6	1 585	5.0	30 146	95.0	31 731	61.5
1 663	94.0	1 769	14.4	495	2.5	19 329	97.5	19 824	38.5
2 076	95.6	2 171	15.8	34	2.4	1 369	97.6	1 403	5.1
627	90.9	690	5.0	114	3.7	2 938	96.3	3 052	11.1
4 068	91.4	4 452	32.3	392	5.1	7 248	94.9	7 640	27.9
3 175	89.2	3 558	25.8	357	4.6	7 413	95.4	7 770	28.4
2 660	91.5	2 908	21.1	330	4.4	7 184	95.6	7 514	27.4
477	91.7	520	4.4	123	3.4	3 524	96.6	3 647	8.1
1 389	89.7	1 548	13.2	251	3.6	6 665	96.4	6 916	15.5
2 511	89.2	2 814	23.9	338	3.9	8 254	96.1	8 592	19.2
4 189	91.3	4 586	39.0	533	4.5	11 412	95.5	11 945	26.7
2 109	91.8	2 298	19.5	625	4.6	13 036	95.4	13 661	30.5
273	77.3	353	2.9	183	17.0	893	83.0	1 076	2.1
593	85.0	698	5.7	160	9.8	1 472	90.2	1 632	3.2
930	86.8	1 071	8.8	238	7.4	2 998	92.6	3 236	6.3
1 425	90.8	1 569	12.9	288	5.0	5 526	95.0	5 814	11.4
1 392	92.7	1 501	12.3	282	3.9	6 999	96.1	7 281	14.2
1 116	91.7	1 217	10.0	146	2.9	4 965	97.1	5.5111	10.0
4 888	92.4	5 288	43.4	621	2.9	21 081	97.1	21 702	42.4
335	95.4	351	2.9	99	2.5	3 898	97.5	3 997	7.8
121	88.3	137	1.1	46	3.5	1 282	96.5	1 328	2.6
3 894	99.1	3 930	32.5	52	0.2	22 513	99.8	22 565	44.2
3 715	97.1	3 826	31.6	208	1.3	15 477	98.7	15 685	30.8
1 648	93.1	1 770	14.6	268	4.8	5 337	95.2	5 605	11.0
768	82.6	930	7.7	281	10.1	2 511	89.9	2 792	5.5
418	73.3	570	4.7	288	17.9	1 321	82.1	1 609	3.2
245	65.9	372	3.1	219	21.6	793	78.4	1 012	2.0
169	61.2	276	2.3	198	28.9	487	71.1	685	1.3
217	51.8	419	3.5	332	31.7	716	68.3	1 048	2.1

定された交通の時間価値も必然的に車両単位のものである．そこで，車両単位の交通の時間価値を各属性における平均乗車人数で除することによって，1人当たりの交通の時間価値を推定した．この計算に当たっては，車両内の全ての人（ドライバー，同乗者のいずれも含む）が同一の交通の時間価値を持つものと仮定している．

これより以下のようなことが読み取れる．

第一に，通勤目的，業務目的，私事目的の時間価値が 24.5 円/分，33.9 円/分，

表-6.3 属性グループ別の

		交通時間		交通費用		初期対数尤度
		係数	t値	係数	t値	
交通目的	通勤	-0.1529	-56.9	-0.0060	-74.1	-14 212.2
	業務	-0.1301	-27.5	-0.0034	-30.0	-2 233.3
	私事	-0.1636	-53.0	-0.0051	-60.7	-9 868.0
性別	男性	-0.1456	-72.8	-0.0049	-88.0	-19 161.4
	女性	-0.1843	-39.2	-0.0068	-48.4	-7 153.5
同乗者の有無	運転者のみ	-0.1578	-73.5	-0.0057	-91.3	-21 713.9
	同乗者あり	-0.1416	-38.7	-0.0039	-42.7	-4 603.0
職種	農林水産業	-0.1491	-12.8	-0.0047	-15.5	-589.7
	生産・運輸	-0.1525	-26.2	-0.0065	-35.3	-3 300.0
	小売・サービス	-0.1469	-39.2	-0.0048	-46.5	-5 393.6
	事務・技術	-0.1549	-44.4	-0.0052	-53.6	-7 243.1
	その他	-0.1487	-35.3	-0.0050	-42.8	-4 648.5
年齢階層	20 - 29	-0.1549	-22.9	-0.0067	-30.9	-2 595.6
	30 - 39	-0.1598	-34.5	-0.0055	-41.9	-4 572.1
	40 - 49	-0.1589	-39.1	-0.0053	-46.7	-5 608.1
	50 - 59	-0.1494	-44.5	-0.0050	-53.7	-7 245.9
	60 -	-0.1487	-36.2	-0.0048	-42.3	-4 551.9
出発時刻	0:00 - 6:59	-0.1145	-28.3	-0.0044	-36.5	-3 116.2
	7:00 - 7:59	-0.1648	-40.1	-0.0059	-50.6	-6 682.3
	8:00 - 8:59	-0.1700	-30.7	-0.0054	-35.9	-3 485.2
	9:00 - 9:59	-0.1482	-24.2	-0.0045	-28.0	-1 991.8
	10:00 - 10:59	-0.1523	-23.0	-0.0047	-26.8	-1 858.0
	11:00 - 11:59	-0.1497	-19.5	-0.0050	-23.1	-1 363.5
	12:00 - 17:59	-0.1687	-39.6	-0.0056	-46.6	-5 963.9
	18:00 - 19:59	-0.1730	-16.1	-0.0059	-19.8	-1 111.6
	20:00 - 23:59	-0.1506	-12.3	-0.0055	-14.1	-525.9
移動距離	0km - 10 km	-0.2235	-18.5	-0.0160	-29.3	-10 258.1
	11km - 20km	-0.1277	-25.7	-0.0090	-54.0	-8 987.2
	21km - 30km	-0.0871	-20.2	-0.0052	-40.1	-3 606.4
	31km - 40km	-0.0737	-15.6	-0.0032	-24.4	-1 562.8
	41km - 50km	-0.0526	-10.5	-0.0020	-14.4	-767.6
	51km - 60km	-0.0514	-8.1	-0.0015	-9.3	-412.0
	61km - 70km	-0.0439	-6.0	-0.0011	-5.8	-241.5
	71km - 100km	-0.0418	-6.7	-0.0009	-6.4	-318.7

21.0円/分となった．業務交通の時間価値は，我が国の平均賃金率（37.2円/分）とほぼ同一かそれよりやや低い数値となった．通勤交通および私事交通の時間価値は，業務交通の時間価値のそれぞれ72.3%，61.9%となった．これらの結果は，他国で実施されているメタ分析の結果（例えば，英国）よりも，やや高い値となっ

6.2 我が国における RP データを用いた道路交通の時間価値推定

時間価値の推定結果

最終対数尤度	ρ2値	サンプル数	平均乗車人数	1台当たり平均時間価値（円/分/台）	1人当たり平均時間価値（円/分/人）
-4 503.3	0.68	82 068	1.04	25.5	24.5
-1 152.3	0.48	12 328	1.13	38.3	33.9
-3 357.0	0.66	51 621	1.53	32.1	21.0
-7 440.6	0.61	105 703	1.21	29.8	24.7
-1 763.3	0.75	40 314	1.24	27.3	21.9
-7 091.3	0.67	122 427	1.00	27.6	27.6
-2 027.6	0.56	23 590	2.35	36.2	15.4
-225.2	0.62	3 880	1.39	31.5	22.6
-968.8	0.71	18 811	1.10	23.5	21.4
-2 115.9	0.61	29 925	1.17	30.8	26.4
-2 626.7	0.64	41 254	1.12	29.6	26.5
-1 717.1	0.63	25 613	1.20	29.8	24.9
-709.3	0.73	15 763	1.15	23.1	20.1
-1 541.3	0.66	25 532	1.22	29.1	23.8
-1 971.1	0.65	31 605	1.15	30.1	26.2
-2 743.7	0.62	40 447	1.16	30.0	25.8
-1 722.5	0.62	23 323	1.35	30.9	22.8
-1 499.4	0.52	16 716	1.07	26.3	24.5
-2 148.0	0.68	40 751	1.05	28.2	26.8
-1 140.5	0.67	19 559	1.12	31.6	28.3
-792.3	0.60	10 815	1.33	32.7	24.6
-699.5	0.62	9 887	1.43	32.2	22.6
-477.6	0.65	7 117	1.44	29.7	20.7
-1 854.0	0.69	31 474	1.40	30.4	21.8
-323.6	0.71	5 951	1.33	29.3	22.1
-180.8	0.66	2 694	1.26	27.1	21.5
-577.5	0.94	51 712	1.23	14.0	11.4
-1 827.5	0.80	51 582	1.17	14.1	12.1
-1 540.2	0.57	21 670	1.17	16.8	14.4
-980.1	0.37	9 506	1.23	22.7	18.4
-609.1	0.21	4 597	1.32	26.4	20.0
-353.6	0.14	2 472	1.40	35.1	25.1
-218.2	0.10	1 470	1.50	41.0	27.3
-291.1	0.09	2 000	1.60	45.2	28.1

ている．考えられる理由の1つとしては，日本では，他国よりも交通混雑が深刻であるため，それらが通勤や私事の交通の時間価値にも反映されていることが挙げられる．また，特に，通勤交通の時間価値の割合が高めになっているのは，我が国では労働時間が固定的で，労働開始時刻が事前に決まっているために時間

の制約が厳しいことを反映している可能性もある．

　第二に，男性の交通の時間価値は24.7円/分であるのに対して，女性の交通の時間価値は21.9円/分と推定された．男性の方が女性よりも交通の時間価値が高い傾向にあることを示していると思われる．これは，おそらく男性と女性との間の賃金率の違いを反映しているものと考えられる．

　第三に，乗車人員が1人の場合の1台当たりの交通の時間価値と1人当たりの交通の時間価値がともに27.6円/分であるのに対して，乗車人数が2人以上の場合の1台当たりの交通の時間価値と1人当たりの交通の時間価値は，それぞれ36.2円/分，15.4円/分となった．これは，1人で運転する場合の方が，乗客を同乗させるときよりも1台当たりの交通の時間価値が31.2%高いことを意味する．これは，運転手の時間価値が乗客の時間価値よりも高いことを暗に意味しているものと考えられる．

　第四に，農業，生産・運輸，小売・サービス，事務・技術，その他の業種別の1人当たりの交通の時間価値は，それぞれ22.6，21.4，26.4，26.5，24.9円/分となった．生産・運輸に従事する個人の交通の時間価値が明らかに他の業種に従事する個人の交通の時間価値よりも低い．これは，1つにはこれらの業種の所得水準が他の業種よりも低いことが挙げられる．また，特に運輸業に関しては，交通時間がそのまま業務時間でもあるために，交通時間中に生産的な活動が行われることも理由と考えられる．

　第五に，20歳代，30歳代，40歳代，50歳代，60歳代の1人当たりの交通の時間価値は，それぞれ20.1，23.8，26.2，25.8，22.8円/分となった．20歳代の交通の時間価値が全世代を通じて最も低く，次に低かったのが60歳代であった．これは，これらの世代においては，他の世代と比べて，賃金率が低いことが原因であると考えられる．

　第六に，1日の中では朝8時台の交通の時間価値が最も高くなった．2番目に高かったのは朝7時台であり，それに次いで9時台が高くなった．朝7時～9時台において交通の時間価値が高いのは，交通混雑が激しいピーク時間帯であるためだと考えられる．

　最後に，移動距離が長くなるほど，交通の時間価値が高くなることがわかった．これは，英国（Mackie et al., 2003）やスイス（Axhausen et al., 2008）の分析

6.2 我が国におけるRPデータを用いた道路交通の時間価値推定

結果と同一の傾向である．

(2) 全サンプルを用いた交通時間節約価値の推定結果

表-6.4は，全データを用いたモデルパラメータの推定結果を示したものである．ここで，交通時間は，発地から着地までの総交通時間である．走行距離は，高速道路非利用経路の走行距離である．高齢者ダミーは，個人が60歳代以上であるときに1，そうでないときに0と定義される．単独運転者ダミーは，同乗者がないときには1，同乗者がいるときには0と定義される．軽車両ダミーは，使用されている自動車が軽車両のときに1，そうでないときには0と定義される．早朝出発ダミーは，0:00～6:59に出発するときに1，そうでないときには0と定義される．ピーク時出発ダミーは，7:00～9:59に出発するときに1，そうでないときに0と定義される．業務目的ダミーは，交通が業務目的で行われるときには1，そうでないときには0と定義される．交通費用は，高速道路利用経路では高速道路料金であり，高速道路非利用経路では0となる．

モデルは，全体として統計的に見て有意に推定されている．係数のt検定値も交通時間×高齢者ダミーを除くと，統計的に有意となっている．尤度比も十分に高い．また，各係数の符号も合理的である．これより交通時間節約価値の特性が

表-6.4 全サンプルを用いたモデルパラメータ推定結果

変数	係数パラメータ推定値	t-値
交通時間（θ_t）	−0.0993	−15.0
交通時間 x ln（走行距離）（θ_{t_dist}）	−0.0288	−14.1
交通時間 x 高齢者ダミー（θ_{t_senior}）	0.0071	1.6
交通時間 x 単独運転者ダミー（θ_{t_alone}）	0.0349	7.6
交通時間 x 軽車両ダミー（θ_{t_mini}）	0.0251	7.3
交通時間 x 早朝出発ダミー（$\theta_{t\_morning}$）	0.0126	3.8
交通時間 x ピーク時出発ダミー（θ_{t_peak}）	−0.0087	−2.0
交通時間 x 業務目的ダミー（$\theta_{t\_business}$）	−0.0393	−8.9
交通費用（θ_c）	−0.0062	−102.0
初期対数尤度		−34 269
最終対数尤度		−10 892
尤度比		0.68
サンプル数		196 672

理解できる．まず，交通の時間価値は移動距離の増加とともに増加する．また，高齢者の時間価値が，非高齢者の時間価値よりも低いこと，1人で運転する場合には，同乗者がいる場合よりも1台当たりの交通の時間価値が低いこと，軽車両を利用する場合の時間価値は，そうでない場合よりも低くなること，早朝に出発する場合には，そうでない場合よりも交通の時間価値が低いこと，ピーク時間帯に出発する場合の時間価値は，そうでない時間帯に出発する場合よりも高いこと，業務交通の時間価値は，それ以外の目的の時間価値よりも高いことも明らかとなった．

6.2.5 より詳細な属性グループ別の交通時間節約価値の分析結果

以上では，単純な属性グループ別の時間価値の推定結果を示したが，さらに属性を細かく分類することによって，より詳細な分析が可能となる．

まず，**表-6.3**における属性グループ（交通目的を除く）をさらに交通目的別に分類した上で，分類グループ別の1台当たり時間価値と1人当たり時間価値（1台当たり時間価値を乗車人数で除したもの）とを示したものが**表-6.5**である．ここでは，パラメータの推定結果は省略し，時間価値の推定結果のみが掲載されている．

表-6.5で特記すべきは以下の点である．第一に，性別間の差は，通勤交通や私事交通ではあまり大きくないが，業務交通で特に男性の方が女性よりも高くなる傾向にある．これは，性別間での賃金率の差を反映しているためだと考えられる．第二に，移動距離と時間価値との関係について見てみると，通勤交通と私事交通では，長距離移動であるほど時間価値は増加していく傾向にある．ところが，業務交通では，0-30kmの距離帯では距離が長くなるほど時間価値が低下していくが，それ以上の距離帯になると，他の交通目的と同様に移動距離が長くなるほど時間価値も増加するようになる．業務交通で，このようなU字型の傾向が得られる理由は，今のところ明確ではない．

次に，昨今の高齢化を考慮すれば，年齢階層の区分を年代別に分類するよりも，生産年齢人口に当たる64歳以下と，高齢人口に当たる65歳以上とで分類して，両者の時間価値を比較することの方が，より政策的な意義があるかもしれない．また，道路交通センサスのデータには，サンプルトリップの出発時刻がピーク時

6.2 我が国におけるRPデータを用いた道路交通の時間価値推定

表-6.5 属性グループ×交通目的での時間価値の推定結果

		全目的	通勤	業務	私事
性別	男性	24.7 (29.8)	24.4 (25.3)	34.1 (38.6)	21.4 (33.6)
	女性	21.9 (27.3)	23.8 (24.6)	29.4 (33.5)	19.5 (28.3)
同乗者の有無	運転者のみ	27.6 (27.6)	25.0 (25.0)	37.3 (37.3)	28.4 (28.4)
	同乗者あり	15.4 (36.2)	14.1 (32.5)	19.8 (45.5)	15.2 (35.9)
職種	農林水産業	22.6 (31.5)	24.9 (26.3)	20.5 (33.5)	24.9 (26.3)
	生産・運輸	21.4 (23.5)	20.3 (20.6)	32.2 (36.7)	20.6 (30.4)
	小売・サービス	26.4 (30.8)	24.7 (25.6)	34.9 (38.7)	23.5 (35.4)
	事務・技術	26.5 (29.6)	25.6 (26.3)	36.4 (41.4)	22.4 (32.7)
	その他	24.9 (29.8)	25.8 (27.1)	29.4 (34.0)	21.5 (32.3)
年齢階層	20-29	20.1 (23.1)	19.3 (19.7)	19.8 (34.4)	17.2 (26.5)
	30-39	23.8 (29.1)	25.4 (26.2)	32.9 (38.0)	18.5 (31.8)
	40-49	26.2 (30.1)	26.6 (27.4)	34.1 (38.3)	22.0 (31.8)
	50-59	25.8 (30.0)	24.3 (25.3)	34.8 (39.1)	24.4 (34.6)
	60-	22.8 (30.9)	22.8 (24.1)	33.2 (37.5)	21.4 (33.1)
出発時刻	0:00-6:59	24.5 (26.3)	22.3 (23.1)	35.3 (44.2)	28.7 (43.6)
	7:00-7:59	26.8 (28.2)	25.0 (25.7)	37.8 (44.5)	26.7 (40.0)
	8:00-8:59	28.3 (31.6)	26.0 (27.0)	35.8 (42.2)	24.0 (35.6)
	9:00-9:59	24.6 (32.7)	25.2 (26.4)	36.2 (39.9)	20.9 (32.4)
	10:00-10:59	22.6 (32.2)	29.8 (31.8)	31.6 (34.9)	20.4 (31.6)
	11:00-11:59	20.7 (29.7)	26.0 (27.2)	39.0 (42.9)	16.2 (25.5)
	12:00-17:59	21.8 (30.4)	22.5 (23.7)	30.3 (34.2)	19.7 (30.1)
	18:00-19:59	22.1 (29.3)	27.9 (29.0)	27.3 (31.6)	19.9 (29.0)
	20:00-23:59	21.5 (27.1)	24.0 (25.3)	38.8 (45.9)	18.7 (27.4)
移動距離	0km-10km	11.4 (14.0)	13.8 (14.4)	25.7 (28.7)	7.3 (10.6)
	11km-20km	12.1 (14.1)	13.3 (13.7)	15.6 (17.4)	9.4 (13.8)
	21km-30km	14.4 (16.8)	16.0 (16.5)	14.4 (16.1)	11.5 (17.7)
	31km-40km	18.4 (22.7)	10.2 (21.2)	27.2 (30.8)	13.7 (23.0)
	41km-50km	20.0 (26.4)	22.9 (23.9)	31.5 (36.9)	15.3 (27.4)
	51km-60km	25.1 (35.1)	31.6 (33.6)	36.0 (44.3)	18.3 (33.5)
	61km-70km	27.3 (41.0)	33.1 (35.2)	47.9 (60.0)	21.3 (41.1)
	71km-100km	28.3 (45.2)	36.7 (42.2)	46.9 (56.2)	21.5 (43.1)

注：括弧外は1人当たり時間価値（円/分・人），括弧内は1台当たり時間価値（円/分・台）をそれぞれ表す．

第6章 我が国における交通の時間価値

表-6.6 交通目的別，高齢者・非高齢者別，性別，ピーク・オフピーク別の時間価値の推定結果

目的	年齢	値	性別	値	ピーク区分	値
全目的	65歳以上	20.2（29.4）	男性	20.2（29.7）	オフピーク	19.3（29.4）
					ピーク	22.1（30.4）
			女性	25.6（29.8）	オフピーク	20.0（27.2）
					ピーク	18.3（25.0）
	65歳未満	24.8（29.4）	男性	19.2（26.4）	オフピーク	23.4（29.3）
					ピーク	28.2（30.5）
			女性	22.0（27.3）	オフピーク	20.1（27.4）
					ピーク	24.7（27.2）
通勤	65歳以上	21.1（23.0）	男性	21.7（23.6）	オフピーク	20.8（23.3）
					ピーク	22.1（23.6）
			女性	14.5（16.1）	オフピーク	15.4（17.6）
					ピーク	13.4（15.3）
	65歳未満	24.6（25.4）	男性	24.6（25.4）	オフピーク	23.2（24.1）
					ピーク	25.5（26.3）
			女性	24.1（24.9）	オフピーク	23.8（25.0）
					ピーク	24.1（24.7）
業務	65歳以上	30.9（35.5）	男性	31.5（36.0）	オフピーク	32.0（36.6）
					ピーク	31.2（35.9）
			女性	24.9（30.0）	オフピーク	N.A.
					ピーク	N.A.
	65歳未満	34.1（38.5）	男性	34.5（38.5）	オフピーク	33.0（37.1）
					ピーク	37.4（42.6）
			女性	29.9（34.0）	オフピーク	27.7（31.4）
					ピーク	35.1（40.4）
私事	65歳以上	19.3（30.6）	男性	19.1（30.8）	オフピーク	18.6（30.0）
					ピーク	20.4（32.5）
			女性	20.6（29.2）	オフピーク	21.0（29.3）
					ピーク	20.8（29.0）
	65歳未満	21.7（32.7）	男性	22.5（35.0）	オフピーク	21.2（33.2）
					ピーク	26.3（40.0）
			女性	19.4（28.2）	オフピーク	18.8（27.5）
					ピーク	20.6（29.9）

注1：括弧外は1人当たり時間価値（円/分・人），括弧内は1台当たり時間価値（円/分・台）をそれぞれ表す．
注2：N.A. はサンプル数が少数であったため，モデルパラメータの推定ができなかったことを意味する．

間帯か否かが示されていることから，この違いによる時間価値の影響を調べれば，時間価値に道路混雑の影響がどの程度含まれているのかを検討することが可能となる．そこで，65歳以上か未満か，性別，ピーク時間帯の出発か否かのクロスカテゴリーで時間価値の推定結果を示したものが，**表-6.6**である．

また，クロス集計せずに，出発時刻がピーク時間帯か否かだけで分類した場合の時間価値の推定結果を示したものが，**表-6.7**である．

表-6.6，6.7より，高齢者の時間価値は，非高齢者よりも明らかに低い傾向があること，ピーク時間帯に出発するトリップの方が，そうでないトリップよりも時間価値が高い傾向のあることが読み取れる．

最後に，参考までに，出発地域別の時間価値の推定結果を示したものが**表-6.8**である．出発地域としては，北海道，東北，関東，北陸，中部，近畿，中国，四国，九州，沖縄の10地域区分を用いた．

ちなみに，都道府県別の労働賃金率は，**表-6.A**（章末）に示される通りである．これらと見比べるとわかるが，四国の時間価値が他地域よりも突出して高い一方

表-6.7 交通目的別のピーク・オフピーク別の時間価値の推定結果

	全目的	通勤	業務	私事
オフピーク	21.9（28.9）	23.1（24.2）	32.3（36.5）	20.3（31.0）
ピーク	26.7（29.7）	25.3（26.1）	36.6（41.8）	23.1（35.2）

注：括弧外は1人当たり時間価値（円/分・人），括弧内は1台当たり時間価値（円/分・台）をそれぞれ表す．

表-6.8 交通目的別，出発地域別の時間価値の推定結果

	全目的	通勤	業務	私事
北海道	18.3（24.5）	16.4（17.2）	28.4（32.8）	18.5（30.0）
東北	20.2（24.3）	19.3（19.9）	29.7（33.1）	18.6（28.1）
関東	23.7（29.7）	25.3（26.2）	33.2（38.1）	20.2（32.0）
北陸	28.8（33.0）	29.9（47.1）	33.6（37.5）	25.0（35.2）
中部	26.6（31.9）	25.9（26.7）	37.0（41.2）	24.5（36.8）
近畿	27.7（34.6）	28.0（29.3）	42.6（48.4）	24.2（38.2）
中国	24.0（28.5）	24.7（25.4）	31.4（35.6）	21.0（31.2）
四国	33.3（39.3）	32.9（33.8）	44.2（51.2）	27.7（40.2）
九州	18.9（23.5）	18.6（19.4）	28.4（32.8）	16.4（25.3）
沖縄	21.1（24.8）	21.3（22.4）	25.5（27.7）	19.0（26.6）

注：括弧外は1人当たり時間価値（円/分・人），括弧内は1台当たり時間価値（円/分・台）をそれぞれ表す．

で，関東の時間価値が低く推定されているなど，地域間での違いに関する説明が明確にできない点が多い．労働賃金率だけでなく，地域間で交通目的別の交通機関分担シェアが異なること（例えば，関東地域は鉄道ネットワークが発達しているために，通勤目的での道路交通分担シェアが低いが，それ以外の地域では，通勤目的の道路交通分担シェアが高いこと）や，地域別の高速道路の整備状況，地形的な特性などが推定結果に影響を及ぼしていると考えられるが，その原因は明らかでない．原因の特定には，慎重な議論が必要と考えられる．

6.2.6 結果の考察

第一に，少なくとも通勤交通および私事交通の時間価値は，移動距離とともに増加することが示された．この原因は，Mackie et al.[5] などでも示される通り，資源としての時間価値と商品としての時間価値がともに長時間移動になるほど増加すると考えられるからである．ここで，交通の時間価値は，すでに他の章でも述べられているように，資源としての時間価値と商品としての時間価値の和として表現されることに留意する必要がある（De Serpa[6]）．ただし，業務交通に関しては，30km 未満の距離帯では，移動距離の増加に伴い一時的に時間価値が低下することが示された．このように一端下がってから上がるような傾向は，他国では報告されておらず，日本に固有の特性である可能性がある．

第二に，分析結果より，高齢者の交通の時間価値は，非高齢者よりも有意に低くなることが明らかとなった．これは，交通時間短縮に対する支払意思額が所得に依存していることを意味していると考えられる．

第三に，分析結果より交通の時間価値は，1日の中でも出発時刻によって異なりうることが示された．こうした時間帯による違いが生じる理由の1つは，時間帯によって道路の混雑状況が異なることが挙げられる．もし高速道路利用経路と高速道路非利用経路のいずれも混雑している時間帯に出発する場合には，いずれの経路を通っても交通時間が長くなることとなり，混雑している時間帯に運転するドライバーは，渋滞の中で長時間低速運転を余儀なくされるために，ストレスや疲労が高まり，これは交通時間の限界不効用を増加させることにつながる．これは商品としての時間価値を増加させることになるので，結果的に交通の時間価値の増加につながる．

第四に，分析結果より，1人で運転する場合の方が，複数が乗車する場合よりも1台当たりの交通の時間価値が低い一方で，1人で運転する方が，複数が乗車する場合よりも1人当たりの交通の時間価値は高いことが明らかとなった．この結果は，交通計画上はやや複雑な示唆を与えるものだと思われる．そもそも，各車両は，車両ベースの時間価値に従って経路の選択を行っているのか，それとも個人ベースの時間価値に従って経路の選択を行っているのかが，必ずしも明確でないからである．本研究の分析では，車両単位での経路選択を仮定しているが，複数が乗車する場合に，乗車メンバー間でどのような意思決定が行われるのかについては，さらなる研究が必要であることは言うまでもない．

第五に，以上の分析には，次のような課題があり，さらなる深度化が必要である：1) 今回の分析に当たってサンプルのスクリーニングを行っているが，この方法次第で,結果が大きく変化する可能性がある．同様に,交通時間や費用のデータ設定方法や経路の設定方法によっても結果が変化しうる．したがって，サンプルのスクリーニングや交通サービス水準のデータ設定方法等についてさらなる検討が必要である；2) 今回は，単純化のため二項ロジットモデルにより経路選択モデルの推定を行っているが，今般は，Mixed Logit モデル（Train[7]）などのさまざまなモデルが適用されるようになってきている．同様に，変数の選択についても，多様な可能性があるにもかかわらず，今回の分析では，主に交通時間と費用のみを用いている．例えば，全サンプルを用いた推定では，交通時間だけでなく，費用についても，クロス項を導入するなどの可能性がある．したがって，モデルの特定化，変数の選択に関してさらなる検討が必要である；3) **表-6.8** でも示されたように，地域別に推定された時間価値と労働賃金率との間には，明確な傾向が見いだせなかった．これには，地域別の高速道路の整備状況，地形的な特性などが推定結果に影響を及ぼしていると考えられるが，その原因の特定には，さらなる分析が不可欠である；4) 今回の分析は，ある特定の年のクロスセクショナルなデータのみを用いているため，その年に固有な要素が，経路選択行動に影響する可能性もある．道路交通センサスは，定期的に実施されてきていることから複数年のデータを用いた分析を行うことが望まれる；5) 今回の推定結果は，あくまでも推定された交通の時間価値が，高速道路サービスの利用による交通時間短縮に対する支払意思額である点にも留意が必要である．そのため，ここで得

られた推定結果を高速道路以外の道路における交通時間短縮に転用するのには限界がある．

6.3 我が国における交通の時間価値に関するメタ分析

6.3.1 はじめに

本節は，我が国の既往の交通行動分析に関する研究成果を用いて，交通の時間価値の全体的な傾向を分析することを目的とする．ここでは，メタ分析と呼ばれる研究アプローチを採用する．メタ分析とは，統計的分析のなされた複数の研究を収集し，いろいろな角度からそれらを統合したり比較したりする分析研究手法の1つであり，疫学，薬学，教育心理学等の分野で広く活用されてきている（例えば，Kulinskaya et al.[8]；Hunterm and Schmidt[9]）．交通分野においても，例えば，交通需要の価格弾力性に関する研究（Kremers et al.[10]）やガソリン需要の価格弾力性（Espey[11]）などでしばしばメタ分析が使われている．交通の時間価値に関するメタ分析としては，Wardman[1,2,12]や Abrantes and Wardman[13]が，英国を対象としてメタ回帰分析を行っている．以下では，日本のデータを用いて推定された交通の時間価値のデータを用いてメタ分析を行う（Kato et al.[14]）．

6.3.2 使用データの抽出

我が国では，土木計画学を中心にして，交通行動分析の研究が多数行われてきている．特に1970年代後半以降，非集計行動分析の普及とともに，交通時間と交通費用とが交通行動に与える影響を，離散選択行動モデルを用いて分析している研究が増加している．そこで，これらの中から，以下のプロセスで対象とする論文ならびにデータを抽出した．

第一に，我が国の消費者の旅客交通行動を対象としていること，個票データを使用した非集計的なモデルを使用していること，統計的に未知パラメータを推定する計量経済分析を行っていること，説明変数に交通時間と交通費用の両方が含

まれていること，論文掲載に何らかの審査（ペアレビュー）が行われていることを基準に，対象とする論文を，和文の論文集，ジャーナルから収集した．具体的に，論文収集の対象にしたものは，土木学会論文集，土木計画学研究・論文集，交通工学，都市計画論文集，運輸政策研究を中心とした10種類の論文集，ジャーナルである．この基準に従って，論文を選定した結果，81論文が抽出された．

第二に，これらの論文の中から，調査の詳細（例えば，調査方法，調査年月日，調査場所等）の記述が明確でないもの，データの詳細（例えば，サンプル数）の記述が明確でないもの，t値が記載されていないもの，定義が明確でない変数が含まれているものなどを含む論文を取り除いた．

第三に，残った論文全てに対して，交通時間と交通費用のt値を入力し，各変数のパラメータがゼロである，という帰無仮説が，少なくとも同時に90%有意水準で棄却されないようなモデルを選定した．また，尤度比についても0.1以下となるモデルを削除した．これにより，推定されたモデルの統計的有意性をある程度反映できるデータとなっているものと考えられる．

最後に，残ったモデル全てに対して，交通の時間価値を実際に算定した．次に，GDPデフレーターを用いて，求められた交通の時間価値を2000年実質価格へ調整した．GDPデフレーターの値は国民経済計算（内閣府）より，平成18年度確報（平成12年基準の固定基準年方式，1994-2006），平成10年度確報（平成2年基準，1955-1993）を参照した．その上で，交通の時間価値が上位2.5%ならびに下位2.5%のデータをそれぞれ異常値として削除することとした．なお，下位2.5%のデータを削除してもなお負値となるデータが残ったため，これらも異常値として削除した．

以上のプロセスを経て，最終的に1979〜2003年に発表された68論文に含まれる261の交通の時間価値をデータとして使用することとした．

次に，これらのデータについて，a）分析結果に関するデータ：交通時間および交通費用の係数パラメータの推定値，交通時間および交通費用の係数パラメータのt値，尤度比；b）研究手法に関するデータ：使用されているモデルの種類，モデルの選択肢集合に含まれる要素，モデルの説明変数およびその数；c）データの特性に関するデータ：パラメータ推定に使用されたサンプル数，調査実施年月，季節，平日/休日，調査対象地域，調査方法（SPデータ/RPデータ，調査票

配布方法);d) 移動特性に関するデータ:利用目的, 利用交通機関, 移動形態（都市内交通/都市間交通）; e) その他のデータ：研究実施年, 主著者および著者の所属, 調査実施者, 掲載論文, 調査実施年の国民1人当たりのGDPおよびその増加率, をそれぞれ収集し, 整理した.

6.3.3 データセットの特性分析

まず, データセットに含まれる68論文の特性を見ると, 第一に, 論文数で5.8%, 261の時間価値データのうち8.8%が交通の時間価値の推定を目的としているものである. 45.6%の論文, 42.9%の時間価値データが政策評価あるいは交通需要予測を第一目的としたものであった. 残りは, 実務的な適用を念頭に置かない科学的な行動分析に関心のあるものであった.

第二に, 30.9%の論文が1979年あるいは1980年代に収集されたデータを用いた分析であり, 55.9%が1990年代で, 13.2%が2000年代に収集されたデータを用いた分析であった.

第三に, 67.6%の論文, 70.1%の時間価値データが, 都市交通を対象とした分析を行ったものである一方で, 32.4%の論文, 52.1%の時間価値データが, 都市間交通を対象としたものであった.

第四に261の時間価値データのうち52.1%が平日の交通を対象にしている一方で, 13.8%が休日を対象にしたものであった.

表-6.9は, データの種類, 分析対象となる行動の文脈, 交通目的別に論文数とデータ数の分布を示したものである. これより, 論文数にして61.8%の論文が, 時間価値データ数にして57.5%のデータが, RPデータを用いたものであることが読み取れる. 一方で, 30.9%の論文（34.5%のデータ）がSP調査によるものである. 8.8%の論文がRPとSPの両データを用いたモデル推定を行っており, データ数で言えばこれは8.0%に当たる. なお, RPデータは, 都市内交通よりも都市間交通を対象とする論文で多く用いられる傾向があった.

過半数の論文およびデータが交通手段選択を対象としたモデル推定を行っており, 25%の論文（38.3%のデータ）において経路選択行動が対象とした分析がなされている. これは, 日本においては, 特に東京圏のような大都市において, 鉄道経路の選択行動分析がしばしば行われていることを反映しているものと思わ

表-6.9 データ種類，行動文脈，交通目的別の論文数，データ数の分布

	論文数（%）			データ数（%）		
	都市内	都市間	合計	都市内	都市間	合計
データ種類						
RP	45.7	86.4	61.8	47.2	89.1	57.5
SP	43.5	9.1	30.9	43.7	6.3	34.5
RP+SP	10.8	4.5	8.8	9.1	4.6	8.0
行動の文脈						
交通手段選択	65.2	50.0	60.3	51.8	48.4	51.0
経路選択	30.4	13.6	25.0	46.2	14.1	38.3
目的地選択	2.2	22.7	8.8	0.5	17.2	4.6
空港選択	0.0	18.2	5.9	0.0	17.2	4.2
駐車場所選択	4.3	4.5	4.4	1.5	3.1	1.9
交通目的						
業務	2.2	27.3	10.3	1.0	20.3	5.7
通勤	26.1	0.0	17.6	20.3	0.0	15.3
通学	10.9	0.0	7.4	9.1	0.0	6.9
通勤・通学	34.8	0.0	23.5	36.0	0.0	27.2
私事	23.9	22.7	23.5	14.2	14.1	14.2
余暇	4.3	45.5	17.6	3.6	35.9	11.5
その他	21.7	50.0	30.9	15.8	29.7	19.2

れる．他の国では，単一の企業あるいは経営者によって同一の運賃表のもとで鉄道サービスが提供されているケースが多いが，日本では複数の鉄道事業者が異なる鉄道ネットワーク，運賃，交通時間等のサービス下で競争をしているため，日本では，鉄道経路選択行動分析が広く研究者の関心を集めているのだと考えられる．データ数で65.4％の時間価値は，都市内の通勤または通学を対象として求められたものだが，都市内の業務交通に関してはわずか1％にすぎない．なお，「通勤・通学」という項目は，通勤交通と通学交通に関するデータを同時に使用することによって得られたものであることを意味する．

表-6.10 は，選択肢集合に含まれる交通手段をもとに，データセット内の論文およびデータの分布を示したものである．

これより，論文数にして26.5％，データ数にして21.5％が自動車，鉄道，バスを選択肢に含むことが読み取れる．都市内交通を対象としたもののうち，論文

表-6.10 選択肢集合内交通手段別の論文,データ数の分布

選択肢集合	論文数（％）			データ数（％）		
	都市内	都市間	合計	都市内	都市間	合計
自動車,鉄道,航空,バス	0.0	13.6	4.4	0.0	21.9	5.4
自動車,鉄道,航空	0.0	9.0	2.9	0.0	9.4	2.3
自動車,鉄道,バス	26.1	27.2	26.5	21.8	20.3	21.5
自動車,鉄道	8.7	13.6	10.3	5.1	9.4	6.1
自動車,バス,徒歩	2.2	0.0	1.5	3.1	0.0	2.3
鉄道,航空	0.0	18.1	5.9	0.0	14.1	3.4
鉄道,バス,徒歩	2.2	0.0	1.5	8.1	0.0	6.1
鉄道,バス	4.3	0.0	2.9	1.5	0.0	1.1
バス,徒歩	2.2	0.0	1.5	0.5	0.0	0.4
鉄道	26.1	0.0	17.6	34.5	0.0	26.1
航空	0.0	13.6	4.4	0.0	7.8	1.9
バス	2.2	0.0	1.5	1.0	0.0	0.8
鉄道,自動車,P&R	4.3	0.0	2.9	16.3	0.0	12.3
その他	23.4	13.6	20.6	8.1	17.1	10.3

数にして 26.1％,データ数にして 34.5％が鉄道の経路選択を対象としたモデル推定を行っている.

6.3.4 データセットの交通の時間価値の基礎特性

表-6.11 は,交通目的,平日/休日,データ種類,都市内/都市間,交通属性別に交通の時間価値の分布を整理したものである.ここでは,それぞれについて,平均値,標準偏差,25％点,中央値,75％点が示されている.

これより,まず,交通目的について,以下のような点が読み取れる.交通の平均時間価値は,交通目的によってかなり異なっていることがわかる.例えば,業務交通の時間価値は 157.7 円/分であり,全ての交通目的の中で最も高くなっている.業務交通には,雇用者と被雇用者の両方が含まれているが,残念ながらこれらの時間価値を分離するためのデータは存在していない.ただし,全ての業務交通の時間価値は RP データに基づいて推定されていることから,以上の結果は被雇用者というよりも雇用者の時間価値であると考えるのが自然であると思われる.通学の時間価値は 11.6 分/円となっており,最も小さい値となっている.通

表-6.11 交通目的,平日/休日,データ種類,都市内/都市間,交通属性別の時間価値分布特性

	平均	標準偏差	25%	50%	75%	データ数
交通目的						
業務	157.7	152.9	61.1	75.9	230.5	15
通勤	40.9	30.4	14.8	38.0	57.8	40
通学	11.6	5.7	6.7	11.5	16.0	18
通勤・通学	40.6	32.4	14.1	31.7	57.9	71
私事	39.2	22.6	21.1	31.3	60.7	37
余暇	55.8	66.8	18.2	32.8	58.9	30
その他	48.6	69.8	12.7	26.8	55.8	50
平日／休日						
平日	43.4	50.8	13.4	27.6	59.0	137
休日	48.6	63.2	14.2	25.8	53.7	36
データ種類						
RP	57.1	71.8	20.1	36.8	62.2	150
SP	40.6	50.1	13.0	23.9	56.7	90
RP+SP	20.2	24.8	6.2	10.7	20.5	21
都市内／都市間						
都市内	34.1	27.7	13.4	24.8	50.1	197
都市間	92.5	107.2	29.4	58.8	104.6	64
交通属性						
アクセス・イグレス時間	52.7	81.8	19.1	32.2	58.3	48
駅での待ち時間	36.6	31.1	14.2	31.1	46.7	18
駅での乗換時間	38.7	21.5	20.0	33.4	57.1	16
乗車時間	30.3	31.1	11.8	17.5	39.4	65

勤の時間価値は，40.9円/分となった．ちなみに，2000年時点での平均労働賃金率は，約41.0円/分であった（章末の**表-6.A**を参照のこと）．興味深いことに，余暇交通の時間価値が通勤の時間価値よりも高くなっている．これは，おそらく余暇交通の32の時間価値のうち25が都市間交通を対象としているものであるためだと思われる．

第二に，平日の平均時間価値は43.4円/分である一方で，休日の時間価値は48.6円/分である．平日と休日の時間価値に差がないという帰無仮説をt検定によって検定したところ，t値は0.45となり，この帰無仮説は棄却されなかった．つまり，この2つの時間価値は，統計的に見て，違わないと言える．

第三に，RPデータを用いて推定された時間価値の平均値は57.1円/分となった一方で，SPデータを用いて推定された時間価値の平均値は40.6円/分となった．2つの平均値に差がないという帰無仮説をt検定によって検定したところ，t値は2.08となり，95%有意水準で，2つの平均値に差があることが示された．RP/SP融合モデルによって推定された時間価値については，それが現実を反映しているかどうかにやや疑問がある．なぜならば，RP/SP融合モデルを用いている6論文のうち4論文，これは21個の時間価値データのうち16データが，実務的な適用を念頭に置かない科学的な交通行動分析を目的として推定されたものだからである．

　第四に，都市間交通の平均時間価値は92.5円/分であるのに対し，都市内交通の平均時間価値は34.1円/分となった．都市間交通の時間価値の方が，有意に都市内交通の時間価値よりも高い結果が得られた．これは，都市間交通の方が，都市内交通よりも移動距離が長いことが原因であると考えられる．既往研究でも示されているように，一般的には，距離が長いほど交通の時間価値は高くなる傾向にある（例えば，Axhausen et al.[15]）．

　第五に，乗車時間の平均時間価値は30.3円/分となった一方で，アクセス・イグレス時間，待ち時間および乗換時間の時間価値は，乗車時間の時間価値よりも有意に高い結果となった．乗車時間換算で見たとき，アクセス・イグレス時間，乗車駅における待ち時間および駅での乗換時間の比率は，それぞれ1.74，1.21，1.28となった．ちなみに，英国のデータを使ったWardman[1]の分析結果によれば，アクセス時間，待ち時間および徒歩・待ち時間の乗車時間換算比率は，それぞれ1.81，1.47，1.46である．したがって，徒歩や待ち時間の比率は日本と英国でほぼ同一であると結論づけられるであろう．ちなみに，アクセス・イグレス時間の平均時間価値が，乗車時間の時間価値と差がないという帰無仮説をt検定によって検定したところ，t値は1.80となり有効水準90%で棄却された．つまり，アクセス・イグレス時間の時間価値は，乗車時間の時間価値と有意に異なることを意味する．一方で，待ち時間と乗換時間の平均値が，それぞれ乗車時間と差がないという帰無仮説を検定したところ，t検定値はそれぞれ0.75，1.26となり，これらについては帰無仮説が棄却できなかった．つまり，統計的には，待ち時間，乗換時間と乗車時間とは異ならないことを意味する．

最後に，時間価値データを，データの収集された調査実施年に応じて並べたところ，調査実施年と時間価値との間には，有意な相関関係を見いだすことはできなかった．

6.3.5 交通の時間価値に関するメタ回帰分析
（1）メタ回帰分析の基本的な考え方

以下では，個々の研究成果から得られた交通の時間価値の推定値を従属変数とし，各研究成果の特性を独立変数として回帰分析を行う．本研究は，Stanley and Jarrell[16]の示す手法に従って，メタ回帰分析を行うこととした．回帰式としては，以下に示される対数線形関数による回帰式[12]を用いることにする．

$$\ln(VOT_i) = \mu + \alpha \ln GDP_i + \sum_{j=1}^{p} \beta_j Z_{ij} + \varepsilon_i \tag{6.8}$$

ここで，VOT_i：i番目の交通の時間価値データ，μ：定数項，GDP_i：i番目の時間価値データのGDPに関わる変数，Z_{ij}：i番目の時間価値データに関する0か1で表されるダミー変数，ε_i：平均0の正規分布に従う誤差項，α，β_j：係数パラメータを表す．なお，αは以下の式を満たすので，GDPに関する時間価値の弾性値となる．

$$\alpha = \frac{d(VOT_i)}{d(GDP_i)} \cdot \frac{GDP_i}{VOT_i} \tag{6.9}$$

回帰式推定に当たって使用した説明変数の定義は，**表-6.12**の通りである．

（2）推定結果

a）全データを用いた場合のメタ回帰式の推定結果

全データをプールした上で，推定した結果を示したものが**表-6.13**である．モデル1とモデル2は，それぞれ1人当たりGDPを変数として含まないものと，含むものである．モデルの決定係数は，それぞれ0.65，0.66となった．

各変数に関わる係数パラメータの推定結果に関して，以下のような点が読み取れる．

第一に，選択文脈，モデルの種類はいずれも，あまり結果に影響を及ぼさないようである．

表-6.12 メタ回帰分析において使用する変数の定義一覧

選択文脈	経路選択		経路選択行動を対象としたモデルによって推定された時間価値のとき1，そうでなければ0
	目的地選択		目的地選択行動を対象としたモデルによって推定された時間価値のとき1，そうでなければ0
	駐車場選択		駐車場選択行動を対象としたモデルによって推定された時間価値のとき1，そうでなければ0
	空港選択		空港選択行動を対象としたモデルによって推定された時間価値のとき1，そうでなければ0
モデル種類	MNL		MNLモデルを用いて推定された時間価値のとき1，そうでなければ0
	MXL		MXLモデルを用いて推定された時間価値のとき1，そうでなければ0
	NL		NLモデルを用いて推定された時間価値のとき1，そうでなければ0
	MNP		MNPモデルを用いて推定された時間価値のとき1，そうでなければ0
	Others		上記以外のモデルを用いて推定された時間価値のとき1，そうでなければ0
年齢	65歳以上		65歳以上のデータのみを用いて推定された時間価値のとき1，そうでなければ0
	不明		使用されたサンプルデータの年齢が不明のとき1，そうでなければ0
データ種類	RP		RPデータに基づいて推定された時間価値のとき1，そうでなければ0
	SP+RP		SP・RP融合データに基づいて推定された時間価値のとき1，そうでなければ0
交通目的	通勤		通勤交通を対象とした時間価値のとき1，そうでなければ0
	通学		通学交通を対象とした時間価値のとき1，そうでなければ0
	通勤通学		通勤・通学交通を対象とした時間価値のとき1，そうでなければ0
	私事		私事交通を対象とした時間価値のとき1，そうでなければ0
	観光		観光交通を対象とした時間価値のとき1，そうでなければ0
	その他		その他の業務以外の目的の交通を対象とした時間価値のとき1，そうでなければ0
平日/休日	休日		休日を対象とした時間価値のとき1，そうでなければ0
	不明		対象とする日が休日と限定されていない時間価値のとき1，そうでなければ0
交通属性	アクセス/イグレス		公共交通の駅へのアクセスあるいは，駅からのイグレスを対象とした時間価値のとき1，そうでなければ0
	出発駅待ち時間		出発駅での待ち時間を対象とした時間価値のとき1，そうでなければ0
	駅乗換時間		鉄道駅での乗換時間を対象とした時間価値のとき1，そうでなければ0
	運行間隔		公共交通の運行間隔を対象とした時間価値のときは1，そうでなければ0
	パーキングタイム		駐車時間を対象とした時間価値のときは1，そうでなければ0

6.3 我が国における交通の時間価値に関するメタ分析

		乗車時間	乗車時間を対象とした時間価値のときは1，そうでなければ0
		徒歩	徒歩時間を対象とした時間価値のときは1，そうでなければ0
		その他	上記以外の時間を対象とした時間価値のときは1，そうでなければ0
研究目的		政策評価	政策評価を目的とした研究において推定された時間価値のときは1，そうでなければ0
		行動分析	行動分析を目的とした研究において推定された時間価値のときは1，そうでなければ0
都市内‐都市間		都市間	都市間交通を対象とした時間価値のとき1，そうでなければ0
選択肢に含む		鉄道	選択肢に鉄道が含まれるモデルから推定された時間価値のときは1，そうでなければ0
		自動車	選択肢に自動車が含まれるモデルから推定された時間価値のときは1，そうでなければ0
		バス	選択肢にバスが含まれるモデルから推定された時間価値のときは1，そうでなければ0
		航空	選択肢に航空が含まれるモデルから推定された時間価値のときは1，そうでなければ0
		フェリー	選択肢にフェリーが含まれるモデルから推定された時間価値のときは1，そうでなければ0
		徒歩	選択肢に徒歩が含まれるモデルから推定された時間価値のときは1，そうでなければ0
		パークアンドライド	選択肢にパークアンドライドが含まれるモデルから推定された時間価値のときは1，そうでなければ0
クロスダミー		航空かつ経路選択	航空でかつ経路選択のモデルから推定された時間価値のときは1，そうでなければ0
		航空かつ目的地	航空でかつ目的地選択のモデルから推定された時間価値のときは1，そうでなければ0
		航空かつ空港選択	航空でかつ空港選択のモデルから推定された時間価値のときは1，そうでなければ0
GDP		1人当たり実質GDP	調査実施年における1人当たり実質GDP（100万円）

注1：MNLとはMultinomial Logitモデル（多項ロジットモデル），MXLとはMixed Logitモデル（ミックスドロジットモデル），NLとはNested Logitモデル（入れ子ロジットモデル），MNPとはMultinomial Probitモデル（多項プロビットモデル）をそれぞれ指す．

注2：RPとはRevealed Preference（顕示選好）データ，SPとはStated Preference（表明選好）データ，SP＋RPとは，両データを同時に使用していることをそれぞれ意味する．

　第二に，年齢については，いずれのモデルにおいても統計的な有意性は低いものの，高齢者の時間価値が低くなる傾向がうかがえる．

　第三に，データ種類に関しては，特にRPに関してモデル2において有意に正値が得られ，モデル1でも有意性がやや低いものの正値が得られた．これは，RPデータを用いると時間価値が高くなる傾向にあることを意味する．

　第四に，交通目的については，一部で統計的に有意な結果が得られた．まず，

表-6.13 全データを用いた場合のメタ回帰モデル推定結果

変数		モデル1			モデル2		
		推定値	t値		推定値	t値	
選択文脈	経路選択	0.28	1.12		0.36	1.45	
	目的地選択	-0.46	-1.21		-0.37	-0.99	
	駐車場選択	-0.15	-0.34		-0.02	-0.04	
	空港選択	0.23	0.61		0.14	0.36	
モデル種類	MNL	0.02	0.08		-0.02	-0.12	
	MXL	0.22	0.57		0.15	0.40	
	NL	-0.31	-1.40		-0.35	-1.56	
	MNP	-0.30	-0.88		-0.34	-1.01	
	Others	0.01	0.04		-0.10	-0.41	
年齢	65歳以上	-0.50	-1.29		-0.46	-1.18	
	不明	-0.52	-1.52		-0.44	-1.29	
データ種類	RP	0.31	1.63		0.31	1.64	*
	SP+RP	0.15	0.57		0.17	0.66	
交通目的	通勤	-0.12	-0.43		-0.08	-0.31	
	通学	-1.20	-3.81	***	-1.28	-4.08	***
	通勤通学	-0.36	-1.29		-0.32	-1.16	
	私事	-0.76	-2.37	**	-0.74	-2.33	**
	観光	-0.75	-1.96	**	-0.72	-1.89	*
	その他	-0.63	-2.09	**	-0.53	-1.74	*
平日/休日	休日	0.26	0.69		0.20	0.54	
	不明	0.38	1.59		0.33	1.40	
交通属性	アクセス・イグレス	0.66	3.33	***	0.63	3.23	***
	出発駅待ち時間	0.83	3.39	***	0.72	2.92	***
	駅乗換時間	0.74	2.79	***	0.66	2.52	**
	運行間隔	-0.71	-2.43	**	-0.59	-2.01	**
	パーキングタイム	-0.82	-2.09	**	-0.79	-2.05	**
	乗車時間	0.16	0.84		0.13	0.70	
	徒歩	0.36	0.95		0.32	0.83	
	その他	0.31	0.56		0.24	0.44	
研究目的	政策評価	-0.38	-1.89	*	-0.34	-1.69	*
	行動分析	-0.29	-1.33		-0.15	-0.68	
都市内/都市間	都市間	0.47	1.63		0.41	1.43	
選択肢に含む	鉄道	0.04	0.19		0.10	0.47	
	自動車	0.64	2.98	***	0.62	2.91	***
	バス	-0.60	-3.36	***	-0.45	-2.36	**
	航空	1.35	3.57	***	1.29	3.45	***

変数		モデル1			モデル2		
		推定値	t値		推定値	t値	
	フェリー	-1.20	-2.50	**	-1.10	-2.30	**
	徒歩	0.22	0.90		0.12	0.46	
	パークアンドライド	1.13	4.69	***	0.99	4.04	***
クロスダミー	航空かつ経路選択	-0.67	-1.71	*	-0.61	-1.58	
	航空かつ目的地	0.19	0.35		0.47	0.87	
	航空かつ空港選択	0.02	0.03		0.37	0.41	
GDP	1人当たり実質GDP	-	-		0.31	2.23	**
定数項	定数項	3.42	6.21	***	2.05	2.50	**
R^2			0.65			0.66	
サンプル数			261			261	

注:*は信頼水準90％で統計的に有意であること，**は信頼水準95％で統計的に有意であること，***は信頼水準99％で統計的に有意であることをそれぞれ意味する．

いずれのモデルでも，通学の係数が統計的に有意に負値となった．これは，通学交通の時間価値が，業務交通の時間価値よりも有意に低いことを意味している．同様に，私事交通，観光交通の時間価値も有意に負値となっている．いずれも合理的な結果だと考えられる．

第五に，平日/休日については，いずれもモデルでも統計的に有意な結果が得られなかった．

第六に，交通属性については，一部に，統計的に有意な結果が得られた．まず，アクセス・イグレス時間，出発駅待ち時間，駅乗換時間については，いずれも有意に正値であるという結果が得られた．これらは，合理的な結果であると考えられる．一方で，運行間隔とパーキングタイムについては，有意に係数が負値であるという結果が得られた．これも，合理的な結果と言える．

第七に，研究目的については，政策評価がいずれのモデルにおいても有意に負値となった．これは，政策評価を目的とする場合には，時間価値が低くなることを意味している．

第八に，都市内/都市間については，いずれのモデルも有意性は低いものの正値と推定された．これより，都市間交通の時間価値は高い傾向にあるようである．

第九に，選択肢に含まれる交通手段についてであるが，まず，自動車，航空，パークアンドライドの係数が，いずれのモデルでも統計的に見て有意に正値であ

るという結果が得られた.一方で,バスとフェリーは,統計的に有意に負値となった.

最後に,1人当たりGDPについては,統計的に有意に正値という結果が得られた.ただし,弾性値は,0.31となっている.これは,英国における過去45年間のデータを用いたメタ分析の最新成果(Abrantes and Wardman[13])が0.9であるのに比べるとかなり低い値となっている.

b) 都市内交通データを用いた場合のメタ回帰式の推定結果

次に都市内交通の時間価値データのみを用いて,メタ回帰式を推定した結果を示したものが**表-6.14**である.モデル3とモデル4は,それぞれ1人当たりGDPを変数として含まないものと含むものである.

各変数に関わる係数パラメータの推定結果に関して,以下のような点が読み取れる.

第一に,選択文脈に関しては,いずれのモデルにおいても,経路選択が有意に正値である一方で,目的地選択と駐車場選択で有意に負値という結果が得られた.駐車場選択に関しては,いずれのモデルも有意に正値という結果が得られた.つまり,都市内交通では,経路選択を対象としたモデルからは高めの時間価値が得られ,目的地選択や駐車場選択を対象としたモデルからは低めの時間価値が得られることを意味する.経路選択モデルによる時間価値が高くなるのは,主に東京圏など所得水準の高い人々の多い大都市の鉄道経路選択モデルを用いた研究が多いためだと考えられる.

第二に,モデルの種類に関しては,いずれのモデルにおいてもMNPが統計的に有意に正値となった.これも,日本では,MNPが主に東京圏の鉄道ネットワークにおける経路選択モデルで使用されているためだと思われる.

第三に,年齢に関しては,統計的な有意性は低いものの,65歳以上だと時間価値は低くなる傾向にあるようである.

第四に,データ種類に関しては,いずれのモデルにおいても,RPが統計的に有意に負値という結果が得られた.これは,都市内交通の文脈では,RPデータを用いた場合,そうでない場合よりも時間価値が低いことを意味する.ちなみに,既存の研究成果とは逆の傾向である.例えば,英国の最新のメタ分析[13]では,SPデータを用いて推定された時間価値の方が,RPデータを用いて推定された

表-6.14 都市内交通データを用いた場合のメタ回帰モデル推定結果

変数		モデル3 推定値	t値		モデル4 推定値	t値	
選択文脈	経路選択	0.51	1.86	*	0.58	2.02	**
	目的地選択	-2.50	-2.81	***	-2.36	-2.61	***
	駐車場選択	-1.49	-2.86	***	-1.44	-2.73	***
	空港選択	-0.17	-0.89		-0.20	-1.03	
モデル種類	MNL	-0.19	-0.30		-0.38	-0.56	
	MXL	-0.02	-0.05		0.02	0.05	
	NL	-0.62	-1.46		-0.72	-1.62	
	MNP	0.52	2.17	**	0.48	1.97	**
	Others	-0.18	-0.56		-0.18	-0.56	
年齢	65歳以上	-0.48	-1.62		-0.45	-1.49	
	不明	0.03	0.15		0.04	0.21	
データ種類	RP	-0.54	-1.93	*	-0.48	-1.65	*
	SP+RP	0.20	0.45		0.20	0.45	
交通目的	通勤	-1.00	-2.17	**	-1.03	-2.22	**
	通学	-0.14	-0.31		-0.11	-0.24	
	通勤通学	-0.62	-1.18		-0.62	-1.17	
	私事	-1.23	-1.64	*	-1.28	-1.69	*
	観光	-0.26	-0.46		-0.17	-0.30	
	その他	0.16	0.30		0.15	0.27	
平日/休日	休日	0.46	1.74	*	0.46	1.73	*
	不明	0.43	2.20	**	0.42	2.12	**
交通属性	アクセス・イグレス	0.64	2.80	***	0.60	2.53	**
	出発駅待ち時間	0.53	2.24	**	0.50	2.08	**
	駅乗換時間	-0.72	-2.83	***	-0.69	-2.69	***
	運行間隔	-0.77	-1.53		-0.83	-1.62	
	パーキングタイム	-0.02	-0.13		-0.04	-0.23	
	乗車時間	0.30	0.91		0.27	0.80	
	徒歩	-0.19	-0.39		-0.21	-0.44	
	その他	-0.38	-1.84	*	-0.36	-1.76	*
研究目的	政策評価	-0.08	-0.30		0.01	0.02	
	行動分析	-1.25	-4.64	***	-1.19	-4.28	***
選択肢に含む	自動車	0.63	2.71	***	0.64	2.72	***
	バス	-0.85	-3.17	***	-0.83	-3.05	***
	徒歩	-0.23	-0.93		-0.27	-1.08	
	パークアンドライド	0.77	2.52	**	0.69	2.17	**
GDP	1人当たり実質GDP	-	-		0.11	0.83	
定数項	定数項	4.69	7.63	***	4.13	4.49	***
R^2			0.65			0.70	
サンプル数			197			197	

注:*は信頼水準90%で統計的に有意であること,**は信頼水準95%で統計的に有意であること,***は信頼水準99%で統計的に有意であることをそれぞれ意味する.

時間価値よりも低くなる傾向が示されている．SP データの方が低くなる理由として，SP 調査で人々が費用に対して過剰に反応する点が挙げられている．我々のデータでこのような結果が得られた理由は明確でない．

第五に，交通目的に関しては，通勤と私事が有意に負値になっている．それに比べ，通学に関しては，驚くべきことに統計的に有意な結果が得られていない．

第六に，平日/休日に関しては，いずれのモデルにおいても，休日の方が時間価値が高いという，結果が得られている．

第七に，交通属性に関しては，いずれのモデルでも，アクセス・イグレス時間，出発駅待ち時間が有意に正値という結果が得られた．いずれも合理的な結果と言える．その一方で，意外にも，駅乗換時間については，有意に負値となった．この原因は明らかでない．

第八に，研究目的に関しては，いずれのモデルにおいても行動分析については，有意に負値となった．これは，行動分析を目的として推定されたモデルから得られた時間価値は，有意に低いことを意味する．

第九に，選択に含まれる交通手段であるが，いずれのモデルにおいても自動車とパークアンドライドは有意に正値，バスは有意に負値という結果が得られた．これは，自動車の時間価値が高めでバスの時間価値は低めであることを意味している．

最後に，1 人当たり GDP についてであるが，都市内交通のケースでは，統計的に有意な結果が得られなかった．

c) 都市間交通データを用いた場合のメタ回帰式の推定結果

最後に，都市間交通の時間価値データのみを用いて，メタ回帰式を推定した結果を示したものが**表-6.15** である．モデル 5 とモデル 6 は，それぞれ 1 人当たり GDP を変数として含まないものと含むものである．

各変数に関わる係数パラメータの推定結果に関して，以下のような点が読み取れる．

第一に，選択文脈に関しては，いずれのモデルに関して統計的に有意な結果を得ることができなかった．

第二に，モデル種類に関して，いずれのモデルにおいて MNL で統計的に有意に正値，NL と Others で統計的に有意に負値という結果が得られた．

6.3 我が国における交通の時間価値に関するメタ分析

表-6.15 都市間交通データを用いた場合のメタ回帰モデル推定結果

変数		モデル5 推定値	t値		モデル6 推定値	t値	
選択文脈	経路選択	-0.94	-1.65		-0.94	-1.63	
	目的地選択	0.42	1.01		0.44	0.93	
	空港選択	-0.30	-0.47		-0.30	-0.46	
モデル種類	MNL	1.45	2.34	**	1.45	2.28	**
	MXL	0.59	1.05		0.59	1.03	
	NL	-0.66	-2.28	**	-0.66	-2.25	**
	MNP	0.69	0.86		0.69	0.85	
	Others	-2.48	-4.08	***	-2.49	-3.95	***
年齢	不明	-0.34	-0.26		-0.37	-0.27	
データ種類	RP	0.15	0.18		0.15	0.18	
交通目的	私事	-0.17	-0.26		-0.17	-0.25	
	観光	-0.17	-0.31		-0.16	-0.30	
	その他	-0.34	-0.47		-0.33	-0.45	
平日/休日	休日	-0.04	-0.07		-0.04	-0.06	
	不明	0.01	0.01		0.00	0.01	
交通属性	アクセス・イグレス	0.98	1.78	*	0.98	1.75	*
	乗車時間	2.54	4.30	***	2.55	4.22	***
研究目的	政策評価	0.29	0.45		0.30	0.45	
	行動分析	-0.11	-0.14		-0.10	-0.13	
選択肢に含む	鉄道	2.36	4.22	***	2.36	4.16	***
	自動車	0.14	0.18		0.14	0.17	
	バス	-1.33	-1.87	*	-1.32	-1.84	*
	航空	-0.04	-0.09		-0.03	-0.07	
	フェリー	-1.57	-1.55		-1.57	-1.53	
GDP	1人当たり実質GDP				0.03	0.08	
定数項	定数項	2.80	1.62		2.69	1.23	
R^2			0.88			0.88	
サンプル数			64			64	

注:＊は信頼水準90％で統計的に有意であること，＊＊は信頼水準95％で統計的に有意であること，＊＊＊は信頼水準99％で統計的に有意であることをそれぞれ意味する．

　第三に，年齢，データ種類，交通目的，平日/休日，研究目的，1人当たりGDPに関しては，いずれも統計的に有意な結果を得ることができなかった．

　第四に，交通属性については，アクセス・イグレスと乗車時間が，有意に正値となった．乗車時間の推定値の方が，アクセス・イグレスの推定値よりも大きい

ことから，都市間交通では，アクセス・イグレス交通よりも乗車時間の方が，時間価値が高いことを意味する．

　第五に，選択肢に含まれる交通手段に関しては，いずれのモデルにおいて，鉄道が統計的に有意に正値という結果が得られた一方で，バスについては，統計的に有意に負値となった．

6.3.6　メタ分析の結果のまとめ

　以上の結果を総合的に勘案すると，我が国の交通の時間価値データを用いたメタ分析より，以下のような傾向が指摘できる．

- 選択の文脈は，基本的に時間価値の推定結果にあまり影響を及ぼさない．都市内交通の分析で，経路選択行動を対象としたモデルにおいて時間価値が高めに推定されるという結果が得られたが，これは，我が国の都市内交通の経路選択行動分析の多くが大都市圏の鉄道経路選択行動を対象としていることに起因するものであって，経路選択そのものが，時間価値の推定値に影響を及ぼしているとは考えられない．
- 推定に使用されるモデルの種類も，基本的に時間価値の推定結果に影響を及ぼさない．都市内交通の分析で，MNPモデルの時間価値が高めに推定される結果が得られているが，これは，選択の文脈と同様に，東京圏の鉄道においてMNPモデルが多数使用されていることに起因する．ただし，都市間交通の分析で，MNLモデルが高めに，NLモデルで低めに時間価値が推定される傾向がある点については，原因が明確でない．
- 年齢に関しては，高齢者の方が非高齢者よりも時間価値が低くなる傾向が見られた．
- データ種類に関しては，特定の傾向が見られなかった．全データを用いた分析からは，RPデータの方が時間価値が高くなる傾向が得られたものの，都市内交通においてはRPデータの方が統計的に時間価値の低いことが示された．これは，他国の事例とは異なる傾向であり，さらなる精査が必要である．
- 交通目的については，アクセス・イグレス，出発駅待ち時間，駅乗換時間は，基本的にいずれも時間価値は高めとなることが示された．ただし，都市内交通の分析において，意外にも，駅乗換時間が負値という結果が得られている

ことから，その原因についてはさらなる精査が必要である．
- 研究目的については，必ずしも明確な傾向が見いだされなかった．
- 都市間交通と都市内交通との比較では，統計的な有意性はやや低いものの，都市間交通の方が，時間価値が高い傾向にあることが示された．
- 交通手段に関しては，全体的にバスの時間価値が低めであり，航空の時間価値が高めであることが示された．特に，都市内では自動車の時間価値が他よりも高めである一方で，都市間では鉄道の時間価値が他よりも高めであることが判明した．
- 1人当たりGDPに関しては，基本的に正の弾性値を持つことが確認された．ただし，その値は，0.3程度と，英国の事例と比較してかなり低めの数値であることが明らかとなった．

6.4 我が国におけるSPデータを用いた道路交通の時間価値推定

6.4.1 はじめに

本節では，我が国を対象に，SP調査データによって道路交通の時間価値を推定することを試みる．我が国では，SP調査データによって交通の時間価値を推定した事例が限られているため，どのような調査方法が適しているのかについての知見が十分とは言えない．当然ながら，SP調査の実施に当たっては，調査票の設計を丁寧に行い，できる限りバイアスの少ない調査結果が得られるよう努力する必要がある．

そこで，以下では，交通の時間価値推定を目的としたSP調査設計方法を検討し，それを実際に実施することによって，個票データを収集して，そのデータをもとに交通の時間価値を推定する．ここでは，いわゆるRP-off-SPタイプの調査を実施している．これは，まず実際の行動選択結果について質問をした後に，行動結果をベースに人々の表示選好を問うという方法である．また，同一の調査を，インターネットを用いたウェブ調査と，紙ベースの直接配布郵送回収調査の両方で行い，これらによって得られる結果の比較も行う．

6.4.2 SP調査の設計

(1) 調査設計の基本方針

a) 対象とする選択行動

　今回の調査の目的は，自家用乗用車による道路利用者の交通の時間価値推定とする．そのためには，道路ネットワーク上の経路選択から交通の時間価値を推定することが望ましいと考えられる．ただし，我が国の道路ネットワークの特性を考慮した場合，一般道路間（一般道路対一般道路）の選択行動を対象とするのは，1) 一般道路の経路を特定することが被験者にとって困難であること，2) 一般道路は無料であるために，交通費用が主に燃料費用（あるいはタイヤや車両の消耗費用）のみとなるが，利用者が経路間のこれらの費用差を認識しているかどうかが疑わしいこと，から適当ではないと考えられる．また，（高速道路ではない）有料道路と一般道路との選択を対象とすることも可能であるが，我が国では有料道路が比較的限定されていることから，被験者がイメージしづらいのではないかと懸念される．

　以上の理由から，高速道路と一般道路との選択行動（二択問題）を対象とした調査を設計する．

b) SP調査の形式

　SP調査票の設計に当たって，英国やオランダで交通の時間価値推定のために，実際に使用されたSP調査票を事前に入手し，それらを参考としつつ，我が国の文脈を考慮した調査方式の検討を行った．

　まず，SP質問だけで構成される調査とするか，SPとRPの両方の質問を含む調査とするかを検討した．その結果，経路に関するSP質問を行う上で，実際の経路選択結果であるRPに関する質問を行う方が，SP質問を行うだけの場合よりも，得られる情報量が多いと考えられることから，SPとRPの両方の質問を含む調査を行うこととした．

　次に，SPで質問する経路選択を，RPに関する質問と完全に独立させて異なる文脈の経路選択とするか，それともRPに関する質問と同一の文脈の経路選択とするかについて検討を行った．SP調査に関する専門家の意見も反映した結果，最終的には，原則として，RP質問と同一の文脈の経路選択を尋ねることとした．具体的には，RP質問で得られた行動の発地と着地（ODペア）と行動目的，行

動時刻等をベースとして，SP質問に回答してもらう形式とする．結果的に，RP質問による高速道路利用をベースとして，そこから一般道路に転換するかどうかを尋ねる形式となった．なお，本調査では，交通の時間価値に加えて，同時に交通時間の信頼性価値に関する調査も実施しており，後者の調査の中で，RP質問とは独立した文脈での経路選択に関する質問を採用している．

c) 調査の対象と調査票配布数

調査規模は，紙ベースで250票，ウェブベースで250票の合計500票の回答が得られることを目標とした．紙ベースの調査については，過去の調査実績を参考に，有効回答率を10％と設定し，安全率も考慮して3 000票を配布することとした．

調査対象地としては，サンプル率を考慮して，人口20万人程度の都市とした．また，RPに関する質問を行うことから，利用者にとって，高速道路と一般道路の選択可能性が生じる地域であることが必要である．ここで，RPデータを用いた経路選択に関する分析で既に示されたように，（一般道所要時間）－（高速所要時間）が－20分～70分でなければ，人々の経路選択が行われないことから，これが満たされることを条件とした．首都圏近辺で，東京都心部との関係でこの条件が満たされる都市を検討した結果，最終的に，神奈川県厚木市を対象とすることにした．

(2) 質問項目の検討

質問項目および調査票のレイアウトの設計に関しては，次のように複数のステップを踏むことによって，被験者にとって回答しやすいものの作成を目指した．
・専門家インタビューをもとにたたき台となる調査票の作成
・グループインタビューによる一般市民の意見の聴取
・小規模のプレ調査の実施による調査票の妥当性の検討
・以上の手続きに基づいた調査票の改良

6.4.3 本調査の実施とデータセットの特性分析

(1) 本調査の実施

紙ベースの調査は，平成22年12月9日～10日に実施された．配布枚数3

000 票に対して，387 票（回収率 12.9%）の回答を得た．ウェブベースの調査は，平成 22 年 12 月 17 日〜20 日に実施され，306 票の回答が得られた．なお，総数 693 票のうち，発地着地が不明のものが，91 票含まれていた．

(2) 収集されたデータの特性

収集されたデータの特性を整理したものが，**表-6.16** である．

第一に，性別についてみると，紙ベース，ウェブベースとも，男性の割合が高い．これは，自家用車保有ならびに高速道路利用の割合が女性より男性の方が高いことを反映していると考えられる．

第二に，年齢階層構成についてみると，紙ベースでは，40 歳以上から 70 歳以上までの比較的高齢者の回答者の割合が高い一方で，ウェブベースでは，30 歳から 59 歳未満までの割合が高い．これは，紙ベースでは，若年世代の回答が低いというよく知られている状況と同じである．一方で，ウェブベースについては，インターネットアクセスになじみのある非高齢者の回答が多くなっていることを反映していると思われる．

第三に，職種構成をみると，紙ベース，ウェブベースとも，会社員・公務員（ドライバー以外）の割合が高い．これは，母集団の職種構成を反映したものだと考えられる．

第四に，年間所得階層を見ると，紙ベース，ウェブベースともに，400〜599 万円，600〜799 万円の割合が高い．

第五に，世帯人数についてみると，紙ベースでは 2 人が最も多いのに対して，ウェブベースでは 4 人が最も多くなっている．これは，紙ベースでは，高齢者の回答者が多い一方で，ウェブベースでは，30 代，40 代の回答者が多いことを反映しているものと思われる．

第六に，世帯の保有車両台数を見ると，紙ベース，ウェブベースともに 1 台が最も多く，次いで 2 台となっている．0 台の回答者がほとんどいないのは，本調査が自動車利用を対象としたものであるからである．

次に，回答者の高速道路利用の特性を示したものが，**表-6.17** である．

第一に，最近の高速道路利用について尋ねているが，高速道路の利用日は，平日よりも週末あるいは休日の方がやや多い結果となった．ただし，紙ベースでは，

表-6.16 SP調査回答者の属性に関する特性

個人属性	分類	紙ベース 人数	%	ウェブベース 人数	%	合計 人数	%
性別	男性	334	86.3	194	63.4	528	76.2
	女性	52	13.4	112	36.6	164	23.7
	不明	1	0.3	0	0.0	1	0.1
年齢階層	19歳以下	0	0.0	0	0.0	0	0.0
	20〜29歳	3	0.8	25	8.2	28	4.0
	30〜39歳	42	10.9	95	31.0	137	19.8
	40〜49歳	74	19.1	109	35.6	183	26.4
	50〜59歳	76	19.6	53	17.3	129	18.6
	60〜64歳	53	13.7	17	5.6	70	10.1
	65〜69歳	73	18.9	6	2.0	79	11.4
	70歳以上	64	16.5	1	0.3	65	9.4
	無回答・不明	2	0.5	0	0.0	2	0.3
職種	ドライバー	10	2.6	5	1.6	15	2.2
	会社員・公務員*	175	45.2	189	61.8	364	52.5
	自営業*	39	10.1	18	5.9	57	8.2
	学生	0	0.0	2	0.7	2	0.3
	アルバイト・パート・フリータ*	28	7.2	26	8.5	54	7.8
	専業主婦・主夫	27	7.0	47	15.4	74	10.7
	無職	95	24.5	14	4.6	109	15.7
	その他	10	2.6	5	1.6	15	2.2
	無回答・不明	3	0.8	0	0.0	3	0.4
免許保有年数	ゼロ	1	0.3	9	2.9	10	1.4
	1〜5年	3	0.8	8	2.6	11	1.6
	6〜10年	8	2.1	31	10.1	39	5.6
	11〜20年	44	11.4	95	31.0	139	20.1
	21年以上	325	84.0	163	53.3	488	70.4
	不明	6	1.6	0	0.0	6	0.9
年間所得階層	200万円未満	16	4.1	18	5.9	34	4.9
	200〜399万円	79	20.4	41	13.4	120	17.3
	400〜599万円	106	27.4	90	29.4	196	28.3
	600〜799万円	77	19.9	68	22.2	145	20.9
	800〜999万円	45	11.6	48	15.7	93	13.4
	1000万円以上	54	14.0	41	13.4	95	13.7
	無回答・不明	10	2.6	0	0.0	10	1.4

個人属性	分類	紙ベース		ウェブベース		合計	
		人数	%	人数	%	人数	%
世帯人数	単身	9	2.3	32	10.5	41	5.9
	2人	141	36.4	73	23.9	214	30.9
	3人	98	25.3	73	23.9	171	24.7
	4人	82	21.2	85	27.8	167	24.1
	5～9人	53	13.7	43	14.1	96	13.9
	無回答・不明	4	1.0	0	0.0	4	0.6
世帯保有車両台数	ゼロ	5	1.3	0	0.0	5	0.7
	1台	190	49.1	208	68.0	398	57.4
	2台	130	33.6	83	27.1	213	30.7
	3台	38	9.8	13	4.2	51	7.4
	4～6台	16	4.1	2	0.7	18	2.6
	無回答・不明	8	2.1	0	0.0	8	1.2

注：＊はドライバーを除く

平日の利用が週末・休日よりも多いのに対して，ウェブベースでは逆となっている．この理由は明らかでない．

第二に，高速道路の所要時間を見ると，60～120分が最も多く，次に，30～60分となっている．

第三に，利用した発地と着地について，利用した高速道路の代替経路となる一般道路の所要時間を見ると，60～120分，120～180分，180～300分がほぼ同じ割合となった．これは，紙ベースとウェブベースでほぼ同じ傾向にある．

第四に，利用した高速道路と一般道路の所要時間差を見てみると，60～120分が最も多く，次いで30～60分となっている．ただし，一般道路の方が所要時間の短い回答も得られており，回答の整合性に注意が必要だと考えられる．

第五に，利用した高速道路と一般道路の所要時間の比を見てみると，2～3倍が最も多く，次いで1.5～1.7倍となっている．

次に，回答者の高速道路利用時の特性を整理したものが表-6.18である．

第一に，高速道路利用時に使用されていた車種を見ると，約85％が乗用車であり，軽自動車は10％程度となっている．第二に，高速道路利用時の運転者については，自分で運転したケースが全体の約80％となっている．第三に，高速

6.4 我が国におけるSPデータを用いた道路交通の時間価値推定

表-6.17 SP調査回答者の高速道路利用の特性

行動特性	分類	紙ベース 人数	%	ウェブベース 人数	%	合計 人数	%
高速道路利用日	平日	193	49.9	115	37.6	308	44.4
	土曜	71	18.3	104	34.0	175	25.3
	日曜・祝日	89	23.0	87	28.4	176	25.4
	無回答・不明	34	8.8	0	0.0	34	4.9
高速道路所要時間	10分未満	0	0.0	2	0.7	2	0.3
	10～30分	12	3.1	17	5.6	29	4.2
	30～60分	72	18.6	66	21.6	138	19.9
	60～120分	167	43.2	138	45.1	305	44.0
	120～180分	56	14.5	57	18.6	113	16.3
	180～300分	25	6.5	21	6.9	46	6.6
	300分以上	22	5.7	4	1.3	26	3.8
	不明	33	8.5	1	0.3	34	4.9
代替一般道路所要時間	10分未満	0	0.0	0	0.0	0	0.0
	10～30分	2	0.5	4	1.3	6	0.9
	30～60分	9	2.3	11	3.6	20	2.9
	60～120分	110	28.4	89	29.1	199	28.7
	120～180分	106	27.4	88	28.8	194	28.0
	180～300分	89	23.0	84	27.5	173	25.0
	300分以上	32	8.3	29	9.5	61	8.8
	不明	39	10.1	1	0.3	40	5.8
所要時間差（一般道路－高速道路）	-270～-120分	7	1.8	1	0.3	8	1.2
	-120～-30分	9	2.3	9	2.9	18	2.6
	-30～0分	2	0.5	6	2.0	8	1.2
	時間差なし	12	3.1	12	3.9	24	3.5
	1～30分	33	8.5	24	7.8	57	8.2
	30～60分	103	26.6	79	25.8	182	26.3
	60～120分	116	30.0	111	36.3	227	32.8
	120～180分	38	9.8	40	13.1	78	11.3
	180～300分	10	2.6	18	5.9	28	4.0
	300分以上	8	2.1	4	1.3	12	1.7
	不明	49	12.7	2	0.7	51	7.4
所要時間比（一般道路／高速道路）	0.1～0.5	5	1.3	5	1.6	10	1.4
	0.5～1	13	3.4	10	3.3	23	3.3
	1	12	3.1	13	4.2	25	3.6
	1～1.5	49	12.7	31	10.1	80	11.5
	1.5～1.7	84	21.7	56	18.3	140	20.2
	1.7～2	42	10.9	33	10.8	75	10.8
	2～3	105	27.1	109	35.6	214	30.9
	3～4	17	4.4	33	10.8	50	7.2
	4～5	6	1.6	8	2.6	14	2.0
	5～	5	1.3	6	2.0	11	1.6
	不明	49	12.7	2	0.7	51	7.4

第6章 我が国における交通の時間価値

表-6.18 SP調査回答者の高速道路利用時の基礎特性

行動特性	分類	紙ベース 人数	%	ウェブベース 人数	%	合計 人数	%
使用車種	軽自動車	38	9.8	38	12.4	76	11.0
	乗用車	323	83.5	266	86.9	589	85.0
	その他	8	2.1	2	0.7	10	1.4
	無回答・不明	18	4.7	0	0.0	18	2.6
運転者	自分で運転した	332	85.8	223	72.9	555	80.1
	自分で運転していない	35	9.0	83	27.1	118	17.0
	無回答・不明	20	5.2	0	0.0	20	2.9
ETCの設置	設置している	293	75.7	260	85.0	553	79.8
	設置していない	76	19.6	42	13.7	118	17.0
	わからない	0	0.0	4	1.3	4	0.6
	無回答・不明	18	4.7	0	0.0	18	2.6
乗車人数	1人	99	25.6	66	21.6	165	23.8
	2人	145	37.5	108	35.3	253	36.5
	3人	52	13.4	62	20.3	114	16.5
	4人	50	12.9	50	16.3	100	14.4
	5人	13	3.4	11	3.6	24	3.5
	6〜10人	3	0.8	9	2.9	12	1.7
	11人以上	2	0.5	0	0.0	2	0.3
	無回答不明	23	5.9	0	0.0	23	3.3
使用車両タイプ	マイカー	341	88.1	290	94.8	631	91.1
	レンタカー	3	0.8	0	0.0	3	0.4
	会社の車	18	4.7	14	4.6	32	4.6
	その他	5	1.3	2	0.7	7	1.0
	無回答・不明	20	5.2	0	0.0	20	2.9
高速道路費用負担者	運転者が全額負担	341	88.1	290	94.8	631	91.1
	運転者が一部負担	3	0.8	0	0.0	3	0.4
	同乗者が負担	18	4.7	14	4.6	32	4.6
	会社負担	5	1.3	2	0.7	7	1.0
	その他	0	0.0	0	0.0	0	0.0
	無回答・不明	20	5.2	0	0.0	20	2.9
交通目的	通勤	25	6.5	14	4.6	39	5.6
	通学	2	0.5	0	0.0	2	0.3
	私事	176	45.5	161	52.6	337	48.6
	観光	109	28.2	100	32.7	209	30.2
	業務	32	8.3	21	6.9	53	7.6
	その他	23	5.9	10	3.3	33	4.8
	無回答・不明	20	5.2	0	0.0	20	2.9

道路利用時に使用した車両に ETC が設置されていたか否かについては，約 80％の回答者が ETC 登載の車両を利用していた．第四に，高速道路利用時の乗車人数についてみると，2 人という回答が約 35％で最も多く，次に，1 人，3 人，4 人となっている．第五に，高速道路利用時の使用車両のタイプについては，90％以上が自家用車であると回答している．第六に，高速道路利用料金の負担者については，90％以上が，運転者であることが読み取れる．最後に，高速道路利用時の交通目的についてみると，私事と観光がほとんどを占めていることが読み取れる．逆に，通勤時に高速道路を利用しているのは，全体の 5％程度にすぎない．したがって，本調査で得られている RP データおよび SP データは，基本的に非業務交通のデータであることがわかる．

6.4.4 交通の時間価値に関する分析の方法と結果
（1） 分析の方法
a）基本的な考え方

高速道路と一般道路の二択を対象とした二項ロジットモデルを用いて，時間価値を推定することとする．ロジットモデルの条件付き効用関数には，交通時間と交通費用ならびに高速道路の場合にのみ定数項を変数として設定する．

次に，サンプル集団と母集団との年齢階層分布の差を考慮して，それらの補正を行うために重み付けした尤度関数を設定して，重み付け尤度最大化による推定（WESML）を行う．その際，紙ベースとウェブベースのそれぞれについて，サンプル集団が異なる年齢階層分布を持っていることを考慮して，異なる重みパラメータを設定する．

b）対象とするモデル

以下に示す 6 ケースについて経路選択モデルのパラメータを推定する．
- モデル P_SP：紙ベースの SP データのみを使用したモデル
- モデル W_SP：ウェブベースの SP データのみを使用したモデル
- モデル P_RP+SP：紙ベースの RP と SP の両データを融合したモデル
- モデル W_RP+SP：ウェブベースの RP と SP の両データを融合したモデル
- モデル PW_SP：紙ベースとウェブベースの SP データを融合したモデル
- モデル PW_RP+SP：紙ベースとウェブベースを用いて RP と SP の両デー

タを融合したモデル

ここで，異なるデータを融合する際には，Morikawa[17]，Ben-Akiva and Morikawa[18]によって提案されたSP・RP融合モデルと同じアプローチを,紙ベースとウェブベースのデータ融合にも活用する．

(2) モデルの推定結果

以上のモデルの推定結果を示したものが，**表-6.19**である．ここでは，業務，通勤，私事目的別に，先の6タイプのモデルの推定が行われている．

第一に，SPデータだけを用いるP_SPモデルやW_SPモデルでは，統計的に見て有効でない推定結果が得られる傾向がある．

第二に，ウェブベースモデルでは，かなり不安定な時間価値が推定される傾向にある．これは，SP+RPモデルを用いた場合でも同様の傾向がある．例えば，ウェブベースモデルを用いると，業務目的では，極端に低い時間価値が推定される一方で，通勤目的では，極端に高い時間価値が推定される傾向がある．紙ベースモデルの方が，安定的な時間価値が推定される傾向にある．

第三に，SPデータとRPデータを融合することによって，モデルの統計的有意性は向上している．具体的には，まず，P_RP+SPモデルの方が，P_SPモデルよりも係数パラメータのt検定値が高く，次に，W_RP+SPモデルの方が，W_SPモデルよりも係数パラメータのt検定値が高く，さらに，PW_RP+SPモデルの方が，PW_SPモデルよりも係数パラメータのt検定値が高い傾向にあることが読み取れる．

第四に，尤度比から判断すると，P_RP+SPモデルあるいはP_SPがいずれの交通目的でも最も高くなっており，それに次いでPW_RP+SPモデルの適合度が高くなっている．紙ベースのデータが含まれる方が，適合度の高い推定結果を生み出していることが推察される．

第五に，各変数のt検定値および尤度比を総合して見ると，PW_RP+SPモデルがいずれの交通目的についても，最も説明力が高いものであると言える．

最後に，最も説明力の高いと考えられるPW_RP+SPモデルで推定された時間価値を見ると，業務目的で39.1円/分，通勤目的で27.5円/分，私事目的で25.4円/分となった．これより，業務目的の時間価値に対する割合は，通勤目的で

6.4 我が国におけるSPデータを用いた道路交通の時間価値推定

表-6.19 複数タイプのデータを活用した経路選択モデルのパラメータ推定結果

	P_SP	W_SP	P_RP+SP	W_RP+SP	PW_SP	PW_RP+SP
業務目的						
旅行時間（分）	-0.124	-0.014	-0.244	-0.200	-0.116	-0.981
	(-0.51)	(-0.19)	(-1.39)	(-0.83)	(-0.48)	(-1.50)
高速料金（円）	-0.0014	-0.0010	-0.0031	-0.0131	-0.0017	-0.0168
	(-0.26)	(-0.42)	(-1.11)	(-0.82)	(-0.33)	(-1.56)
定数項	0.950	1.715	2.662	22.505	1.300	17.546
	(0.19)	(0.42)	(1.02)	(0.84)	(0.25)	(1.53)
μ_{RP+SP}			0.497	0.077		0.107
			(1.29)	(0.82)		(1.57)
μ_{PW}					0.096	0.135
					(0.16)	(2.03)
推定時間価値（円/分/人）	51.9	11.1	45.5	11.9	45.3	39.1
初期対数尤度	-89.2	-98.1	-100.4	-110.4	-187.4	-210.8
最終対数尤度	-48.7	-86.7	-52.0	-86.8	-145.5	-153.2
尤度比	0.454	0.116	0.482	0.214	0.224	0.273
サンプル数	104	120	117	135	224	252
通勤目的						
旅行時間（分）	-0.021	-0.030	-0.001	-0.370	-0.023	-0.293
	(-0.22)	(-0.18)	(-0.64)	(-0.62)	(-0.24)	(-2.23)
高速料金（円）	-0.0008	-0.0003	0.0000	-0.0040	-0.0008	-0.0073
	(-0.23)	(-0.09)	(-0.65)	(-0.63)	(-0.22)	(-1.50)
定数項	-0.505	-0.141	-0.016	-1.053	-0.544	2.324
	(-0.14)	(-0.03)	-(0.64)	-(0.16)	(-0.15)	(0.76)
μ_{RP+SP}			30.005	0.082		0.143
			(0.69)	(0.58)		(1.91)
μ_{PW}					0.217	0.502
					(0.12)	(2.14)
推定時間価値（円/分/人）	16.6	87.4	17.0	82.8	20.6	27.5
初期対数尤度	-135.6	-39.7	-152.5	-44.7	-175.3	-197.2
最終対数尤度	-99.5	-37.5	-116.7	-37.5	-138.3	-156.0
尤度比	0.266	0.055	0.235	0.160	0.211	0.209
サンプル数	128	64	144	72	192	216
私事目的						
旅行時間（分）	-0.034	-0.029	-0.233	-0.152	-0.038	-0.201
	(-0.83)	(-0.85)	(-3.51)	(-2.92)	(-1.03)	(-4.98)
高速料金（円）	-0.0005	-0.0003	-0.0038	-0.0022	-0.0005	-0.0032
	(-0.54)	(-0.42)	(-3.14)	(-2.69)	(-0.64)	(-4.27)
定数項	-0.195	0.029	1.931	2.153	-0.113	1.995

209

	P_SP	W_SP	P_RP+SP	W_RP+SP	PW_SP	PW_RP+SP
	(-0.13)	(0.02)	(1.88)	(1.94)	(-0.10)	(2.78)
μ_{RP+SP}			0.164	0.175		0.194
			(3.22)	(2.51)		(4.79)
μ_{PW}					0.683	0.684
					(0.67)	(6.92)
推定時間価値（円/分/人）	26.5	35.4	24.0	28.1	30.7	25.4
初期対数尤度	-508.0	-561.5	-573.6	-631.7	-1069.5	-1205.3
最終対数尤度	-425.1	-516.0	-451.6	-534.2	-945.5	-990.9
尤度比	0.163	0.081	0.213	0.154	0.116	0.178
サンプル数	680	816	769	918	1496	1687

注：括弧内は，t検定値を表す

70.3％，私事目的で 64.9％となった．

6.4.5 SP データを用いた交通の時間価値推定のまとめ

以上の分析結果より次のような点を指摘することができる．

まず，少なくとも今回の調査データを用いる限り，SP データのみを用いて時間価値を推定することはかなり困難である模様である．SP データのみでは，紙ベース，ウェブベースともに統計的に有意な推定を行うことが難しいことが判明した．一方で，SP と RP を融合することによって，統計的有意性は，顕著に向上する．

次に，少なくとも今回の調査データを用いる限りにおいては，ウェブベースはモデルの信頼性が低いことが判明した．近年，ウェブを利用したアンケート調査が広く活用されつつあるが，その取り扱いには十分な留意が必要であると思われる．この理由は必ずしも明確ではないが，考えられるものとしては，次のようなものがある．第一に，紙ベースでは，回答者に対して一定の謝礼を支払っている（抽選で 20 名に 3000 円分の商品券を送付）のに対して，ウェブベースでは，インターネット会社からのポイント付与が行われているので，前者の方が真摯な回答を行うインセンティブが高かった可能性がある．第二に，紙ベースでは，真に調査に協力しようという意図のあるものだけが回答しているのに対して，ウェブベースでは，インターネット調査からのモニターから選定されたものが回答しているので，前者の方が後者よりも回答に対して前向きであった可能性がある．

第三に，紙ベースとウェブベースとでは，回答者の回答のしやすさや，真の選好を回答できる環境条件が異なっている可能性がある．例えば，紙ベースでは前のページに戻って自分の回答を確認できるのに対して，ウェブでは一度ページが進むと，前に戻るのが面倒であるので，紙ベースの方が，より整合性の高い回答をしやすい可能性がある．同様に，紙ベースでは，自分の好きな環境（例えば時間や場所）で回答できるが，ウェブベースでは，PC等のインターネットにアクセスできる環境に限定される可能性がある．

最後に，得られるデータを融合することによって，モデルの説明力が向上する傾向にあり，今回の推定でも，最も多くのデータを融合したモデルが最も信頼できる結果を生み出した．これより，SPデータを用いて交通の時間価値を推定する際には，できる限り関係する他のデータを融合することによって，信頼性を向上させることが必要であると考えられる．

6.5 我が国における交通の時間価値推定結果のまとめ

以上の結果を総合すると，我が国における選好接近法による交通の時間価値について以下のような傾向がまとめられる．

6.5.1 交通目的別の時間価値の推定値

3つの分析から得られた時間価値を比較したものが**表-6.20**である．いずれも2000年値として推定されたものである．

これより，1人当たりの業務交通の時間価値推定値は，34〜42円/分，通勤交通は，25〜39円/分，私事交通は，20〜24円/分となっている．分析間で推定値にかなりの幅があることがわかる．ちなみに，**表-6.A**（章末）で示されるように，2000年の労働賃金率（現金給与総額/総労働時間，事業所規模5人以上）の全国平均値は，41.0円/分となっていることから，業務交通の時間価値推定値は，ほぼ賃金率と一致している

次に，通勤交通の時間価値と業務交通の時間価値との比率ならびに私事交通の

表-6.20 交通目的別の交通の時間価値推定結果の比較（単位：円/分・人）

	業務	業務との比率	通勤	業務との比率	私事	業務との比率
RP分析	33.9	100.0%	24.5	72.3%	21.0	61.9%
メタ分析	42.4	100.0%	39.2	92.5%	20.2	47.6%
SP分析	36.7	100.0%	25.8	70.3%	23.8	64.9%

注1：RP分析については，推定結果を使用．2000年値．
注2：メタ分析では，「経路選択モデルを使用，MNLモデルを使用，RPデータを使用，平日，乗車時間，自動車」とし，2000年時点の1人当たり実質GDP値を用いて推定．
注3：PW_RP+SPモデルを用いた推定結果を，GDPデフレーターを用いて2000年値に調整．

時間価値と業務交通の時間価値との比率を見ると，前者が70～93%であるのに対して，後者は48～65%となった．これについても分析間でかなりの幅があることがわかる．

6.5.2 移動距離と交通の時間価値との関係

RPデータの分析結果から，交通の時間価値は移動距離の増加とともに増加することが示された．また，メタ分析の結果からも，都市間交通の時間価値は，都市内交通の時間価値よりも高い傾向にあることが示された．他国では，主にSPデータを用いて交通の時間価値の推定されるケースが多いために，それほど詳細に移動距離と交通の時間価値が分析されたことがなかっただけに，今回のRPデータによる分析結果は，世界的に見ても意義の高い結果であると考えられる．

では，交通の時間価値の移動距離に対する弾性値はどの程度なのであろうか？

RPデータに基づく交通の時間価値の推定結果より，**表-6.21**のようなデータを用意して，弾性値の推定を行ってみた．推定に当たっては，Wardman[1),2),12)]やAbrantes and Wardman[13)]に倣って，弾性値が一定となる以下のような関係を用いる．

$$VOT_D = \alpha \cdot D^\beta \tag{6.10}$$

表-6.21 移動距離別の交通の時間価値推定結果の比較（単位：円/分・人）

移動距離（km）	5	15	25	35	45	55	65	85
時間価値（円/分）	11.4	12.1	14.4	18.4	20	25.1	27.3	28.1

ただし，VOT_D：移動距離 D の交通の時間価値の推定値である．

推定結果は，次の通りである．

$$VOT_D = 5.328 \cdot D^{0.363} \qquad R^2 = 0.867 \qquad (6.11)$$

これより，移動距離に関する弾性値は 0.363 となる結果が得られた．この値は，英国のメタ分析による結果[13]と比較すると，やや高めの値となっている（**表-4.1** を参照のこと）．つまり，我が国では，移動距離に伴って，少なくとも英国よりは，急激に交通の時間が上昇する傾向にあるようである．ただし，英国以外で交通の時間価値の移動距離に関する弾性値が推定されたのは初めてであるので，現時点で日本の推定結果の妥当性を議論することは困難である．

6.5.3　1 人当たり GDP と交通の時間価値との関係

メタ分析の結果より，1 人当たり GDP の弾性値は，0.31 という結果が得られた．我が国で 1 人当たり GDP と交通の時間価値との関係を推定したのは初めてであり，その意味でこの結果の妥当性は，他国との比較によってのみ検討可能である．Abrantes and Wardman[13] によれば，英国の 1 人当たり GDP に関する交通の時間価値の弾性値は，0.899 となることが示されている．ちなみに，Wardman[19] によれば，欧州のデータを活用したメタ分析より，1 人当たり GDP に対する弾性値は 0.747 と報告されている．以上より，我が国の GDP 弾性値は，やや低めの値である可能性が高い．ただし，その原因については不明である．

6.5.4　今回の分析結果から得られた新たな知見

今回の研究成果の中で，世界的に見て新規性が高いと思われるのは，乗車人数による交通の時間価値の違いに関する分析結果である．RP データを用いた分析結果より，1 人で運転する場合の方が，複数が乗車する場合よりも 1 台当たりの交通の時間価値が低い一方で，1 人で運転する方が，複数が乗車する場合よりも 1 人当たりの交通の時間価値は高くなることが明らかとなった．

SP データに基づく交通の時間価値推定では，移動時の文脈を設定することが困難であるため，SP データの使用が主流である他国では，同乗者の人数による

表-6.A 1997〜2010年の都道府県別平均賃金率
（賃金率：現金給与総額/総労働時間，事業所規模5人以上）

	1997年	1998年	1999年	2000年	2001年	2002年	2003年	2004年	2005年	2006年	2007年	2008年	2009年	2010年
北海道	35.0	36.0	34.5	34.3	34.4	34.7	35.0	34.1	33.7	33.2	32.5	33.6	33.3	32.8
青森	31.5	31.1	31.4	31.6	31.5	31.1	31.1	30.8	31.1	29.8	30.0	31.0	29.0	29.7
岩手	32.3	32.8	32.8	32.8	33.0	33.2	33.1	32.7	31.9	30.3	29.3	29.5	30.5	30.9
宮城	39.1	36.8	37.3	38.6	37.3	36.0	36.6	37.0	34.0	33.9	33.2	34.0	35.4	34.7
秋田	32.9	32.7	32.0	34.3	33.7	33.2	31.7	30.7	30.6	30.7	28.9	29.3	30.4	30.0
山形	34.7	33.5	33.6	33.7	32.9	32.3	33.2	33.3	31.7	31.9	32.2	31.3	30.4	31.9
福島	36.5	36.5	34.5	35.0	35.7	34.4	34.0	34.9	34.9	35.9	33.8	33.4	32.1	32.5
茨城	40.3	40.2	39.2	39.0	38.5	37.0	37.1	40.8	40.9	39.5	38.1	38.9	36.4	36.7
栃木	38.8	39.1	37.6	37.7	38.4	36.7	37.0	38.6	38.7	37.5	37.1	38.1	36.6	37.2
群馬	41.1	40.2	38.2	37.8	38.5	37.9	37.4	38.1	37.5	36.8	36.1	36.8	35.9	35.6
埼玉	41.0	39.7	38.8	39.0	38.9	37.8	37.7	37.2	37.8	37.7	37.5	37.9	36.7	36.4
千葉	39.3	40.2	41.4	41.4	41.2	40.1	39.4	39.4	40.3	39.5	38.7	39.3	38.1	36.6
東京	55.7	55.1	52.7	52.9	52.2	51.7	51.8	52.0	52.2	52.3	51.8	52.7	51.1	51.0
神奈川	48.6	47.6	45.9	45.9	45.1	44.1	44.9	44.9	45.7	46.3	45.4	45.9	42.4	42.6
新潟	36.4	36.3	36.0	35.6	35.8	35.7	35.3	35.5	34.8	34.4	33.1	33.6	32.6	33.0
富山	39.7	39.0	36.4	37.4	36.9	36.3	37.0	35.4	35.7	35.7	36.0	34.8	33.7	33.8
石川	37.9	38.3	37.4	38.5	37.8	36.8	37.0	37.6	37.3	35.9	36.7	36.0	34.2	34.2
福井	36.1	36.9	36.6	36.5	35.6	34.9	36.4	38.0	35.2	35.8	35.7	34.3	33.8	33.6
山梨	38.4	37.5	37.7	37.9	37.8	37.6	38.1	35.8	35.6	36.7	35.7	35.0	33.9	34.4
長野	39.4	39.6	38.2	39.7	37.9	37.0	36.6	37.4	37.3	36.8	35.2	35.3	34.7	34.7
岐阜	38.2	37.6	36.6	36.6	36.0	34.8	35.2	34.5	33.7	34.5	35.9	34.7	33.6	34.2
静岡	41.6	41.8	40.5	40.5	40.3	39.8	39.5	38.3	39.2	38.7	38.7	39.3	38.0	37.7
愛知	44.0	43.8	43.4	43.8	43.6	43.8	43.7	43.1	44.1	44.0	43.5	43.5	41.0	41.0
三重	40.6	40.1	40.4	40.3	39.9	38.2	37.3	39.5	39.3	39.3	39.7	40.0	36.9	37.5
滋賀	42.1	41.8	40.8	41.7	41.1	39.8	39.1	40.2	40.1	39.6	38.9	40.1	37.3	37.5
京都	44.8	44.6	40.6	41.1	41.5	38.9	38.3	38.0	38.5	38.7	38.5	38.5	38.5	38.2
大阪	46.3	46.5	45.4	45.0	45.2	44.3	43.6	42.5	42.9	43.1	42.6	42.8	42.2	41.8
兵庫	42.6	42.2	41.4	40.9	41.1	40.9	41.6	39.9	39.6	40.0	39.6	39.0	38.1	38.1
奈良	40.4	39.1	40.9	41.3	42.6	40.0	40.0	37.3	37.4	37.8	37.7	37.7	36.4	36.0
和歌山	38.1	37.9	36.1	36.4	37.0	37.1	36.8	35.9	36.2	34.5	34.4	35.2	35.7	35.1
鳥取	34.6	33.7	33.2	33.7	34.3	32.6	32.4	33.4	32.6	32.6	31.2	32.2	31.5	30.3
島根	34.0	34.0	34.6	35.0	34.5	34.1	35.3	34.8	32.7	32.7	31.7	31.4	31.2	33.3
岡山	37.8	38.2	37.7	37.5	37.6	36.4	36.7	37.1	38.5	37.7	37.2	37.2	37.1	36.1
広島	40.7	41.5	40.1	40.1	40.1	38.5	38.8	37.7	38.2	38.7	39.4	38.8	36.9	36.8
山口	36.5	35.8	37.3	37.5	36.6	35.1	36.2	36.4	36.5	37.8	36.4	36.3	36.4	35.3
徳島	36.2	35.6	34.4	34.5	34.6	34.1	33.7	36.2	34.3	34.0	35.9	35.1	33.1	33.2

	1997年	1998年	1999年	2000年	2001年	2002年	2003年	2004年	2005年	2006年	2007年	2008年	2009年	2010年
香川	37.7	37.0	37.2	36.5	36.6	35.5	35.2	37.5	36.3	36.0	35.7	35.0	34.7	35.3
愛媛	35.6	35.8	34.1	34.3	34.3	34.0	33.4	34.8	35.0	33.7	33.3	32.8	31.5	30.8
高知	34.7	34.8	34.1	35.5	36.0	35.4	33.9	33.1	32.6	32.7	32.9	33.1	31.1	31.9
福岡	40.3	40.4	37.7	37.9	37.7	38.6	38.2	36.0	36.4	36.3	36.2	36.0	35.7	36.3
佐賀	34.9	34.4	32.6	31.9	31.9	31.8	32.2	32.2	31.4	31.2	31.9	32.2	29.0	29.4
長崎	33.3	34.4	34.2	34.4	34.4	31.8	32.2	33.0	32.0	30.8	30.0	30.1	31.4	31.8
熊本	33.1	34.0	33.9	33.3	32.2	32.0	33.4	31.8	31.0	30.6	30.9	31.2	31.0	31.2
大分	33.7	32.9	34.0	34.3	34.1	34.6	34.2	33.4	33.0	32.8	31.7	31.0	31.1	31.1
宮崎	32.5	33.8	32.7	32.6	32.4	31.5	30.5	30.6	30.3	30.3	31.2	30.5	28.9	28.7
鹿児島	33.6	34.7	33.4	32.4	33.8	32.7	32.1	31.2	31.2	32.7	31.6	31.5	31.1	29.9
沖縄	28.7	29.0	30.7	29.8	28.9	30.5	29.9	28.7	28.8	27.2	28.2	29.2	28.5	27.4
全国	42.1	41.7	41.0	41.0	40.8	40.1	40.0	39.3	39.9	39.9	39.4	39.8	38.9	38.8

時間価値の推定が困難となっている．そのため，比較できる対象がないがゆえに，今回の結果の妥当性を議論することはできない．その意味で，この成果は，今後，他国のデータ等を用いて，さらに検証されるべき点であると考えられる．

また，SPデータを用いた事例分析の結果より，SPデータのみを用いて時間価値を推定することはかなり困難であること，ウェブを用いて収集されたデータのみを用いて時間価値を推定することはかなり困難であること，ただし，複数のタイプのデータを融合することによって，モデルの説明力や向上する傾向があることを明らかにした．昨今インターネットを活用した交通データの収集がしばしば行われているが，その設計や分析には注意が必要であるという示唆が得られた．

《参考文献》

1) Wardman, M.（2001）A review of British evidence on time and service quality valuation, *Transportation Research Part E*, Vol.37, No.2, pp.107-128.
2) Wardman, M.（2004）Public transport values of time, *Transport Policy*, Vol.11, No.4, pp.363-377.
3) Kato, H., Sakashita, A. Tsuchiya, T., Oda, T. and Tanishita, M.（2011）Estimation of road user's value of travel time savings using large-scale household survey data from Japan, *Transportation Research Record*, No.2231, pp.85-92.

4) 日本交通学会編 (2011) 交通経済ハンドブック, 白桃書房.
5) Mackie, P.J., Wardman, M., Fowkes, A.S., Whelan, G., Nellthorp, J. and Bates, J. (2003) *Values of Travel Time Savings in the UK*, Report to UK Department for Transport, Institute for Transport Studies, University of Leeds.
6) De Serpa, A.C. (1971) A theory of the economics of time, *The Economic Journal*, Vol.81, No.324, pp.828-846.
7) Train, K. E. (2003) *Discrete Choice Methods with Simulation*, Cambridge University Press.
8) Kulinskaya, E., Morgenthaler, S. and Staudte, R. G. (2008) *Meta Analysis: A Guide to Calibrating and Combining Statistical Evidence*, John Wiley & Son.
9) Hunterm J. E. and Schmidt, F. L. (2004) *Methods of Meta-Analysis: Correcting Erro and Bias in Research Findings*, Sage Publishers.
10) Kremers, H., Nijkamp, P. and Rietveld, P. (2002) A meta-analysis of price elasticities of transport demand in a general equilibrium framework, *Economic Modeling*, Vol.19, No.3, pp.463-485.
11) Espey, M. (1998) Gasonline demand revisited: an international meta-analysis of elasticities, *Energy Economics*, Vol. 20, No.1, pp.273-295.
12) Wardman, M. (1998) The value of travel time:A review of British evidence, *Journal of Transport Economics and Policy*, Vol.32, No.3, pp.285-316.
13) Abrantes, P.A.L. and Wardman, M. (2011) Meta-analysis of UK values of travel time: An update, *Transportation Research Part A*, Vol.45, No.1, pp.1-17.
14) Kato, H., Tanishita, M. and Matsuzaki, T. (2010) Meta-analysis of value of travel time savings: Evidence from Japan, Proceedings of the 14th World Conference on Transport Research, CD-ROM, Lisbon (Portugal), July.
15) Axhausen, K. W., Hess, S., Konig, A., Abay, G., Bates, J. J. and Bierlaire, M. (2008) Income and distance elasticities of values of travel time savings: New Swiss results, *Transport Policy*, Vol.15, No.3, pp.173-185.
16) Stanley, T.D. and Jarrell, S. B. (1989) Meta-regression analysis: a quantitative method of literature surveys, *Journal of Economic Surveys*, Vol.3, No.2, pp.161-170, 1989.
17) Morikawa, T. (1989) *Incorporating Stated Preference Data in Travel Demand Analysis*, Ph.D. Dissertation, Department of Civil Engineering, MIT.
18) Ben-Akiva, M. and Morikawa, T. (1990) Estimation of mode switching models from revealed preferences and stated intentions, *Transportation Research Part A*, Vol.24, No.6, pp.485-495.
19) Wardman, M. (2012) Meta analyses of UK and European values of time and timetable related service quality, Presented at the International Seminar of Value of Travel Time Saving for Road Users, The University of Tokyo, Japan, February 2012.

第7章
交通プロジェクト評価と時間価値

7.1 はじめに

7.1.1 本章のねらい

交通の時間価値は，交通プロジェクト評価において中心的な役割を果たす数値である．そのため，多くの国々では，政府によって交通プロジェクト評価のためのマニュアルあるいはガイドラインが設定されており，その中では，必ず交通の時間価値に関する記述がなされている．ただし，そうしたマニュアル・ガイドラインでは，その国の実態や政治的文脈を考慮して，さまざまなアプローチによって時間価値が設定されている．

本章では，まず，交通プロジェクト評価において交通の時間価値が果たす役割を説明した後に，日本，英国，米国の3カ国について，それぞれの政府によって設定されている道路プロジェクト評価における交通の時間価値を紹介する．これにより，それぞれの国における考え方の類似点，相違点を見いだすことができるものと期待される．

7.1.2 交通プロジェクト評価と交通の時間価値

（1）費用便益分析の概略

まず，交通プロジェクト評価における交通の時間価値の役割を簡単に整理しておこう．交通プロジェクト評価に当たっては，費用便益分析が広く活用されてい

る．費用便益分析とは，プロジェクトによって発生する社会的なメリット（便益）を，そのプロジェクトに投入する費用と比較することによって，当該プロジェクトの社会的効率性を判断する手法である（Boardman et al.[1]）．ここで，交通プロジェクトによって生じる便益のうち，特に消費者に生じる便益は，標準的には消費者余剰法と呼ばれる方法によって計測される（一部の交通プロジェクトの便益は，それ以外の方法，例えば，仮想市場法（CVM）やヘドニック法などによっても計測されるが，これらは本書の対象外である）．

　交通プロジェクトに消費者余剰法を適用するに当たっては，多くの場合，一般化価格（あるいは一般化費用）と呼ばれる考え方が活用される．これは，交通にかかわる各種サービス変数（交通時間，交通費用を含む）を金銭的に評価したものであり，一般的な財・サービスにおける価格と同一の取り扱いが行われる．ここで，交通時間と一般化価格との関係において，交通の時間価値が登場する．なぜならば，交通の時間価値は，特定の時間（例えば1分）と同じ価値を持つ金銭的価値を表現するものだからである．したがって，交通プロジェクトによって，交通時間の短縮が生じると，交通の時間価値を通じて，一般化価格も低下する．結果的に，交通時間の短縮による便益は，一般化価格の低下によって生じる消費者の便益として計算することが可能となる．

(2)　消費者余剰法を用いた便益計測と交通の時間価値

　以下では，単純なケースをもとに消費者余剰法を用いた便益計測と交通の時間価値との関係を説明する．

　まず，実務で用いられる最も単純な一般化価格は，次のような線形の関数である．

$$GP(c,t) = c + VOT \cdot t \tag{7.1}$$

ここで，GP：一般化価格，c：交通費用，t：交通時間，VOT：交通の時間価値である．このようにひとたび一般化価格が定義されれば，これ以降は，通常の価格と同様の取り扱いがなされる．なお，一般化価格には，交通時間，交通費用以外の交通サービスにかかわる変数が加えられることもあるが，その場合でも以下の議論に影響は及ぼさない．

なお，一般化価格は，効用関数が特定化されるときには，間接効用関数から導出されるケースも多い．例えば，離散選択モデルにおいて，選択肢 i の条件付き間接効用関数が，$V_i(c_i,t_i)$ と表される場合には，$\dfrac{V_i(c_i,t_i)}{\partial V_i/\partial c_i}$ によって，一般化価格を導出することができる．ただし，c_i：選択肢 i の交通費用，t_i：選択肢 i の交通時間である．特に，条件付き間接効用関数が，線形関数として表現される場合，

$$V_i = \theta_c c_i + \theta_t t_i + \varepsilon \tag{7.2}$$

となる．ここで，θ_c：交通費用に関わる係数パラメータ，θ_t：交通時間に関わる係数パラメータ，ε：誤差項である．すると，$\partial V_i(c_i,t_i)/\partial c_i = \theta_c$ であるので，一般化価格は，

$$GP_i = c_i + \frac{\theta_t}{\theta_c} t_i + \frac{\varepsilon}{\theta_c} \tag{7.3}$$

と求められ，この場合，$VOT = \theta_t/\theta_c$ となることが確かめられる．

次に，対象となる交通サービスの市場需要関数が，$x(GP)$ と与えられるものとする．つまり，交通需要が，一般化価格の関数として説明できると考えてみよう．ここで，市場需要関数は，各消費者の行動の総和である点に留意が必要である．多くの交通需要予測モデルにおいては，特定の属性グループ（例えば，年齢階層，性別などの社会経済属性で分類された集団．ただし，母集団そのものが用いられることも多い）に対して代表的消費者を仮定し，代表的消費者の需要を分析した上で，それを属性グループ内で単純に拡大することによって特定の属性グループの総需要が推計される．最終的には，全ての属性グループの需要を合算すると，市場の需要が求められる．

交通サービスが正常財である限り，$\partial x(GP)/\partial GP < 0$ が成立するので，**図-7.1** のような右肩下がりの需要関数となることが予想される．この需要関数は，市場を観測することによって得られるものであり，マー

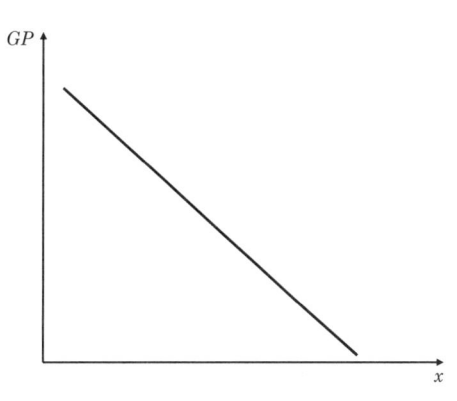

図-7.1 マーシャルの需要関数

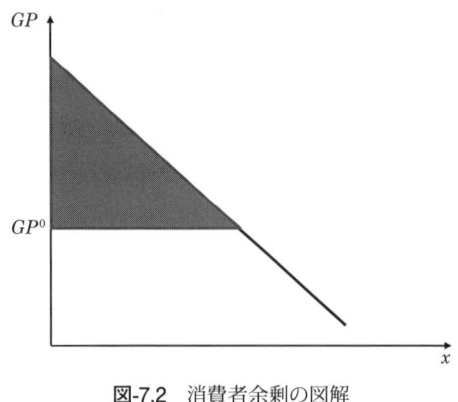

シャル（Marshall）の需要関数と呼ばれている．ここでは，線形の需要関数が描かれているが，あくまでも単純化のためにすぎない．例えば，代表的個人の需要関数にロジットモデルが用いられる場合には，S字型の曲線を縦にしたカーブとなる．

ここで，ある一般化価格 GP^0 が与えられたとき，そのときの消費者余剰は，

$$CS^0 = \int_{GP^0}^{\infty} x(GP) dGP \tag{7.4}$$

によって定義される．これは，**図-7.2** の色の付いたエリアに相当する．消費者余剰は，消費者にとっての厚生水準を表現していると解釈される．消費者余剰は，金銭単位で求められる点に留意が必要である．消費者余剰が大きいほど，消費者にとっての厚生水準は高いことを意味する．

交通プロジェクトによる消費者の便益は，プロジェクトが実施されるときの消費者余剰と実施されないときの消費者余剰との差として計算される．プロジェクトが実施されないときの一般化価格を GP^0，実施されるときの一般化価格を GP^1 とそれぞれする（$GP^0 > GP^1$）と，消費者便益は，

$$\begin{aligned} CB &= CS^1 - CS^0 = \int_{GP^1}^{\infty} x(GP) dGP - \int_{GP^0}^{\infty} x(GP) dGP \\ &= \int_{GP^0}^{GP^1} x(GP) dGP \end{aligned} \tag{7.5}$$

によって計算される．これを図解したものが**図-7.3**である．

なお，プロジェクト評価の実務では，需要関数の積分を直接行うのではなく，その近似値（Taylor 展開したときの一次近似式）として，台形公式（Rule-of-the-half）と呼ばれる以下の式が標準的に用いられている（Small and Verhoef[2]）．

$$CB = \frac{1}{2}\left(x(GP^0) + x(GP^1)\right)\left(GP^0 - GP^1\right) \tag{7.6}$$

図-7.2 消費者余剰の図解

この公式を用いる場合，プロジェクト実施ありの場合となしの場合の2つのケースにおける，一般化価格とそれに対応する需要推計値のみがあれば消費者便益が計算できることになる．

ここで，以上の消費者便益の計算において，交通の時間価値を明示的に考慮してみよう．まず，交通プロジェクトの実施により，交通時間の短縮を通じて，一般化価格が低下する状況を想定してみよう．プロジェクトが実施されないときと実施されるときの交通時間をそれぞれ t^0，t^1 ($t^0 > t^1$) とし，それ以外の交通サービス（交通費用を含む）は交通プロジェクトの実施により変化しないものと仮定する．すると，プロジェクト実施ありの時となしの時の一般化価格は，それぞれ，$GP^0 = GP(c,t^0)$，$GP^1 = GP(c,t^1)$ となる．標準的なケースとして，一般化価格が線形関数であることを仮定すると，

$$GP^0 = c + VOT \cdot t^0 \tag{7.7}$$
$$GP^1 = c + VOT \cdot t^1 \tag{7.8}$$

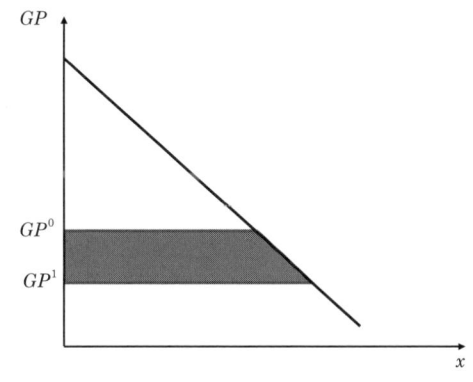

図-7.3 交通プロジェクトによる消費者便益の図解

となる．台形公式にこれらを代入すると，消費者便益は次のように導出される．

$$CB = \frac{1}{2}\left(x(GP^0) + x(GP^1)\right)(t^0 - t^1) \cdot VOT \tag{7.9}$$

これより，消費者便益は，交通の時間価値に比例していることがわかる．したがって，交通の時間価値の大小は，便益の値に直結していることが理解できる．

7.2 我が国の費用便益分析マニュアルにおける道路交通の時間価値

7.2.1 我が国の公共事業評価における時間価値の設定

2012年時点で，我が国の公共事業評価における時間価値は，『公共事業評価の費用便益分析に関する技術指針（共通編）』（国土交通省[3]）の中で，設定の考え方が示されている（付録1を参照のこと）．この指針は，国土交通省の所管する公共事業全般をカバーしており，そこには，道路だけでなく鉄道，航空なども含まれる．なお，この指針が作られるまでの我が国の公共事業評価の実施要領作成に関する経緯に関しては，付録2を参照にされたい．

この指針の中では，次のように，時間価値に関して比較的自由度を持った設定のされ方が示されている．

「便益計測に時間価値を用いる場合は，需要予測手法や入手可能なデータに応じて，利用者特性等を反映した適切な手法を用いて時間価値を設定する」

これは，異なる交通機関間で，異なる時間価値の設定がなされている現状を踏まえたものだと考えられる．ただし，指針では，次に示されるように，「選好接近法」による時間価値設定を原則としていることがうかがえる．

「時間価値が需要予測モデルから「選好接近法」によって内生的に導出される場合は，既存計測事例等に照らしてその時間価値の妥当性が確認されれば，それを便益計測に適用する．ただし，「選好接近法」により導出された時間価値の適用に課題がある場合には，その理由を明らかにした上で「所得接近法」や既存計測事例に基づく時間価値を適用してもよい．」

その上で，以下のように所得接近法や機会費用法による時間価値の適用の考え方が示される．

「時間価値が需要予測モデルから導出されない場合は，「所得接近法」や「機会費用法」により時間価値を設定し，その時間価値を便益計測に適用する．なお，需要予測に時間価値を適用する場合は，その値を便益計測に適用する．ただし，利用者特性等から，より適切な時間価値が設定可能な場合には，その理由を明らかにした上で，その値を便益計測に適用してもよい」

なお，後に述べるように，我が国の道路事業において用いられる時間価値は，機会費用法に基づく所得接近法により設定されている．技術指針の中では，所得接近法に関して，次のように解説がなされている．

「・所得接近法とは，節約される時間を所得機会（労働）に充当させた場合に得られる所得の増分をもって時間価値とする方法である．したがって，この場合の時間価値は，利用者の時間あたり賃金（賃金率）をもって算定される．
・賃金率は，就業者の業種や居住地域等によって異なるため，これらの利用者の特性を踏まえて設定することも考えられる．」

さらに，車両の機会費用に関しては，以下のような記述がある．

「輸送手段である車両等も時間価値を有している．これについては，移動時間の短縮により，家計や企業あるいは運送事業者等の自動車保有者が，当該車両等を追加的な余暇機会や営業機会に充当させると考え，レンタル・リース価格などの市場価格を適用する方法などがある．」

なお，道路事業の時間価値も，以上の国土交通省の指針に沿った形で設定されている．

7.2.2 我が国の道路事業評価における時間価値の設定

2012年時点で，我が国の道路事業の費用便益分析の手法は，『費用便益分析マニュアル』（国土交通省道路局　都市・地域整備局[4]）に定められている．

このマニュアルでは，道路整備の効果として，「現時点における知見により，十分な精度で計測が可能でかつ金銭表現が可能である，「走行時間短縮」，「走行経費減少」，「交通事故減少」の項目について，道路投資の評価手法として定着している社会的余剰を計測することにより便益を算出」することとしている．そして，「走行時間短縮便益」は，道路の整備・改良が行われない場合の総走行時間費用から，道路の整備・改良が行われる場合の総走行時間費用を減じた差として算定するものとされる．ここで，「総走行時間費用は，各トリップのリンク別車種別の走行時間に時間価値原単位を乗じた値をトリップ全体で集計したもの」とされる．

その上で，時間価値原単位は，車種別に**表-7.1**のように1台当たりの数値として設定される．ただし，この原単位はあくまでも「例」としてマニュアルに示されているだけであり，「地域又は道路種別によって差が生じることも考えられる．各地域又は道路種別によって独自に設定されている数値がある場合，それらを用いても良い．ただし，その場合は，原則として，数値及びその算定根拠について公表するものとする」とされている．

表-7.1 我が国の車種別の時間価値原単位（単位：円/分・台）

車　　種	時間価値原単位
乗用車	40.10
バス	374.27
乗用車類	45.78
小型貨物車	47.91
普通貨物車	64.18

注：平成20年価格
出典：国土交通省道路局　都市・地域整備局[4]

表-7.1で示される時間価値原単位については，その根拠がマニュアル中では示されていない．ただし，これらの数値は，後に述べる「道路事業の評価手法に関する検討委員会」第4回委員会の資料で示されているものと全く同一である．したがって，明らかにその根拠は，同委員会での検討結果にある．

なお，我が国では，時間価値に関する感度分析は，費用便益分析を行う上で必要とされていない．

7.2.3 我が国の道路事業の時間価値の設定方法

平成20年11月25日に開催された「道路事業の評価手法に関する検討委員会」第4回委員会の参考資料1「時間価値原単位および走行経費原単位（平成20年価格）の算出方法」に，時間価値算定方法の詳細が示されている．

この中では，本書で対象とする旅客交通のみならず，貨物車両についても対象とされている．以下では，基本的に乗用車の時間価値算定の考え方と方法を紹介する．

（1）時間価値設定の基本的考え方

a) 定義

まず，道路事業においては，「自動車1台の走行時間が1分短縮された場合におけるその時間の価値（機会費用）を貨幣評価したもの」として時間価値が定義されている．

これからもわかるように，道路事業では，機会費用の考え方（あるいは，上の技術指針でいうところの「機会費用法」）によって時間価値が定義されている．

b) 機会費用の考え方

機会費用の算定で実際に行われる行動に対する代替となる行動の選択肢を考えるに当たって，「自動車のトリップが業務目的で行われるものか，それとも非業務目的で行われるものかに留意する必要がある」という考え方が示されている．つまり，人の時間価値は，業務交通と非業務交通の2種類に分類できるという見解が示されている．

ここで，業務交通については，「短縮された時間の使途について企業の観点から選択肢を考える必要がある」のに対し，非業務交通については，「短縮された時間の使途をドライバー，同乗者（乗客）が自分で決定することができる」ことが考慮されるべきとされる．

c) 機会費用算定時の代替行動の前提

機会費用を計算する上での，代替となる行動を，人と車両に関して，以下のように整理している．

【人の機会費用を計算する上での代替行動】
・自家用乗用車等のドライバーや同乗者，バス等の乗客は，業務目的であれば

短縮時間を新たな別の生産活動（労働）に，非業務目的であれば短縮時間を余暇に充てることができる．
- 自動車運送事業者（タクシー事業者，バス事業者およびトラック運送事業者）は，時間短縮によりドライバー等の従業員の人件費を節約し，同じ輸送サービスをより低コストで提供することができ，あるいは，短縮時間をさらなる営業活動に充てることができる．

【車両の機会費用を計算する上での代替行動】
- 自家用自動車や営業用自動車（タクシー，バス，貨物車）の移動時間が短縮することにより，当該車両を使って，短縮時間をさらなる営業活動や余暇活動等に充てることができる．

(2) 1人当たり時間価値設定の方法

a) 業務目的の自家用乗用車ドライバーおよび同乗者の時間当たり機会費用

業務目的の自家用乗用車ドライバーおよび同乗者の時間当たり機会費用は，両者ともに労働者平均月間実労働時間当たり労働費用（現金給与総額，いわゆる賃金に，福利厚生費等（現物給与，退職金，法定福利費，法定外福利費，教育訓練費，募集費など），いわゆるフリンジベネフィットを加えた値）とされている．

労働者のうち，統計により賃金および労働時間について調査が行われており，仮定を置かずに賃金率の算出が可能なものが集計対象とされている．具体的には，毎月勤労統計調査の調査対象である常用労働者数が5人以上の事業所における常用労働者（以下，常用労働者A），毎月勤労統計調査特別調査の調査対象である常用労働者数が1人以上4人以下の事業所における常用労働者（以下，常用労働者B）および賃金構造基本統計調査の調査対象である常用労働者数が10人以上の民営事業所および公営事業所ならびに常用労働者数が5～9人の民営事業所における臨時労働者（以下，臨時労働者）を集計対象とし，これらの実労働時間当たり労働費用を労働者数により重みを付けて平均している．また，臨時労働者の福利厚生費等については，一般に退職金等がないなどわずかであると考えられるため，時間価値原単位を過大に推定することのないように，0と仮定されている．

【実際の推定式】

(業務目的の自家用乗用車ドライバーおよび同乗者の時間当たり機会費用)
= (労働者平均月間現金給与総額＋フリンジベネフィット) ÷ (労働者平均月間実労働時間)
= (常用労働者A平均月間現金給与総額) ÷ (常用労働者A平均月間実労働時間)
　÷ (労働費用に占める現金給与総額の割合) × (集計対象労働者に占める常用労働者Aの割合)
　＋ (常用労働者B平均月間現金給与総額) ÷ (常用労働者B平均月間実労働時間)
　÷ (労働費用に占める現金給与総額の割合) × (集計対象労働者に占める常用労働者Bの割合)
　＋ (臨時労働者平均1時間当たり現金給与額) × (集計対象労働者に占める臨時労働者の割合)
= 43.95 (円/人・分) ［平成20年価格］

b) 非業務目的のドライバーおよび同乗者の時間当たり機会費用

非業務目的の自家用乗用車ドライバーの時間当たり機会費用は，労働者平均月間実労働時間当たり現金給与総額 (すなわち賃金率) から，所得税，住民税所得割および消費税を控除することによって推定されている．一方，非業務目的の同乗者の時間当たり機会費用は，14歳未満でゼロとなるという仮定の下，15歳以上人口の総人口に対する割合をドライバーの時間当たり機会費用に乗ずることで推定されている．

【実際の推定式】

(労働者平均月間実労働時間当たり現金給与総額)
= (労働者平均月間現金給与総額) ÷ (労働者平均月間実労働時間)
= (常用労働者A平均月間現金給与総額) ÷ (常用労働者A平均月間実労働時間)
　× (集計対象労働者に占める常用労働者Aの割合)
　＋ (常用労働者B平均月間現金給与総額) ÷ (常用労働者B平均月間実労働時間)
　× (集計対象労働者に占める常用労働者Bの割合)

＋（臨時労働者平均1時間当たり現金給与額）×（臨時労働者の割合）
＝35.66（円／人・分）　［平成20年価格］
（非業務目的の自家用車ドライバーの時間当たり機会費用）
＝（労働者平均月間実労働時間当たり現金給与総額）×（1－所得税・住民税所得割）
　÷（1＋消費税率）
＝28.87（円／人・分）　［平成20年価格］
（非業務目的の自家用車同乗者の時間当たり機会費用）
＝（非業務目的の自家用車ドライバーの時間当たり機会費用）×（15歳以上人口）÷（総人口）
＝24.94（円／人・分）　［平成20年価格］

(3)　車両の機会費用の設定方法

　車両の機会費用は，業務目的についてのみ考慮されている．

　業務目的の自家用乗用車の車両の時間当たりの機会費用は，車両減耗分と等価であると考え，時間当たりの車両償却費（時間に依存する部分）を計測することとされる．

　具体的には以下の式により計測する．

（車両の機会費用）
＝（時間に依存する車両償却費の総額）÷（車両の償却期間における総勤務時間）

このうち，「時間に依存する車両償却費の総額」については，以下の式により計測される．

（時間に依存する車両償却費の総額）
＝（車両本体価格（平均的な新車価格））－（距離に依存する車両償却費の総額）

その結果として，3.16（円／分・台）［平成20年価格］が求められている．

(4)　乗用車の時間価値設定の方法

　乗用車の車両当たりの時間価値原単位は，保有形態別にドライバーと同乗者のトリップ目的に対応した1人当たり時間当たり機会費用をそれぞれ設定し，さ

7.2 我が国の費用便益分析マニュアルにおける道路交通の時間価値

表-7.2 乗用車の保有形態分類

保有形態	ドライバーのトリップ目的	同乗者のトリップ目的
自家用	業務	業務
	非業務	非業務
営業用	業務	業務
		非業務

```
┌──────────────────────┐      ┌──────────────────────┐
│(1) 自家用乗用車時間価値 │      │(2) 営業用乗用車時間価値 │
│  原単位（円/分・台）    │      │  原単位（円/分・台）    │
│  （トリップ目的別）     │      │  （トリップ目的別）     │
└──────────┬───────────┘      └──────────┬───────────┘
           │                              │
           └──────────┬───────────────────┘
                      │
              ┌───────┴────────┐
              │  走行台キロ比率  │
              └───────┬────────┘
                      │
              ┌───────┴────────────┐
              │(3) 乗用車の時間価値原単位│
              │     （円/分・台）      │
              └────────────────────┘
```

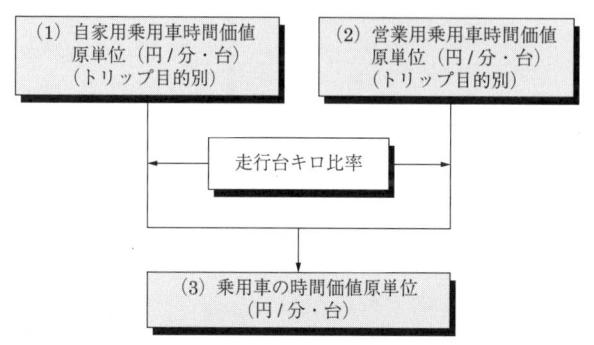

図-7.4 我が国の乗用車の時間価値原単位の計測フロー
（出典：道路事業の評価手法に関する検討委員会[5]）

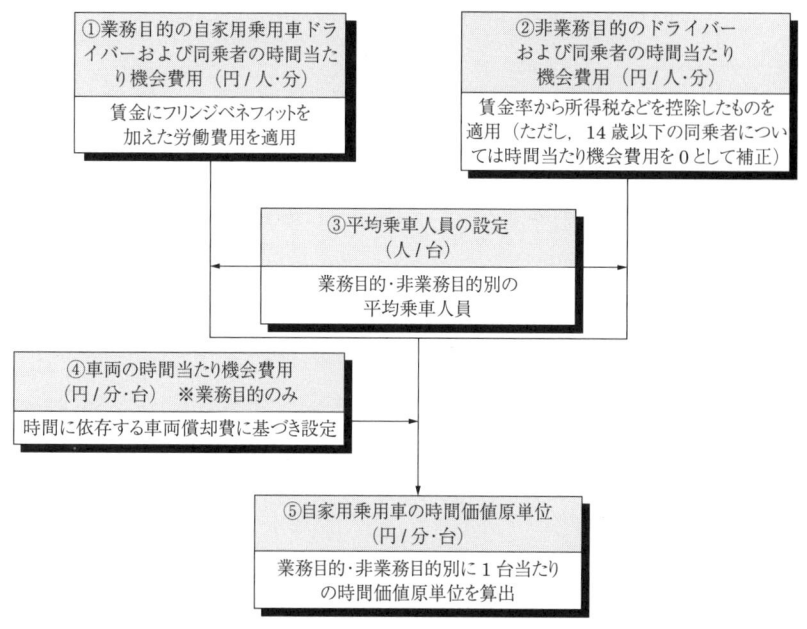

```
┌──────────────────────┐      ┌──────────────────────┐
│①業務目的の自家用乗用車ドラ│      │②非業務目的のドライバー │
│ イバーおよび同乗者の時間当た│      │ および同乗者の時間当たり│
│ り機会費用（円/人・分）   │      │  機会費用（円/人・分）  │
├──────────────────────┤      ├──────────────────────┤
│賃金にフリンジベネフィットを │      │賃金率から所得税などを控除したものを│
│加えた労働費用を適用      │      │適用（ただし、14歳以下の同乗者につい│
│                      │      │ては時間当たり機会費用を0として補正）│
└──────────┬───────────┘      └──────────┬───────────┘
           │                              │
           └──────────┬───────────────────┘
                      │
              ┌───────┴──────────┐
              │③平均乗車人員の設定 │
              │    （人/台）       │
              ├──────────────────┤
              │業務目的・非業務目的別の│
              │   平均乗車人員      │
              └───────┬──────────┘
                      │
┌──────────────────────┐    │
│④車両の時間当たり機会費用 │    │
│ （円/分・台）※業務目的のみ│    │
├──────────────────────┤    │
│時間に依存する車両償却費に基│────┤
│づき設定                │    │
└──────────────────────┘    │
                             │
              ┌──────────────┴─────┐
              │⑤自家用乗用車の時間価値原単位│
              │     （円/分・台）       │
              ├────────────────────┤
              │業務目的・非業務目的別に1台当たり│
              │ の時間価値原単位を算出      │
              └────────────────────┘
```

図-7.5 我が国の自家用乗用車の時間価値原単位の計測フロー
（出典：道路事業の評価手法に関する検討委員会[5]）

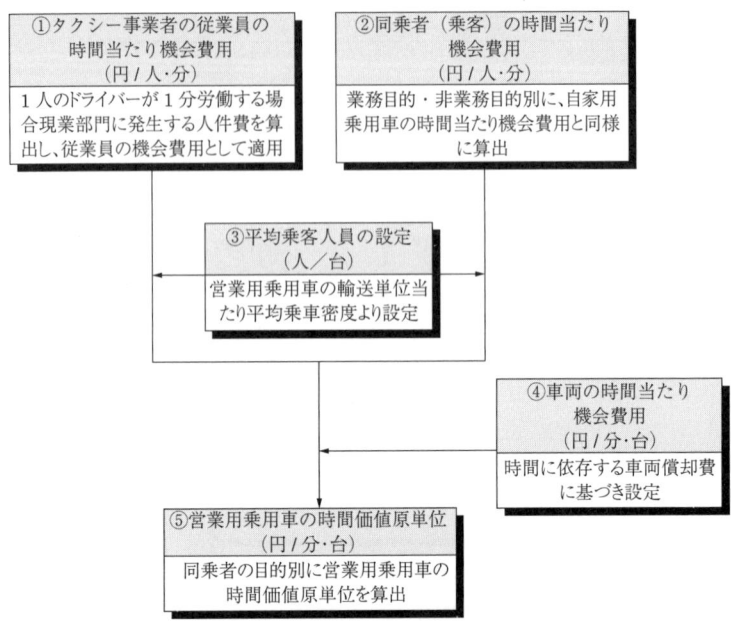

```
┌─────────────────────────┐      ┌─────────────────────────┐
│①タクシー事業者の従業員の│      │②同乗者（乗客）の時間当たり│
│    時間当たり機会費用    │      │        機会費用          │
│      （円／人・分）      │      │      （円／人・分）      │
├─────────────────────────┤      ├─────────────────────────┤
│1人のドライバーが1分労働する場│   │業務目的・非業務目的別に，自家用│
│合現業部門に発生する人件費を算│   │乗用車の時間当たり機会費用と同様│
│出し，従業員の機会費用として適用│ │に算出                    │
└─────────────────────────┘      └─────────────────────────┘
```

図-7.6 我が国の営業用乗用車の時間価値原単位の計測フロー
(出典：道路事業の評価手法に関する検討委員会[5])

らに平均乗車人員を勘案しつつ，走行台キロによる重み付け平均として求められる．

ここで，乗用車の保有形態別パターン分類は，次の表-7.2 でまとめられている．

まず，車両当たりの時間価値の計算方法がまとめられたものが図-7.4 である．自家用乗用車時間価値原単位（トリップ目的別）と営業用乗用車時間価値原単位（トリップ目的別）を用いて，それぞれの走行台キロ比率で重み付けをすることで，乗用車の時間価値原単位が求められる．

次に，自家用車乗用車の時間価値原単位の計算方法は，図-7.5 にまとめられている．これより，交通目的別に，ドライバー・同乗者の時間当たり機会費用と車両の時間当たり機会費用との合計により自家用乗用車の時間価値原単位が求められることが読み取れる．ただし，ドライバー・同乗者の1人当たり時間当たり機会費用は，業務目的トリップと非業務目的トリップでそれぞれ求めた上で，交通目的別の平均乗車人員を考慮した上で，計算される．

最後に，営業用乗用車の時間価値原単位の計算方法は，**図-7.6**にまとめられている．これより，交通目的別に，タクシー事業者の従業員と乗客の時間当たり機会費用と車両の時間当たり機会費用との合計により自家用乗用車の時間価値原単位が求められることが読み取れる．

7.3　英・米のガイドラインにおける交通の時間価値

7.3.1　はじめに

以下では，英国と米国とを対象に，交通の時間価値のガイドライン設定の経緯と背景を調査・整理するとともに，時間価値の論点を整理した上で，我が国における道路交通の時間価値設定への示唆を得る．なお，対象国として英国を選定したのは，交通の時間価値に関して世界でも最も早くから議論が重ねられており，英国での考え方が各国で参考にされているためである．他方，米国を選定したのは，米国では我が国の道路交通の場合と同様に，所得接近法（機会費用法）が基本的なアプローチとして用いられているため，我が国の今後の時間価値設定の検討において参考になると考えられるためである．

7.3.2　英国における交通の時間価値の設定

（1）　英国における交通の時間価値設定の背景

英国では，**表-7.3**に示されるように，1960年代の時間価値の理論（一般化費用）の登場にはじまり，1970年代には，交通プロジェクト評価への時間価値の導入，1980年代には，第一次調査における離散選択モデルの普及および表明選好（Stated Preference: SP）調査の導入，1990年代には，第二次調査におけるSP形式による本格調査，と半世紀以上にわたる交通の時間価値に関する議論の歴史を持つ．現在では，英国交通省が，WebTAG（Transport Analysis Guidance）において，交通の時間価値を設定している．具体的には，WebTAG内のTAG Unit 3.5.6（Department for Transport UK[6]）に関連する記述がある．本書執筆の時点における最新版は，2011年4月に改訂されている．2011年の改訂は，英国のリーズ大学交通研究所によって行われた，非業務交通の時間価値に

表-7.3 英国における時間価値検討の経緯

1960年代	幕開け — 時間価値の理論（一般化費用）の登場.
1970年代	時間価値導入 — 当時の大臣の判断（1960年代末）で全国画一の時間価値の公式導入.
1980年代	第一次調査（MVA Consultancy et al.[7]） — 離散選択モデルの普及. — SP調査の導入．ガイドラインへの反映.
1990年代	第二次調査 (Hague Consultancy and Accent[8]) — SP調査による本格調査，ただしガイドラインへは反映されず.
2000年代	第三次調査（Mackie et al.[9]） — メタ分析結果の反映．ガイドラインへの反映.

関する最新の研究成果（Mackie et al.[9]）を反映させるために行われた．

（2） 英国における交通の時間価値の設定

a）業務交通の時間価値

英国では，業務交通の時間価値の設定に対して，所得接近法が使用されている．1人当たりの業務交通の時間価値を交通手段別，計算単位別に示したものが**表-7.4**である．なお，業務交通に，通勤は含まれない．

ここで，3種類の計算単位とは，資源費用[1]，認知費用[2]，市場価格[3]のことであり，業務交通の場合，時間価値として使用されるのは，資源価値（＝認知価値）である．資源費用は，総賃金率プラス賃金外労働費用，例えば年金や労働期間に応じた費用で計算される．

2011年の改訂以前のガイドラインでは，24.1％の賃金外労働費用がカウントされていたが，2000年の労働費用調査における最新のデータに基づいて，最新

---

[1] 資源費用とは，間接税を控除した費用であり，政府機関や企業の費用を計測する場合に使用される.
[2] 認知費用とは，実際に旅行者により経験される費用である．業務交通の時間価値は，雇用者にとっての価値なので，業務交通の認知費用は資源費用と等しくなる．一方で，非業務交通の時間価値は，旅行者にとっての価値なので，非業務交通の認知費用は市場価格と等しくなる.
[3] 市場価格とは，消費者が市場における財やサービスに対して支払う価格であり，旅行者の費用を計測する場合に使用される．そこには全ての間接税が含まれる.

表-7.4 英国における業務交通の1人当たり時間価値(ポンド/時, 2002年価格)

分類	資源費用	認知費用	市場価格
自家用車運転者	21.86	21.86	26.43
自家用車同乗者	15.66	15.66	18.94
軽貨物車(運転者,同乗者)	8.42	8.42	10.18
その他貨物車(運転者,同乗者)	8.42	8.42	10.18
公共サービス車 運転者	8.42	8.42	10.18
公共サービス車 同乗者	16.72	16.72	20.22
タクシー運転者	8.08	8.08	9.77
タクシー/ミニキャブ乗客	36.97	36.97	44.69
鉄道乗客	30.57	30.57	36.96
地下鉄乗客	29.74	29.74	35.95
歩行者	24.51	24.51	29.64
自転車利用者	14.06	14.06	17.00
自動二輪車利用者	19.78	19.78	23.91
全平均業務活動者	22.11	22.11	26.73

出典:Department for Transport UK [6]
注:軽貨物車(Light Goods Vehicles: LGV)とは,総重量3.5トン以下の貨物車のこと.その他貨物車(Other Goods Vehicles: OGV)とは,総重量が3.5トンを越える貨物車のこと.公共サービス車(Public Service Vehicles: PSV)とは,総重量が3.5トン以上で,通常16席以上の座席のある公共サービス用車両やバスのこと.

版のガイドラインでは,この数値は21.2%へ減少されている.表-7.4に示されている自家用車運転者,公共交通利用者(鉄道,バス,地下鉄,タクシーの乗客),歩行者,自転車利用者,自動二輪車利用者および全て人々の平均の価値は,個人の所得データをもとに,1999-2001年の全国交通調査(National Travel Survey: NTS)データを用いて計算されている.一方で,職種ごとの価値(バス,普通貨物車,タクシーおよび軽貨物車の運転者または同乗者)については,2002年の新収入調査(New Earning Survey)から得られたデータを用いて計算されている.

b) 非業務交通の時間価値

ガイドラインでは,まず,「移動の大半は業務時間中に発生しておらず,旅行者自身の時間で発生している.しかし,人々は暗黙のうちに自分自身の時間についても,速いが高い移動と,遅いが安い移動とのトレードオフを考慮しつつ,価値づけを行っている.したがって,異なる交通戦略や計画の影響を評価する上で,

表-7.5 英国における非業務交通の1人当たり時間価値（ポンド/時, 2002年価格）

目的	資源費用	認知費用	市場価格
通勤	4.17	5.04	5.04
その他	3.68	4.46	4.46

出典：Department for Transport UK [6]

この価値を考慮することが適当である」と述べられ，非業務交通の時間価値の重要性とその選好接近法による推定の意義が示されている．

非業務交通の時間価値は，選好接近法に基づいて，通勤交通とその他交通の2種類について，計算単位別に**表-7.5**のように設定されている．

非業務交通の場合，時間価値として使用されるのは，市場価格（＝認知価値）である．ここで，非業務交通の時間価値は，リーズ大学交通研究所の研究であるMackie et al.[9] により推奨された数値が用いられている．Mackie et al.[9] は，1994年に英国政府によって行われたSP調査のデータ（Hague Consulting Group and Accent Marketing & Research[8]）を再分析することによって，1人当たり非業務交通の時間価値を推定した．この推定結果は1997年価格であったことから，消費者物価指数をもとに2002年価格に変換したものがガイドラインに示されている．

なお，これより，非業務目的と業務目的との交通の時間価値の比率は，通勤では，5.04（認知費用）/21.86（自家用車運転者・資源費用）×100＝23.1％，その他では，4.46（認知費用）/21.86（自家用車運転者・資源費用）×100＝20.4％となることがわかる．

c）時間価値の将来変化

英国のガイドラインでは，時間価値が将来の所得に応じて，変化するよう設定されている．非業務交通の時間価値は所得に応じて変化し，その弾性値は0.8と仮定される一方で，業務交通の時間価値も所得に応じて変化し，弾性値は1と仮定される．ここで，所得としては年間1人当たりの実質GDPが使用される．将来の各年の時間価値の成長率については，英国財務省の提示するGDP予測値と政府の提示する人口予測値に基づいて，ガイドライン中に表形式で設定されている．

設定されている時間価値の変化率は，**表-7.6**の通りである．

表-7.6 英国における業務交通および非業務交通の時間価値の将来成長予測

年	業務交通の時間価値の成長率（%/年）	非業務交通の時間価値の成長率（%/年）
2002-2003	2.44	1.95
2003-2004	2.55	2.04
2004-2005	1.67	1.34
2005-2006	2.18	1.74
2006-2007	1.97	1.57
2007-2008	-0.09	-0.07
2008-2009	-5.38	-4.31
2009-2010	0.52	0.41
2010-2011	2.75	2.2
2011-2012	2.52	2.01
2012-2013	2.54	2.03
2013-2014	2.54	2.03
2014-2015	2.05	1.64
2015-2016	2.05	1.64
2016-2021	1.67	1.34
2021-2031	1.67	1.34
2031-2051	1.97	1.58
2051 以降	1.91	1.53

出典：Department for Transport UK[6]

ただし，時間の経過とともに，1人当たり実質GDPの予測値と観測値とが異なることが判明した場合には，以下の式を用いて修正することとされている．

（時間価値成長率修正値）
＝（対象年の元の時間価値成長率）×（対象年の割引率）/（現在の割引率）

d) 車両単位の時間価値

　車両単位の時間価値は，1人当たり業務交通の時間価値，1人当たり非業務交通の時間価値，車両平均乗車人数，自家用車同乗者数の年変化率および業務交通と非業務交通との総走行距離の割合を用いて計算されている．また，車両平均，軽貨物平均，商業用車平均の数値については，業務交通と非業務交通との総走行距離の割合から得られる目的別の割合で重み付けして求められている．

　車両単位の車両タイプ別時間価値は，平日，休日，全日別に，また平日につい

表-7.7 英国における車両単位の市場価格交通の時間価値（2002年価格，ポンド/分・台）

車両タイプと交通目的	平日					休日	全日
	7-10時	10-16時	16-19時	19-7時	平日平均		
自家用車							
業務	30.74	30.0	29.61	29.81	30.18	31.68	30.18
通勤	5.84	5.79	5.69	5.69	5.74	5.74	5.74
その他	7.58	7.89	8.08	7.86	7.90	8.74	8.21
平均	10.97	12.05	9.90	9.77	10.88	9.22	10.46
軽貨物車							
業務（貨物輸送）	12.22	12.22	12.22	12.22	12.22	12.83	12.22
非業務	6.70	6.70	6.70	6.70	6.70	9.31	7.29
平均	11.55	11.55	11.55	11.55	11.55	12.41	11.63
その他貨物車1	10.18	10.18	10.18	10.18	10.18	10.18	10.18
その他貨物車2	10.18	10.18	10.18	10.18	10.18	10.18	10.18
公共サービス車							
業務	19.80	15.11	19.80	24.24	18.57	13.88	17.33
非業務	18.45	6.83	22.50	23.43	15.68	3.94	12.61
その他	35.97	47.28	32.38	30.58	38.69	50.06	41.68
合計	74.21	69.22	74.68	78.25	72.93	67.87	71.62

出典：Department for Transport UK[6]
注：その他貨物車1（Other Goods Vehicles 1: OGV1）とは，総重量が3.5トン以上の2軸あるいは3軸の車両のこと．その他車両2（Other Goods Vehicles 2: OGV2）とは，総重量が3.5トン以上の4軸以上の車両および全ての連接車両のこと．

ては，時間帯別に設定されている．また，車両単位の時間価値であっても交通目的別に時間価値が設定されている．具体的な設定値は，**表-7.7**に示される通りである．

7.3.3 米国における交通の時間価値の設定

（1）米国における交通の時間価値設定の背景

米国における交通の時間価値は，覚書の形で米国連邦交通省（USDOT）交通政策局のウェブページに掲載されており，そこでは，交通の時間価値の算出方法や算出経緯が説明されている．USDOT交通政策局の役割は，陸上交通政策全般にわたる構想を運輸長官に対して勧告し，USDOTが議会に提案した規則制定，法律，証言および報告書を再検討することにある．

米国で初めて交通の時間価値が公表されたのは，1997年である（USDOT[10]）．

それが示される覚書では,「交通システムの利用者が節約あるいは損失する時間価値の計測」が,「将来 DOT で行われる費用便益分析と費用対効果分析に利用されるべき」であるとされている. つまり, 交通の時間価値データの交通需要予測への転用は想定されていない. そして, これが全交通機関に利用できる交通の時間価値であり, 当時の交通機関別の手法に置き換わるものであるとしている. また, 個人の移動時間短縮のみが対象とされ, 移動時間の遅延, 車両の運転費用の軽減, 在庫費用あるいは損傷費用については扱われていない. そのため, 精緻化にむけてさらなる調査が必要とされていた. 2003 年には, 一度改訂 (USDOT[11]) がなされているが, この改訂は, 使用データを 1995 年から 2000 年に変更しただけであるため, 公表は数値のみとなっており, 解説などのテキストは付されていない.

本書執筆時点における最新版 (USDOT[12]) は, 2011 年 9 月に公表された. 最新版の本文にも言及されているように, 1997 年以降, 業務と非業務, 地域交通と地域間交通, 陸上交通と航空という大きな枠組みには変更がなかったが, 後述するようにいくつかの変更がみられた.

(2) 米国における交通の時間価値の設定

米国の交通の時間価値は, 業務交通については所得接近法によって算出される一方で, 非業務交通については, 所得接近法をもとに特定の比率を乗じることで算出される.

a) 業務交通の時間価値

業務交通では, 福利厚生なども含めた被雇用者の 1 時間当たりの平均報酬率に対して, **表-7.8** で示されるパーセンテージを乗じることによって時間価値が算定される. 結果として, 業務交通の時間価値は**表-7.9** のようになる.

なお, 米国の時間価値ガイドラインの特徴は, 従来, 航空利用の時間価値および業務目的のトラック運転手の時間価値がそれぞれ独立して設定されていることにあった. ここで, 航空が独立して設定されているのは, 航空利用者が他の機関の利用者と比べて高所得者層であるので, 時間価値が有意に高いことを反映したものだと考えられる.

2011 年の改定版においては, 航空のカテゴリーに高速鉄道が加えられ, それ

表-7.8 米国における推奨される交通の時間価値の賃金率に対するパーセンテージ（1人1時間当たり）[4]

	陸上交通機関 （高速鉄道を除く）	航空・高速鉄道	貨物車両運転者 （全交通機関）
地域交通 非業務 業務	50% 100%		
地域間交通 非業務 業務	70% 100%	70%[5] 100%	100%

出典：USDOT[12]

にあわせて，陸上交通から高速鉄道が除外されることになった．そして，従来のトラック運転手は貨物車両運転者（Vehicle operators）とされ，全てのモードに関して時間価値の比率が100%になることが欄外に記入されることになった．また，本文中にトラック運転手と機関士（Locomotive engineers）が，後掲の表ではそのほかにバス運転者，公共交通運転者および航空パイロット・技術者が，それぞれ具体的に示されることとなった．それらは**表-7.9**の表下にまとめられている．

---

[4] 表7-8の数値は，近年の移動需要の研究のサーベイに基づいて導出された最善の値（best single figure）である．しかし，移動は多様であり，不確実性がある．そこで，ガイドラインでは，同様に不確実性の範囲（the range of uncertainty）も示されている．

[5] 航空の数値の出典は，連邦航空局（Federal Aviation Administration）が使用するGellman Research Associates, Inc.[13]である．ここには，先行研究がサーベイされ，時間価値が推奨されている．サーベイの対象となったのは1977 Census of Transportation National Travel Surveyを用いて推定された以下の3つの文献である．
1) Pickrell[14]：ここには，業務目的の場合，すべてのモードで税引き後賃金の164%，私的目的は21%と推定されている．
2) Morrison and Winston[15]：ここには，業務目的の移動は税込み賃金の85%，飛行機を使った私的目的の移動は149%とされており，これは後にMorrison教授が再検討し，130%に修正された．
3) Grayson[16]：ここでは，業務目的の航空による移動は課税前賃金の61%，個人は214%とされた．

航空局は先行研究を再検討したが，安定的で再生可能な係数が得られず，そして基礎となるデータも20年前のものであることから，70%がもっともよい推定値であると結論づけている．これはコンサルタントによって出されたものであるというが，70%という比率の根拠はあいまいなまま使用されている．

表-7.9 米国において推奨される業務交通の時間価値（ドル/時）

	陸上交通機関 （高速鉄道を除く）	航空・高速鉄道	トラック運転者
地域交通	22.90		18.10
地域間交通	22.90	57.20	18.10

トラック運転者：24.70，バス運転者：24.50，公共交通運転者：40.40，機関士：34.30，
航空パイロット・技工：76.10
出典：USDOT[12]

表-7.10 米国における推奨される非業務交通の時間価値（ドル/時）

	陸上交通機関 （高速鉄道を除く）	航空・高速鉄道
地域交通	12.00	
地域間交通	16.70	31.90

出典：USDOT[12]

b）非業務交通の時間価値

　非業務交通では，単位時間当たり平均家計所得に対して，**表-7.8** で示される比率を乗じることで時間価値が算定される．結果として，非業務交通の時間価値は，**表-7.10** のようになる．

7.4 日・英・米の道路交通の時間価値設定の比較

7.4.1 日・英・米の道路交通の時間価値設定の比較

　日・英・米の道路交通の時間価値設定を比較整理したものが，**表-7.11** である．

　まず，ガイドライン全般に関しては，各国とも政府の担当省からガイドラインが提示されている．日本は国土交通省，英国は Department for Transport，米国は Department of Transportation がそれぞれガイドラインをインターネット上に公開している．日本は 2008 年 11 月に更新された一方で，英国，米国は 2011 年に更新された．日本では，英国，米国が全交通機関を対象としているのとは異なり，道路交通だけを対象としたガイドラインの設定となっている．

　次に，ガイドラインの中で示されている内容についてだが，日本では車種別の時間価値原単位が示されている一方で，英国では，1 人当たりの時間価値と車両

表-7.11 日・英・米の道路

		日　本
ガイドライン全般		
ガイドライン名		費用便益分析マニュアル（ただし，詳細については，道路事業の評価手法に関する検討委員会(2008)に示される）
ガイドライン発行者		国土交通省
最新版発表時期		2008年11月
価格設定年		2008年
対象交通機関		道路交通
決定プロセス		道路事業の評価手法に関する検討委員会にて学識経験者による検討の後，国民からの意見を収集して策定
更新時期		不定期に改訂
ガイドラインで示されるもの		車種別時間価値原単位
1人当たり時間価値		
設定分類		業務，非業務別のドライバー，同乗者
設定方法	業務	所得接近法：平均賃金率＋平均フリンジベネフィットを常勤雇用者（企業規模別）と臨時労働者について算定し合算
	非業務	所得接近法：賃金率から所得税，住民税所得割，消費税を控除して算定．14歳以下の同乗者は0
使用データ・根拠		「毎月勤労統計調査　平成19年度」（厚生労働省），「平成19年賃金構造基本統計調査」（厚生労働省），「住民基本台帳人口要覧（平成20年版）」（（財）国土地理協会）等
主な設定値	業務	自家用乗用車ドライバー：43.95(円/分・人) 自家用乗用車同乗者：43.95(円/分・人)
	非業務	自家用乗用車ドライバー：28.87(円/分・人) 自家用乗用車同乗者：24.94(円/分・人)
	比率	非業務/業務＝65.7%（自家用乗用車ドライバー）
車両当たり時間価値		
設定分類		車種別（乗用車，バス，乗用車類，小型貨物車，普通貨物車）
設定方法（乗用車）		自家用車と営業用車の時間価値を両者の走行台キロ比率で加重平均することで算定

7.4 日・英・米の道路交通の時間価値設定の比較

交通の時間価値設定の比較

英　国	米　国
Values of Time and Operating Costs TAG Unit 3.5.6(WebTAG)	The Value of Travel Time Savings: Departmental Guidance for Conducting Economic Evaluations Revision 2
Department for Transport	U.S. Department of Transportation
2011年4月	2011年9月
2002年	2009年
全ての交通	全ての交通
コンサルテーションプロセスを経て策定	基本的には，省内の専門家による議論により策定．必要に応じて，学識経験者からアドバイスをもらう．
不定期に改訂	不定期に改訂
1人当たり時間価値，車種別・交通目的別・曜日別・時間帯別時間価値	交通目的別・交通機関別・交通タイプ別1人当たり時間価値
業務（交通機関別），通勤，その他	交通タイプ（地域交通，地域間交通）別の業務と非業務の交通機関別（陸上,航空・高速鉄道,トラック）時間価値
所得接近法：平均賃金率＋賃金外労働費用	所得接近法：平均賃金率＋平均フリンジベネフィット
選好接近法：Leeds大学で行われたSPデータに基づく推定値を使用	所得接近法：平均賃金率＋フリンジベネフィットに特定の比率を乗じることによって算定（地域交通で50％，地域間交通で70％）
National Travel Survey(1999-2001); Labour Cost Survey 2000; Mackie et al. (2003) 等	Miller(1998)；Occupational Employment and Wage Estimates（Bureau of Labor Statistics, May 2009）；U.S. Census Bureau, Table H-8 等
自家用車ドライバー：69.7（円/分・人）；自家用同乗者：50.0（円/分・人）；全職種平均：70.5（円/分・人）	陸上交通：35.5（円/分・人）；航空・高速鉄道：88.7（円/分・人）
通勤:16.1（円/分・人）；その他:14.2（円/分・人）	陸上（地域交通）：18.6（円/分・人）；陸上（地域間交通）：25.9（円/分・人）；航空・高速鉄道（地域間交通）：49.5（円/分・人）
通勤/業務＝23.1％；その他/業務＝20.4％（自家用車ドライバー）	陸上（地域交通）非業務/業務：52.4％；陸上（地域間交通）非業務/業務：73.0％
曜日別（平日,休日,全日）×時間帯別（平日のみ）×交通目的別（業務，通勤，その他）×車種（自家用車，軽貨物車，普通貨物車，商業用車）別	N.A.

		日　本
使用データ・根拠		自家用車：業務と非業務の時間価値をもとに目的別平均乗車人員で加重平均したものに車両の機会費用を加えて算定
		営業用車：タクシードライバー（業務）と乗客の時間価値（非業務）の時間価値をもとに平均乗車人員で加重平均したものに車両の機会費用を加えて算定
		「平成17年度全国道路・街路交通情勢調査，自動車起終点調査」（国土交通省道路局）等
その他		
地域別の違いの考慮		全国画一
経年での変化		考慮せず
時間価値の幅		考慮せず

注：英国は，2002年末の為替レートとして，1ポンド＝191.38円を，米国は，2009年末の為替レートとして，1ドル＝93.04円を使用した．

当たりの時間価値の両方が提示されており，米国では，1人当たりの時間価値だけが提示されている．ちなみに，日本の1人当たり時間価値は，ガイドラインではなく，その根拠を検討した委員会の資料において示されている．

1人当たり時間価値については，日本では，業務と非業務の2つの交通目的について，それぞれドライバーと同乗者の1人当たり時間価値が設定されている．英国では，業務については，交通機関別に詳細に1人当たり時間価値が設定されている一方で，非業務については，通勤とその他の2種類について1人当たり時間価値が設定される．米国では，業務と非業務の2つの交通目的について，地域交通・地域間交通別および交通機関別（陸上，航空・高速鉄道，トラック）に1人当たり時間価値が設定されている．1人当たりの業務交通の時間価値は，いずれの国も平均賃金率と平均フリンジベネフィットとの和を用いて所得接近法（機会費用法）により算定される．一方で，1人当たり非業務交通の時間価値は，日本と米国では所得接近法（機会費用法）によって算定される一方で，英国ではSPデータを用いた選好接近法によって算定されている．その結果，非業務交通の業務交通に対する1人当たり時間価値の比率は，日本で65.7％[6]となってい

---

[6] 自家用車ドライバーの場合．

7.4 日・英・米の道路交通の時間価値設定の比較

	英　国	米　国
	1人当たり業務交通の時間価値，1人当たり非業務交通の時間価値，車両平均乗車人数，自家用車同乗者数の年変化率および業務交通と非業務交通との総走行距離の割合を用いて計算	N.A.
	National Travel Survey(1999-2001) 等	N.A.
	全国画一	全国画一
	GDP 弾性値を業務で1，非業務で 0.8 と設定して将来の1人当たり実質 GDP 予測値に応じて変化．2051 年以降までガイドラインで示される．	年率 1.6％の経済成長を見込み GDP 弾性値を1として算定
	考慮せず	不確実性を考慮し，時間価値を幅で提示

るのに対して，英国では，通勤／業務＝ 23.1％；その他／業務＝ 20.4％，米国では，陸上（地域交通）非業務／業務：52.4％；陸上（地域間交通）非業務／業務：73.0％となっている．

車両当たり時間価値については，日本と英国ではその値が明確に設定されているが，米国ではガイドライン内で明確な設定がなされていない．米国では，1人当たりの時間価値をもとにドライバー，同乗者に同一の時間価値を仮定した上で乗車人員を用いることによって，車両当たり時間価値を計算することが，期待されている．日本では，車種別（乗用車，バス，乗用車類，小型貨物車，普通貨物車）に時間価値が設定されるのに対して，英国では，曜日別（平日，休日，全日）・時間帯別（平日のみ）・交通目的別（業務，通勤，その他）・車種別（自家用車，軽貨物車，普通貨物車，商業用車）にかなり細かく時間価値が設定されている．日本，英国のいずれについても，1人当たり時間価値をベースに，交通目的間の交通量の割合等を考慮して加重平均によって，全国値が設定されている．

地域別の時間価値については，いずれの国も地域間の格差を考慮せず，原則的に，全国画一の時間価値が設定されている．経年での変化については，日本では変化しない（つまり，GDP 弾性値がゼロである）ことが仮定されているのに対して，英国，米国では，GDP の変化に対して正の時間価値の変化が仮定されて

いる．英国では，GDP弾性値を業務交通で1（つまり，1人当たり実質GDPが1%上昇すると1人当たり時間価値も1%上昇する），非業務交通で0.8と仮定されている一方で，米国では，GDP弾性値が1と仮定されている．その結果，英国，米国ともに，将来にわたって時間価値が増加することが仮定される．最後に，交通の時間価値の幅についてであるが，日本と英国では，交通の時間価値に幅があることが明示されていない一方で，米国では，不確実性を考慮して時間価値が幅で示されている．

7.4.2 英・米における交通の時間価値設定の我が国への示唆

第一に，英米両国では，いずれも交通の時間価値のガイドラインが比較的最近改訂された．その背景には，近年の交通の時間価値推定のためのデータ収集・分析技術の向上や交通の時間価値に関する学術的知見の蓄積がある．英国では，SP調査技術の向上を受けて，非業務交通の時間価値を選好接近法によって推定する方式が採用された．また，英国・米国ともに，GDPの変化に伴う交通の時間価値の将来変化が明示的に考慮されることになった．これらは，現在の我が国の交通の時間価値ガイドラインでは考慮されていない事項であり，我が国での適用可能性が検討されるべきだと考えられる．

第二に，英国と米国とでは，ガイドラインにおける交通の時間価値設定の立場にかなりの違いがあるようである．英国は，最新技術を取り入れ，明確な根拠に基づき，できる限り緻密に交通の時間価値を設定しようとしているのに対して，米国は，かなり緩やかに交通の時間価値を設定しようとする傾向にある．これは，両国間の交通政策や制度の違いを反映している可能性がある．英国では，交通インフラの整備がすでにある一定程度に達し，新規整備は限られている．英国交通省担当者に対して実施（2010年7月）した筆者らのインタビューによれば，現在は，交通混雑緩和のための既存インフラの改良や，料金システムなどが政策の主流になりつつあるとのことであった．こうした既存の都市内交通システムの改良は，効果の発現メカニズムが複雑なので，より緻密なプロジェクトの評価手法が必要とされる．また，英国では，ガイドライン整備を含めて，一般に公開された透明なプロセスの中でプロジェクト評価を行うことが強く求められている．これらが，英国では，プロジェクトの実施の是非を検討する上で，緻密な交通の時

間価値に基づく評価手続きが必要となっている理由であると推察される．

一方，米国では，道路整備を例に挙げれば，法定の連邦道路補助の配分公式が公表されるため，州の連邦補助額は事前に周知され，たとえ特別プロジェクトであっても連邦議会で決定されるというプロセスがある．さらに，実質的に道路予算の6割以上は，州により使用されていることからもわかるように，米国では，基本的には州の権限が強く，また，連邦政府の交通の時間価値のガイドラインも州に及ばない．これらが，米国のガイドラインがラフに設定されている理由であると考えられる．

第三に，英国では，全国一律の交通の時間価値が，政治的意思決定によって設定された．交通インフラ整備が地域間の格差是正にも寄与するという政策的意図からすれば，全国一律の交通の時間価値の設定も至極当然と言える．万一，地域間の便益の公平性を議論したいのであれば，交通の時間価値を地域間で調整するのではなく，算出された便益に対する社会的なウェイトを地域間で調整するべきという考え方もある．ただし，その場合，社会的ウェイトの設定方法の妥当性については，できる限り公の場で議論された上で，最終的には政治的に判断されるべきものであろう．

第四に，日本と英国では時間価値が固定値として設定されているが，米国では，交通の時間価値に不確実性があることを認めて，数値に一定の幅のある想定がなされている．交通プロジェクトの便益評価において，交通の時間価値は直接的な影響を及ぼすこと，および交通の時間価値の精度やその値の信頼性が必ずしも高くないことを考慮すると，ある程度の幅をもって検討する，という米国のアプローチは，極めてプラグマティックであると言える．我が国においても，ガイドラインに示される単一の時間価値に極端に縛られるのではなく，時間価値に関する感度分析等を通じて，便益値の頑強性を確認することが必要だと考えられる．

付録1　国土交通省『公共事業評価の費用便益分析に関する技術指針（共通編）』[3]における時間価値の解説

　便益計測に時間価値を用いる場合は，需要予測手法や入手可能なデータに応じて，利用者特性等を反映した適切な手法を用いて時間価値を設定する．
- 時間価値は，以下の方法によって設定する．
    1) 時間価値が需要予測モデルから「選好接近法」によって内生的に導出される場合は，既存計測事例等に照らしてその時間価値の妥当性が確認されれば，それを便益計測に適用する．ただし，「選好接近法」により導出された時間価値の適用に課題がある場合には，その理由を明らかにした上で「所得接近法」や既存計測事例に基づく時間価値を適用してもよい．
    2) 時間価値が需要予測モデルから導出されない場合は，「所得接近法」や「機会費用法」により時間価値を設定し，その時間価値を便益計測に適用する．なお，需要予測に時間価値を適用する場合は，その値を便益計測に適用する．ただし，利用者特性等から，より適切な時間価値が設定可能な場合には，その理由を明らかにした上で，その値を便益計測に適用してもよい．
- また，時間価値は利用者特性等を反映して異なる値となることを踏まえて，その算定方法や根拠データ，既存計測事例等に照らし，適用する時間価値としての妥当性を確認する．
- さらに，時間価値については，最新のデータを用いて数値の更新を行う．

（時間価値の取り扱い）
- 便益計測に時間価値を用いる場合は，需要予測手法や入手可能なデータに応じて，利用者特性等を反映した適切な手法を用いて時間価値を設定する．
- なお，将来の時間価値について，GDP成長率を乗じて算定しているイギリスのケースもあることから，取り扱いについて今後とも検討が必要である．
- 「所得接近法」または「機会費用法」を用いて時間価値を算定する場合は，

付録1　国土交通省『公共事業評価の費用便益分析に関する技術指針（共通編）』における時間価値の解説

以下の点に留意する．

＜人の時間価値＞

- 人の時間価値を「所得接近法」により設定する場合，時間価値は利用者の賃金率に依存するため，利用者の居住地や業種といった特性をできる限り反映した賃金率を用いることが望ましい．
- しかし，現実的には，各種交通データ等から交通利用者の業種まで特定することは困難であり，また，需要予測の結果から，当該交通機関利用者の居住地を特定することが容易でない場合等，適切な時間価値を算出するために必要なデータが得られない場合もある．
- したがって，適切な時間価値を算出するために必要なデータが得られる場合は，利用者特性を反映した時間当たり賃金（所得）を適用することとするが，得られない場合は全国平均値を適用する．
- なお，賃金率の算定に当たっては，最新の「毎月勤労統計調査年報」（厚生労働省大臣官房統計情報部）を用いることを基本とする．その他根拠資料を用いる場合は，その理由を明記する．

＜貨物・車両等の時間価値＞

- 貨物・車両等の時間価値を「機会費用法」により設定する場合，できる限りその貨物特性や車両特性等を反映し，市場において取り引きされている価格データ等を用いる．
- ただし，それらの特性を把握することが困難である場合，また各種データの入手が困難な場合は，全国平均値などを適用する．
- 具体的には，貨物・車両等のうち貨物の時間価値については，貨物の輸送時間が短縮することにより，その短縮相当分だけ早く市場で取り引きされ，その収益を新たな投資に回すことができることによる収益として，当該貨物の価値額に単位時間当たりの金利を乗じることにより求める．
- また，車両等の時間価値については，移動時間の短縮により，自動車保有者が当該車両等を別の余暇機会や営業機会に充当することができるものとし，単位時間当たりレンタル・リース価格などの価格を適用する．

＜選好接近法＞

- 需要予測モデル（交通機関選択モデル，経路選択モデルなど）が時間と費用

第7章 交通プロジェクト評価と時間価値

に関する説明変数を同時に考慮している非集計モデルの場合は，時間の限界効用と費用の限界効用の比率から時間価値を導出することができる．

- このような考え方に基づき，時間価値を設定する方法を「選好接近法」と呼び，時間価値は時間の節約を獲得するのに犠牲にしてもよいと考える金額と節約時間の関係を表したものである．
- 時間価値は，交通機関選択または経路選択行動データより推計される個人の効用関数の時間と費用に係るパラメータの比率で算定される．
- 例えば，交通機関選択または経路選択行動データより推計される個人の効用関数 U が次式のように定義されると仮定すると，時間価値は，時間の限界効用と費用の限界効用の比率，すなわち限界代替率（b）で与えられる．

$$U = \alpha \cdot T + \beta \cdot C + \cdots \qquad (a)$$

ただし，U：効用
T：時間
C：費用
α，β：パラメータ

$$時間価値 = \frac{\dfrac{\partial U}{\partial T}}{\dfrac{\partial U}{\partial C}} = \frac{\alpha}{\beta} \qquad (b)$$

- なお，便益は，ログサム変数＊を用いて算定される一般化費用により計測される．

＊ログサム変数とは，複数の選択肢における最大効用の期待値であり，その一般式は，以下の通りである．

$$LS_{ij} = \frac{1}{\theta} \ln \sum \exp(V_{ijm}) = \frac{1}{\theta} \ln \sum \exp(\theta \cdot GC_{ijm})$$

ただし，LS_{ij}：ゾーン ij 間のログサム変数の貨幣換算値（円）
V_{ijm}：ゾーン ij 間の交通機関あるいは経路 m の効用
GC_{ijm}：ゾーン ij 間の交通機関あるいは経路 m の一般化費用（円）
θ：効用関数の費用にかかるパラメータ

付録 1　国土交通省『公共事業評価の費用便益分析に関する技術指針（共通編）』における時間価値の解説

＜所得接近法＞
- 所得接近法とは，節約される時間を所得機会（労働）に充当させた場合に得られる所得の増分をもって時間価値とする方法である．したがって，この場合の時間価値は，利用者の時間当たり賃金（賃金率）をもって算定される．
- 賃金率は，就業者の業種や居住地域等によって異なるため，これらの利用者の特性を踏まえて設定することも考えられる．
- 賃金率を算定するに当たっての統計資料としては，「毎月勤労統計調査年報」（厚生労働省大臣官房統計情報部）等が用いられる．なお，「国民経済計算年報」に基づく国民所得は，労働者の賃金以外の所得（財産所得＊，企業の営業余剰等）も含まれるため，賃金率算定のデータとしては適切ではない．

＊財産所得とは，金融資産あるいは土地などの資産を賃借することから生じる所得（利子，配当，賃貸料）

＜機会費用法＞
- 機会費用とは，ある選択肢を選択する際に，その他の対案の中で最も高い収益が得られる選択肢の収益として定義される．
- 貨物の機会費用は，貨物の輸送時間が短縮することにより，その短縮相当分だけ早く市場で取り引きされ，その収益を新たな投資に回すことができる，といった解釈に基づくものであり，貨物にかかる金融コスト（金利）から計測するのが一般的である．

（単位重量当たりの時間価値）＝（単位重量当たりの貨物価値額）×（金利 ÷ 365 日 ÷ 24 時間）

- このとき，輸送貨物の特性（品目・品類）により単位重量当たりの貨物の価値額が異なる（例えば，精密機械とゴム製品）ことから，輸送貨物の特性に応じて時間価値を設定する必要がある．
- また，輸送手段である車両等も時間価値を有している．これについては，移動時間の短縮により，家計や企業あるいは運送事業者等の自動車保有者が，当該車両等を追加的な余暇機会や営業機会に充当させると考え，レンタル・リース価格などの市場価格を適用する方法などがある．

付録2　我が国の公共事業に関する費用便益分析マニュアルの導入経緯

　まず，我が国で，費用便益分析が正式に導入されるきっかけとなったのは，1996年11月29日の第二次橋本龍太郎内閣の所信表明であったとされる．所信表明では，以下のように費用便益分析の導入が宣言されている．
　「社会資本の整備については，国民生活の質の向上に直結する分野や次世代の発展基盤となる分野への重点化を図るとともに，道路，下水道，港湾，さらには農業農村整備などの公共事業について，各省の枠を超えた連携，建設費用の低減，費用効果分析の活用などを通じ投資効果を高めます．」(橋本龍太郎総理大臣所信表明演説, 139 - 衆 - 本会議 - 1号 平成08年11月29日)
　重高ら[17]によれば，その後の我が国における公共事業評価実施要領の導入経緯は以下の通りである：「旧運輸省では，「運輸関係社会資本の整備に係る費用対効果分析に関する基本方針」が，旧建設省では「社会資本整備に係る費用対効果分析に関する統一的運用指針（案）」(いずれも平成11年3月) が策定された．その後これらの実施要領に改訂が加えられつつ，平成13年7月には省庁統合によってこれらの実施要領が一本化された．また，その後の社会経済情勢等の変化を踏まえて，平成15年3月に国土交通省所管の公共事業に関する新規事業採択時評価及び再評価の実施要領が改訂されるとともに，新たに事業評価に関する実施要領が定められ」た．
　特に，費用便益分析に関して見ると，上記の方針・指針をもとに，個別の事業別の費用便益分析マニュアル等が各事業担当部局によって策定され，評価が始められた．これらの方針・指針の中では，費用・便益の具体的計測，公表に当たっての留意すべき事項等が示されている．その後，省庁統合によって国土交通省が発足すると同時に，総合的見地から，公共事業の評価手法についてあるべき姿が「公共事業評価システム研究会（会長：中村英夫武蔵工業大学教授：当時）」で議論された．ここでは，事業の効果，影響を総合的に評価する視点から，貨幣価値換算が困難な項目についての評価が可能となる総合評価方式の試案が示された．さらに，公共事業評価手法の技術的考え方についても検討が行われ，公共事業の

客観性・透明性を高めるべき不断の努力がなされるべきこと，実際の事業を評価するに際して技術的な限界があることにも留意すべきであること等の方向性が示され，平成14年8月に「公共事業評価の基本的考え方」が策定された．ここでは，事業分野間の整合性の確保および技術的な課題と位置づけられた事項が，同研究会の作業部会である「事業評価手法検討部会（部会長：森地茂東京大学教授：当時）」において議論され，その成果は平成15年2月に「公共事業評価の費用便益分析に関する技術指針」にまとめられた．この技術指針では，時間価値についても，英国・ニュージーランド等の他国における事例を参考にしながら，解説が行われている．

この技術指針は，その後，再度平成21年6月に改訂されており（国土交通省『公共事業評価の費用便益分析に関する技術指針（共通編）』），本書執筆時点では，これが最新の技術指針である．

付録3　開発途上国における交通の時間価値の設定

Gwilliam[18]によれば，少なくとも1997年の時点まで，世界銀行において交通の時間価値に関する公式のガイドラインが存在していなかったようである．また，世界銀行によって行われる交通プロジェクトの評価においても，走行費用の削減効果だけが便益の計測対象となり，交通時間の短縮便益が無視されることが多いことが指摘されている．これにより，徒歩から自動車や自動二輪などの交通機関へのモーダルシフトを促進するような交通プロジェクトにおいて，マイナスの便益が生じるなどのバイアスが生じていることを指摘している．

World Bank[19]は，既往の研究をレビューした上で，最貧国における交通の時間価値の設定に関するガイダンスを示している．ここでは，最低でも業務交通と非業務交通とを分けて時間価値を設定すべきこと，理想的には，異なるタイプの職種に対応した賃金率を使用すること；所得水準，社会経済特性，交通目的等を考慮すること；徒歩および待ち時間に対する修正を行うこと；交通手段別の価値を設定すること；中長期的な交通の時間価値の変化を考慮すべきことなどが示されている．その上で，業務交通と非業務交通の時間価値設定に関して，以下の

ような方法が提示されている.

表-7.A1 開発途上国における業務交通の時間価値設定の方法

採用すべきアプローチ (データの入手可能性に依存する)	方　法
基本（または最低）アプローチ (単一の業務交通の時間価値設定)	オプション1：観測される調整要素を考慮して調整された国ベースの平均賃金率 オプション2：1.33×賃金率
次善アプローチ (交通機関別の業務交通の時間価値設定)	観測される調整要素を考慮して調整された賃金率
理想的なアプローチ (職種別の業務交通の時間価値設定)	観測される調整要素を考慮して調整された賃金率

注1：農村タイプの経済においては特に業務トリップの割合の定義に留意が必要である．
注2：業務交通の一部として行われる徒歩および待ち時間については，乗車時間と同一の時間価値を使用する．

表-7.A2 開発途上国における非業務交通の時間価値設定の方法

採用すべきアプローチ (データの入手可能性に依存する)	方　法
基本（または最低）アプローチ (単一の非業務交通の時間価値設定)	成人：0.3×世帯所得（世帯主当たり）；子供：0.15×世帯所得 徒歩・待ち時間の修正係数：1.5×乗車時間価値
次善アプローチ (交通機関別および交通特性（例えば，徒歩，待ち時間，交通の質）別の非業務交通の時間価値設定)	RPベースおよびSPベースの交通の時間価値の推定およびその適切な修正．物価による調整を行う．
理想的なアプローチ (所得グループ別，社会経済グループ別，移動目的別，および交通特性（例えば，徒歩，待ち時間，交通の質）別の非業務交通の時間価値設定)	RPベースおよびSPベースの交通の時間価値の推定およびその適切な修正．物価による調整を行う．

《参考文献》

1) Boardman, A. Greenberg, D., Vining, A., Weimer, D.（2010）*Cost-Benefit Analysis*, Prentice Hall.
2) Small, K.A. and Verhoef, E.T.（2007）*The Economics of Urban Transportation*, Routledge, Abingdon.
3) 国土交通省（2009）公共事業評価の費用便益分析に関する技術指針（共通編）．
4) 国土交通省道路局　都市・地域整備局（2008）費用便益分析マニュアル．
5) 道路事業の評価手法に関する検討委員会（2008）　時間価値原単位および走行経費原単位（平成20年価格）の算出方法，第4回委員会参考資料1．
6) Department for Transport UK（2011）*Value of Time and Operating Costs*, TAG Unit 3.5.6, Transport Analysis Guidance, April 2011.

7) MVA Consultancy, ITS of the University of Leeds and TSU of the University of Oxford, (1987) *The Value of Travel Time Savings: A Report of Research Undertaken for the Department of Transport*, MVA Consultancy.
8) Hague Consulting Group and Accent Marketing & Research (1996) *The Value of Travel Time on UK Roads- 1994*.
9) Mackie, P.J., Wardman, M., Fowkes, A.S., Whelan, G., Nellthorp, J., and Bates, J. (2003) *Values of Travel Time Savings in the UK, Report to UK Department for Transport*, Institute for Transport Studies, University of Leeds.
10) U.S. Department of Transportation (USDOT) (1997) *The Value of Travel Time: Departmental Guidance for Conducting Economic Evaluations*, http://ostpxweb.dot.gov/policy/reports.htm.
11) U.S. Department of Transportation (USDOT) (2003) *Revised Departmental Guidance: Valuation of Travel Time in Economic Analysis*, unpublished document.
12) U.S. Department of Transportation (USDOT) (2011) *The Value of Travel Time Savings: Departmental Guidance for Conducting Economic Evaluations Revision 2*, http://ostpxweb.dot.gov/policy/reports/vot_guidance_092811c.pdf.
13) Gellman Research Associates, Inc. (1988) *A Report on the Value of Air Traveler's Time*.
14) Pickrell, D.H. (1987) Models of intercity travel demand, In *Deregulation and the Future of Intercity Passenger Travel*, (Eds.) J.R. Meyer and C. V. Gester, Jr., MIT Press, 1987.
15) Morrison, S.A. and Winston, C. (1985) An econometric analysis of the demand for intercity passenger transportation, *Research in Transportation Economics*, Vol. 2, pp. 213-237.
16) Grayson, A. (1981) Disaggregate model of mode choice in intercity travel, *Transportation Research Record*, No. 835, pp. 36-42.
17) 重高浩一，嶋倉康夫，後藤忠博（2005）国土交通省における公共事業評価の推移，第31回土木計画学研究発表会・講演集．
18) Gwilliam, K.M. (1997) The value of time in economic evaluation of transport projects: Lessons from recent research, *Infrastructure Notes*, Transport No. OT-5, World Bank, January 1997.
19) World Bank (2005) Valuation of time savings, *Notes on the Economic Evaluation of Transport Project*, Transport Note No. TRN-15, January 2005.

第8章
交通の時間価値に関する論点

8.1 はじめに

交通の時間価値に関する研究は膨大に存在するが，依然としてわかっていない点，議論すべき点がいくつも残されている．これらのうち，細かい点については，すでに個々の章において論じされてきているので，本章では，これまでの章では述べられてこなかった論点を整理する．以下では，大きく分けて，理論に関する論点と，交通の時間価値設定に関する論点の2つについて説明することとする．特に，交通の時間価値設定に関する論点に関しては，我が国固有の文脈を考慮する．

8.2 交通の時間価値の理論に関する論点

8.2.1 時間価値の定義に関する問題

既往の交通の時間価値に関する理論研究では，時間価値の定義に当たって，トリップ1回当たりの交通時間ではなく，総交通時間の変化に対する支払意思額が用いられることが多かった．例えば，第2章の付録で示されたTruong and Hensher[1]のモデルでは，効用関数が，$U(G_i, T_i, t_i)$ と設定されるが，t_i は，特定の期間（例えば1日）中における交通サービス i の総交通時間を意味している．

つまり，この場合には，交通時間の短縮効果は，1回当たりの交通時間短縮ではなく，1日の総交通時間の短縮効果となる．仮に，交通需要（＝トリップ回数）が，交通時間の短縮によって変化しないのならば，総交通時間の短縮で便益を計測しても，総交通時間の短縮便益＝1回当たりの交通時間短縮便益×トリップ回数が成立するが，実際には，交通需要は交通時間の関数であるから，この仮定は妥当でない可能性が高い．

これに対して，Bates and Roberts [2] は，効用関数中の交通時間を1回当たりの交通時間とする一方で，特定の時間制約中に行われるトリップも1回だけに制限したモデルを提案している．これにより，トリップ1回当たりの交通の時間価値を求めることができる．これは，特定の1回のトリップを対象にした離散選択問題に対しては有効な対応であり，通勤のように1日に1回しか通常行われないようなトリップには，適用可能であろう．また，たとえ同一目的地への複数回トリップであっても，個々のトリップは異なる文脈（時刻や曜日）で行われるのであるから，それぞれが1回ずつの独立したトリップであると仮定できるのならば，これで問題ないと解釈することも可能であろう．しかし，こうしたアプローチは，伝統的な経済学で仮定される同一財の複数回消費とは合致しないものである．

この問題に対応するためには，交通需要（トリップ回数）と1回当たりの交通時間とを分離したモデルの定式化が必要となる．森杉[3]，清田ら[4] は，1トリップ当たりの交通時間と交通サービス需要量とを明示的に分離した時間配分モデルを定式化し，そこから資源としての時間価値の導出に成功している．

森杉[3] は，交通サービスを利用して移動する個人の効用最大化問題を，次のように定式化している．

$$V(c,t,Y,T^0) = \max_{X,x,T} U(X,x,T) \tag{8.1a}$$

subject to

$$X+cx=Y, \quad tx+T=T^0 \tag{8.1b}$$

ただし，U：効用関数，X：合成財需要量（価格を1に基準化），x：交通サービス需要量，T：余暇時間，V：間接効用関数，c：1トリップ当たりの交通費用，t：1トリップ当たりの交通時間，T^0：利用可能時間，Y：所得である．

8.2 交通の時間価値の理論に関する論点

これに対して，ラグランジュ関数を設定し，それに対して包絡線定理を適用すると，次式で表される2つのRoyの恒等式が成立する．

価格に関するRoyの恒等式：$V_c = -V_Y x$ (8.2)

時間に関するRoyの恒等式：$V_t = -V_{T^0} x$ (8.3)

ここで，サブスクリプトは$V_t = \partial V/\partial t$のように偏微分を表す．

任意の財の価格と時間の限界代替率が時間価値であるので，2つのRoyの恒等式より，交通の時間価値を以下のように定義する．

$$VOT = \left.\frac{dc}{dt}\right|_{V=constant} = \frac{V_t}{V_c} = \frac{-V_{T^0} x}{-V_Y x} = \frac{V_{T^0}}{V_Y} \quad (8.4)$$

さて，時間価値を需要関数xで表すために，2つのRoyの恒等式をそれぞれtとcで微分すると，

$$V_{ct} = \left(-V_Y x\right)_t = -V_{tY} x - V_Y x_t = -\left(-V_{T^0} x\right)_Y x - V_Y x_t = V_{T^0 Y} x^2 + V_{T^0} x_Y x - V_Y x_t \quad (8.5)$$

$$\begin{aligned}V_{tc} &= \left(-V_{T^0} x\right)_c = -V_{cT^0} x - V_{T^0} x_c = -\left(-V_Y x\right)_{T^0} x - V_{T^0} x_c \\ &= V_{YT^0} x^2 + V_Y x_{T^0} x - V_{T^0} x_c\end{aligned} \quad (8.6)$$

が得られる．上式の左辺は等しいので，

$$V_{T^0 Y} x^2 + V_{T^0} x_Y x - V_Y x_t = V_{YT^0} x^2 + V_Y x_{T^0} x - V_{T^0} x_c \quad (8.7)$$

$$V_{T^0}\left(x_c + x x_Y\right) = V_Y\left(x_t + x x_{T^0}\right) \quad (8.8)$$

したがって，

$$VOT = \frac{V_{T^0}}{V_Y} = \frac{x_t + x x_{T^0}}{x_c + x x_Y} \quad (8.9)$$

これより，交通の時間価値は，交通需要xの時間の代替効果$\left(x_t + x x_{T^0}\right)$の価格の代替効果$\left(x_c + x x_Y\right)$に対する比として表現できる．なお，ここで導出された交通の時間価値は，観測可能なマーシャルの需要関数から得られるものである点ならびに，資源としての時間価値である点に留意が必要である．

8.2.2 主観的時間価値と社会的時間価値

　交通需要予測モデルから得られた時間価値を，そのまま便益の計測に使用することは妥当なのだろうか．これに対して，Mackie et al.[5]は，便益計測には，需要予測モデルから得られる主観的な時間価値ではなく，外生的に設定される社会的な時間価値が使用されるべきと主張する．これは以下のように説明できる．

　個人 n の間接効用関数を V_n，所得を Y_n，価格ベクトルを P，社会的厚生関数（社会全体の厚生水準を構成員である個人の効用関数の関数として表したもの）を $W_s = W_s\left[V_1(Y_1, P), \cdots, V_N(Y_N, P)\right]$ とする．ここで，社会的厚生関数が，個人の効用関数の重み付き線形和で表されると仮定する．すると，交通プロジェクトによって，個人 n の交通時間が dt_n だけ短縮される場合の厚生水準の変化は，

$$dW_s = \sum_n \frac{\partial W_s}{\partial V_n} \cdot \frac{\partial V_n}{\partial Y_n} \cdot \frac{\partial Y_n}{\partial t_n} dt_n \tag{8.10}$$

と表される．仮に，社会的厚生関数が個人の効用関数の加重和（個人 n のウエイトを Ω_n とする）で表されるとするならば，

$$\frac{dW_s}{\lambda_s} = \frac{1}{\lambda_s} \sum_n \Omega_n \cdot \lambda_n \cdot VOT_n dt_n \tag{8.11}$$

によって社会的便益は計測可能である．ここで，λ_n は個人 n の所得に関する限界効用で，λ_s は，社会的な所得に関する限界効用であり，個人間で共通とする．また，$VOT_n(=\partial Y_n / \partial t_n)$ は交通需要モデル等から推定される個人の時間価値である．

　ここで，仮に個人のウェイト Ω_n が全員同じ（＝1）であると仮定する[1]．すると，社会的な時間価値（価格）SPT_n は，以下のように示される．

$$SPT_n = \frac{\lambda_n}{\lambda_s} VOT_n \tag{8.12}$$

　一般に，個人の所得に関する限界効用は，社会的な所得に関する限界効用とは異なるので，社会的価値と個人的価値とは一致しない．これが，交通需要モデル

---

[1] 個人ウェイトが1であるのは，一人一人が同一の権利を持つことを意味しており，民主主義的な価値観を反映していると考えられる．ただし，個人ウェイトは社会的な価値に依存して決められるべきものである．

によって求められる個人の時間価値を，社会的な時間価値として使用してはならない，と主張される理由である．Galvez and Jara-Diaz[6]によれば，特定の条件が満たされるならば，λ_sは，個人の所得に関する限界効用を税負担額で重み付け平均したものと一致する．したがって，所得に関する限界効用逓減を仮定すると，低所得者ほどλ_nは大きいので，$\lambda_n > \lambda_s$となることが予想され，低所得者の社会的時間価値は，個人的時間価値よりも高く設定されるべきであり，高所得者はその逆となる．

ところで，実務的には，$SPT_n = VOT_n$と仮定し，$\sum VOT_n dt_n$によって個人の便益を単純に足し合わせることにより，社会的便益を計測することが多い．このアプローチは，どのような条件が揃えば肯定されるのだろうか．1つの条件は，個人のウェイトΩ_nが全員同じ（＝1）でかつ，個人の所得に関する限界効用が全ての個人間で同一という条件である．この場合，$\lambda_n = \lambda_s$となり，$SPT_n = VOT_n$となるので，社会的な時間価値＝個人の時間価値となる．しかし，個人の所得に関する限界効用が個人間で同一であるという仮定には，あまりに無理があるであろう．少なくとも社会に所得間格差があることが明らかな場合，所得に関する限界効用にも差があると考える方が自然である．もう1つの条件は，個人ウェイトについて$\Omega_n = \lambda_s/\lambda_n$を仮定する場合である．ここで所得に関する限界効用逓減を前提とすると，高所得の人ほどλ_nは小さくなるので，社会的厚生関数中の個人ウェイトが高く評価されることになる．これは，逆進的な社会的厚生関数を想定していることを意味する．社会正義に照らし合わせると，このような社会的厚生関数を許容することは難しいと想像される．たとえ所得階層別の交通の時間価値を用いて合算する場合でも，同じ問題を生じさせることに留意が必要である．

以上より，理論上は，交通需要モデルから推定された個人の時間価値を，社会的な時間価値として用いることは適切ではなく，所得階層別に社会的時間価値を設定することが必要であると結論づけられる．ただし，具体的に社会的時間価値を推定することは容易ではない．なぜならば，社会全体の所得に関する限界効用と，個人の所得に関する限界効用との比を推定することが困難であるからである．

8.3 我が国を対象とした交通の時間価値設定に関する論点

8.3.1 はじめに

　交通の時間価値は，最終的には費用便益分析マニュアル等で設定され，マニュアルに定められた時間価値あるいはその計測手法に従って，交通プロジェクトの時間短縮便益の計測等が行われる．

　ここで，マニュアルにおける交通の時間価値の設定には，時間価値に関する科学的あるいは理論的な知見が反映されることが望ましい．しかし，実務的に見たとき，データの入手可能性と精度，時間価値設定方法の理解しやすさ，適用・改訂の容易性，政治的意図等から，理論上望ましいと考えられる事項がマニュアルに反映されなかったり，あるいは一定の仮定に基づいた単純化がなされたりするケースがある．そのため，最終的にマニュアルにおいて設定される時間価値に関しては，そのあるべき姿に関して，実務的に議論すべき論点が存在することになる．

　以下では，我が国の文脈を考慮しつつ，交通の時間価値に関する主要な論点を整理し，論点にかかわる議論やデータを提示することとしたい．なお，いずれの論点も明快な解が得られているわけではないことに留意が必要である．これらの論点に関する最終的な判断は，社会的な文脈に応じてしばしば政治的に行われるものであることを明記しておきたい．

8.3.2 交通の時間価値設定のあり方に関する論点

（1）　非業務交通の時間価値と業務交通の時間価値とは同一の方法によって求められるべきか

　すでに示されたように，米国の時間価値ガイドラインでは，全てのタイプの時間価値が，所得に対するパーセンテージにより設定されている．これにより，業務交通と非業務交通との間で一定程度の整合性が図れるようになっている．同様に，我が国の時間価値は，業務交通と非業務交通の両方について，所得接近法が用いられ，統一した考え方が用いられている．一方で，英国では，非業務交通の

時間価値が選好接近法で計算される一方で，業務交通には所得接近法が用いられており，両者の方法が整合していない．

我が国や米国のように，業務交通，非業務交通ともに同一のアプローチが用いられる場合には，両者の整合はとりやすく，かつわかりやすい．ただし，業務交通に所得接近法を用いることにはある程度の妥当性があると考えられるが，非業務交通に対して，所得接近法を用いることは，妥当でない可能性がある．すでに述べてきたように，所得接近法は，機会費用法の考え方をベースとしている．ここで，所得接近法では，個人が，仮にその交通が行われなければ，その時間を労働に充てるということが想定されている．

まず，業務交通の場合，交通が労働時間中に行われるので，業務交通の時間が短縮されれば，その時間が労働に充てられると想定することは，自然であろう．ただし，例えば宿泊を伴う出張のような，非業務時間をも含むようなトリップが行われる場合には，業務交通の時間短縮が常に労働時間に充てられるとは限らない．

一方で，非業務交通の場合には，定義上，交通が労働時間以外の時間に行われる．確かに，機会費用の考え方に基づけば，「その短縮時間の使途としてさまざまな行動の選択肢が考えられる中で，実際に選ばれた行動以外で，最も高い収益が得られる行動にその短縮時間を充てることとした場合に得られるはずの収益」なので，非業務交通の時間価値が賃金収入によって計測されるのは妥当かもしれない．しかし，非業務交通の特性や個人の環境条件次第では，この仮定が妥当でないケースもある．例えば，休日に行われる非業務交通である場合，休日は労働をしないという条件（これは休日の定義そのものである）が満たされる限り，交通時間が短縮されても，その時間が業務活動に充てられることはありえない．ただし，たとえ休日であっても，本人が希望すれば，労働によって収入を得ることは可能であるので，結局その妥当性は，休日の無労働がどの程度現実性のある仮定であるかに依存する．つまり，休日に仕事をしてはいけないという法的規制は存在しないので，より高い効用水準が得られるのならば，個人は，中長期的には生活スケジュールを調整することによって，結果的に年中無休の生活を行うことは理論上可能である．しかし，果たしてこれは現実を正しく反映していると言えるであろうか．

こうした疑問を受けて，特に，非業務交通の時間価値に関しては，所得接近法ではなく選好接近法によって計算されるべきだという主張もある．例えば，英国の時間価値ガイドラインでは，「移動の大半は業務時間中に発生しておらず，旅行者自身の時間で発生している．しかし，人々は暗黙のうちに自分自身の時間についても，速いが高い移動と，遅いが安い移動とのトレードオフを考慮しつつ，価値づけを行っている．しがたって，交通戦略や計画の影響を評価する上で，この価値を考慮することが適当である」と記述されている．

しかし，選好接近法の推定には，さまざまな困難が伴う．第6章でも示されたように，例えば，高速道路と一般道路の選択行動分析によって時間価値を推定しようとすると，高速道路固有の要素がパラメータの推定値に与える影響を排除することが困難となる．また，SPデータを用いる場合には，調査方法によって結果に大きな影響が発生するおそれがあり，その信頼性・安定性を得るためには，多くの事例研究の蓄積が不可欠である．

以上を総合的に勘案すると，信頼性や安定性を重視する立場からは，所得接近法を用いるのが妥当だと考えられる．ただし，十分信頼性の高いデータが得られる場合には，選好接近法を用いる方が妥当と言える．

(2) 交通目的の区分を業務交通と非業務交通の2分類とすることは妥当か

我が国を含めた多くの国々では，交通目的を業務交通と非業務交通との2つに分類して，時間価値が設定されている．また，第3章で示されたように，理論上も業務交通と非業務交通とで異なるメカニズムが想定されており，この2つの区分が広く用いられている．理論上の業務交通と非業務交通との最大の違いは，前者が雇用者（あるいは企業）によって意思決定される活動であるのに対し，後者は個人（雇用者，被雇用者の区分はない）によって意思決定される活動である点である．以上の点を考えれば，業務交通と非業務交通の2区分とすることはおおむね妥当と見なせるであろう．

ただし，我が国の文脈を鑑みると，通勤が非業務交通に区分されることに違和感があるかもしれない．なぜならば，我が国の場合，通勤者に対して通勤手当が支給されることが多いが，ここで，手当支給の対象となる交通手段や経路が，被雇用者により決定できないケースがあるためである．例えば，我が国の公務員の

場合，人事院規則9・24により「通勤手当の額は，運賃，時間，距離等の事情に照らし最も経済的かつ合理的と認められる通常の通勤の経路及び方法により算出するものとする」とされている．これは，通勤における交通手段や経路が雇用者によって決定されている，あるいは雇用者と被雇用者との調整の結果として決定されていることを意味しており，その意味で，旅行者個人が，自分の判断のみで交通行動を決定するという非業務交通の前提と合致しない可能性が高い．ただし，通勤時間が短縮されても，仮に労働時間が固定されているのならば，通勤の短縮時間が労働に再配分されることはない．したがって，固定労働時間制の企業に雇用されている雇用者の通勤の時間価値は，非業務交通の時間価値と一致すると考えるのが妥当であろう．一方で，労働時間が柔軟に設定できる場合（例えば，フレックスタイム制が導入されている企業の場合），労働時間の意思決定は被雇用者によって行われることが多い．この場合は，通勤の短縮時間が，時間に関する限界効用のより大きい活動に再配分されることになる．ここで，労働と余暇の活動に関する限界効用は，均衡状態では一致しているか，あるいは労働時間の最小時間制約が有効である状態となっているものと思われる[3]ので，結果的に，通勤の時間価値は，非業務交通の時間価値と一致せざるを得なくなると思われる．以上の考察より，機会費用法の考え方に基づけば，通勤の時間価値は非業務交通の時間価値と一致することが予想される．

また，非業務交通が1つにまとめられている点についても違和感があるかもしれない．なぜならば，非業務交通とひとくちに言っても，そこに含まれる交通にはさまざまなタイプの交通があることは明らかだからである．例えば，日用品の購入のための買物交通や銀行・郵便局などへの交通は，生活を維持するために

---

[3] 余暇時間にはその定義上，時間消費に関する制約が存在しない．一方で，労働時間に関して最小時間制約（フレックスタイム制におけるコアタイムの存在）のみがあるものと仮定しよう．もし，労働の最小時間制約が有効でなければ，均衡状態では労働時間の限界効用＝余暇時間の限界効用となっている可能性が高いが，もし，労働の最小時間制約が有効ならば，労働時間の限界効用≦余暇時間の限界効用となる．これは，労働時間から余暇時間の方に時間を再配分したくても，最小労働時間制約のために，これ以上労働時間を減らせない，という状態を意味する．なお，労働時間の限界効用＞余暇時間の限界効用となることはありえない．なぜならば，もしそうならば，両者が一致するまで，余暇時間から労働時間へ時間の再配分が起こると考えられるからである．

必要な活動（メンテナンス活動）のための交通であるのに対して，ドライブに出かけたり，遊園地や公園に出かけたりする交通は，純粋に余暇のための交通である．生活維持のための交通は，本源的需要を満たすために発生する副次的な需要であるのに対して，後者の余暇交通は，移動することそのものが本源的需要である場合も含まれる（Mokhtarian and Salomon[7]）．そのため，前者は交通によって負の効用を生じさせるが，後者は交通によって正の効用を生み出す可能性がある（Redmond and Mokhtarian[8]；Richard-son[9]）．非業務交通の時間価値が，業務交通の時間価値よりも低くなるのは，こうした本源的需要であるトリップが一定程度含まれることも理由の1つと考えられる．ところが，このような異なるタイプの交通特性を，個々のトリップについて分析することは，ある程度は可能であるとしても，異なるタイプのトリップ別に将来の需要予測を行うことは，実務的には困難が伴うのも事実である．したがって，交通プロジェクト評価における現実的な適用可能性を考えると，非業務交通を1つの区分として捉えることもやむを得ないと思われる．

(3) 1人当たりGDPの変化に応じて時間価値を変化させるのは妥当か

第6章のメタ分析によれば，我が国の交通の時間価値は，1人当たりGDPと正の相関がある．ここで，交通の時間価値が，所得接近法に基づいて賃金率ベースで求められる場合，1人当たりGDPと時間価値との正の相関を前提とするならば，1人当たりGDPと賃金率との間にも正の相関がなければならない．

我が国に関して，1992〜2009年の1人当たり実質GDPと実質賃金率との関係を示したものが，図-8.1および8.2である．図-8.1は，従業員5名以上の事業所を対象とした実質賃金率であり，ここには，比較的小規模の事業者も含まれる．図-8.2は従業員30名以上の事業者を対象とした実質賃金率で，中規模以上の事業者のみを対象としている．これらより，いずれも1人当たり実質GDPと実質賃金率には，正の相関があることが見て取れる．

ただし，同一年の1人当たりGDPと賃金率との間に相関があることは，必ずしも両者に因果関係があることを意味しない．労働経済学の知見によれば，賃金は，労働需要関数と労働供給関数とが一致する均衡量へ瞬時に達しないので，調整に一定程度の時間がかかることが指摘されている（樋口[10]）．これは，国によ

単位：賃金率（円/分），GDP（10万円/人）

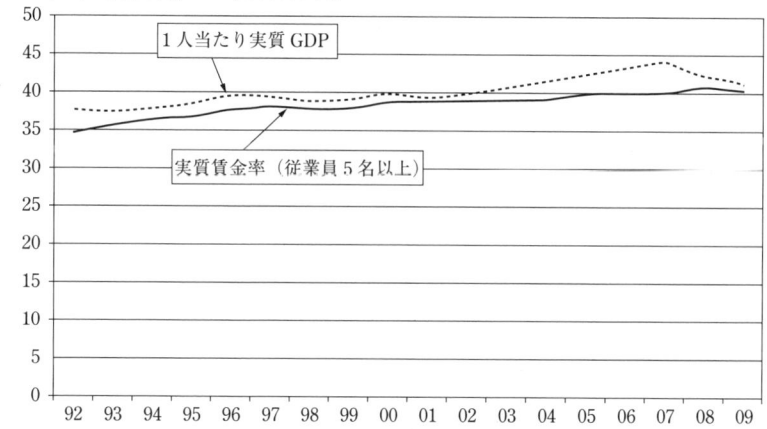

図-8.1 我が国の1人当たり実質GDPと実質賃金率（従業員5名以上の事業所）との関係（データ出典：賃金率は毎月勤労統計調査（厚生労働省）；実質GDPは国民経済計算（内閣府）；人口は国勢調査（総務省））

単位：賃金率（円/分），GDP（10万円/人）

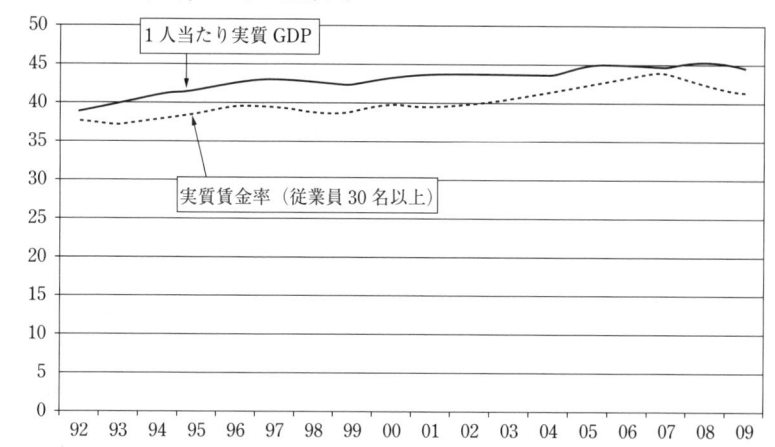

図-8.2 我が国の1人当たり実質GDPと実質賃金率（従業員30名以上の事業所）との関係（データ出典：賃金率は毎月勤労統計調査（厚生労働省）；実質GDPは国民経済計算（内閣府）；人口は国勢調査（総務省））

る雇用慣行や法律，制度の違いなどに起因するものと考えられている．仮に日本の労働市場における賃金調整が遅い場合には，同じ年のGDPではなく，それ以前のGDPのデータに対応させる形で賃金率を想定する方が妥当である可能性も

ある．また，労働賃金率をどのような指標で計測するのかによって，賃金率の動向が大きく変わることも指摘されていることから，分析には慎重なデータの取り扱いが必要である．

(4) 子供や学生，高齢者の時間価値はゼロなのか

所得接近法に基づいて時間価値を求める場合，子供，学生，あるいは定年後の高齢者は，労働をしていないのだから，賃金率はゼロとなるので，時間価値もゼロとなるのではないか，という意見がしばしば聞かれる．

時間価値設定の仮定にも依存するが，所得接近法を採用する限り，健常な高齢者の時間価値は原則的にゼロでない．また，学生であっても，高校生や大学生の時間価値はゼロではない．これは，機会費用の考え方をベースにした所得接近法による時間価値が，「実際に選ばれたもの以外の選択肢の中で，最も高い収益が得られる選択肢を選んだ場合の収益」によって測定されるからである．つまり，実際には労働をしていない高校生，大学生のような学生や，引退した高齢者であっても，労働市場に労働を供給できる機会が存在する限り，賃金率により時間価値を設定することが可能となる．この考え方に沿えば，法律で労働が禁じられている年少者（日本の場合，0～14歳）については，労働の機会が存在しないので，時間価値はゼロでなければならない．

ただし，現実は，学生や引退した高齢者の賃金率は，労働市場において，他の年齢階層の賃金率よりも低い可能性があることには留意が必要である．また，年少者であっても，彼らの交通時間が短縮されることによって，所得を得ている扶養者の収益が新たに得られる場合には，それをもって機会費用と考えることもできるかもしれない．

一方で，選好接近法を用いると，収益ではなく，個人の主観的な効用が評価されることになるので，時間短縮によって正の効用が生まれる限り，いかなる人についても何らかの時間価値が存在することが期待される．実際，第6章のRPデータを用いた分析の結果によれば，65歳以上の高齢者であっても時間価値は存在する．ただし，高齢者の1人当たり時間価値は，65歳未満の時間価値よりも有意に低い．

（5） 交通需要予測の時間価値と便益計測の時間価値とは一致させるべきか

現在，我が国の道路交通需要の予測においては，いわゆる四段階推計法（Ortuzar and Willumsen[11]）と呼ばれる交通需要分析手法が広く用いられている（国土交通省[12]）．この中で，特に，道路配分モデルについて見ると，我が国の実務では，道路配分交通量の推計方法として，いわゆる転換率式が広く用いられている[4]．ここで，転換率式とは次のような式である．

$$P = \frac{1}{1+\alpha\left(\dfrac{\Delta c/\Delta t}{S}\right)^{\beta}\dfrac{1}{(\Delta t)^{\gamma}}} \qquad (8.20)$$

ここで，P：転換率（高速道路利用率）；Δc：高速道路利用料金－一般道路利用料金；Δt：一般道路利用時の所要時間－高速道路利用時の所要時間；S：シフト率；α，β，γ：パラメータである．この式は，経験式であるため，理論的な根拠を持つものではない．また，この式から交通の時間価値を導出することも不可能である．したがって，現時点の我が国の道路配分交通量の計算において，交通の時間価値はそもそも考慮されていない，と言えるであろう．

では，現在の我が国の道路交通のように，需要予測と便益計測とで分離したモデルが用いられることでよいのであろうか，それとも一体として整合的なモデルが用いられるべきなのだろうか．

理論的な整合性を担保するという観点からは，本来は，需要予測と便益計測とで，整合的な手法が用いられるべきなのであろう．例えば，我が国でも航空や鉄道の経路交通需要予測と便益計測では，ともにロジットモデル等を用いた整合的な分析アプローチが多く用いられている．ロジットモデルが用いられる場合には，交通の時間価値は，需要モデル推定の結果として得られるので，それがそのままログサム変数を通じて，便益計測時にも活用されている．ただし，城所・金本[13]も指摘するように，ロジットモデルを用いた便益計測を行う上では，効用関数の係数パラメータによって便益推計値が大きく影響を受けることから，これら

---

[4] 近年，利用者均衡（User Equilibrium）モデル（Sheffi[14]）を用いた道路配分交通量推計も導入されつつあるが，少なくとも本報告書執筆の時点の我が国の実務では，転換率式を用いた推計が広く活用されている．

を正確に推定することが必要不可欠である.

　しかし,真に需要予測と便益計測との間で経済理論的な整合性をとるためには,経路選択に関してだけではなく,交通手段の選択や目的地の選択,さらには交通発生に関しても経済理論的に整合性を持ったモデルが用いられる必要がある.その意味では,現在広く実務で活用されている四段階推計法等の手法は,必ずしも経済理論的には整合的でないと言える(金本[15]).それゆえ,全ての交通関連行動を経済理論的にみて整合的に説明できるモデル(例えば,Oppenheim[16])を用いることによって,この問題を解消する必要がある.すでに,一部の交通需要予測では,統合化された交通需要モデルが用いられつつある(例えば,Yao and Morikawa[17] ; Kato et al.[18])ものの,少なくとも現時点では,道路交通需要予測の実務で活用されるには至っていない.

　さらに,道路交通需要予測の特殊性にも,一定の配慮が必要である.道路ネットワークは,鉄道や航空のネットワークと比べて,そのサイズが桁違いに大きいために,需要分析の計算時間が膨大になる可能性がある.特に都市内道路配分においては,交通混雑による影響を無視できないために,いわゆる均衡配分や分割配分などのアプローチを用いる必要があるが,この計算は収束計算を必要とするために,多大な計算時間を要することが多い.そのため,実務的には,ある程度単純化された需要分析手法を用いざるを得ない.本来ならば,交通目的別,あるいは利用者の属性別に交通需要が推計されるべきであるが,配分計算の負荷の大きさを鑑みれば,これらを緻密に考慮することは現実的とは言えない.したがって,交通の時間価値についても,あまり詳細な分類に従って多数設定してみたところで,需要予測がそれに対応できない可能性がある.

　以上より,理論的には,交通需要予測と便益計測とでは,同一のモデルに基づいて整合的な交通の時間価値が用いられるべきであるが,実務的な観点からみれば,これらの整合性を担保することは現実的ではないと言えるであろう.

《参考文献》

1) Truong, T. P. and Hensher ,D. A.(1985) Measurement of travel times values and opportunity cost from a discrete-choice model, *The Economic Journal*, Vol. 95,

pp.438-451.
2) Bates, J. and Roberts, M. (1986) Value of time research: Summary of methodology and findings, Paper presented at the 14th PTRC Summer Annual Meeting, University of Sussex, U.K., pp.14-18, July 1986.
3) 森杉壽芳（2011）時間価値：観測可能性，平成 22 年度第 3 回道路交通時間価値研究会発表資料，2011 年 1 月 13 日．
4) 清田咲史，森杉壽芳，河野達仁（2012）需要関数を用いた時間価値の推計，mimeo.
5) Mackie, P. J., Jara-Diaz, S. D. and Fowkes, A. S. (2001) The value of travel time savings in evaluation, *Transportation Research Part E*, Vol. 37, No. 2-3, pp. 91-106.
6) Gálvez, T. and Jara-Díaz, S. (1998) On the social valuation of travel time savings, *International Journal of Transport Economics*, Vol.25, pp.205-219.
7) Mokhtarian, P.L. and Salomon, I. (2001) How derived is the demand for travel? Some conceptual and measurement considerations, *Transportation Research Part A*, Vol.35, Vol.8, pp.695-719.
8) Redmond, L.S. and Mokhtarian, P.L. (2001) The positive utility of the commute: modeling ideal commute time and relative desired commute amount, *Transportation*, Vol.28, No.2, pp.179–205.
9) Richardson, A. J. (2003) Some evidence of travelers with zero value of time, *Transportation Research Record*, No. 1854, pp.107-113.
10) 樋口美雄（1996）労働経済学，東洋経済新報社．
11) Ortuzar, J. D. and Willumsen, L. G. (2000) *Modelling Transport*, Wiley.
12) 国土交通省（2008）将来交通需要推計手法（道路），http://www.mlit.go.jp/road/ir/hyouka/plcy/kijun/suikei.pdf.
13) 城所幸弘，金本良嗣（2006）ロジット型モデルと費用便益分析，環境問題に対応する道路プライシングと自動車関係税制の研究，日本交通政策研究会，pp.19-49.
14) Sheffi, Y. (1985) *Urban Transportation Networks,* Prentice-Hall, Inc.
15) 金本良嗣（2006）道路投資の便益評価，道路整備と費用負担に関する基礎的研究，財団法人道路経済研究所，pp.1-6.
16) Oppenheim, N. (1995) *Urban Travel Demand Modeling: From individual choices to general equilibrium*, Wiley-Interscience Publication.
17) Yao, E., and Morikawa, T. (2005) A study of on integrated intercity travel demand model, *Transportation Research Part A*, Vol. 39, No. 4, pp.367–381.
18) Kato, H., Endo, K., Kurita, Z., Kaneko, Y., Kato, K., Shimizu, T., and Tanabe, K. (2011) Inter-urban travel demand analysis using integrated model: Latest report from Japan, *Journal of the Eastern Asia Society for Transportation Studies*, Vol.9, pp.239–254.

第9章
残された課題

　これまでの章でもたびたび指摘されてきたように，交通の時間価値は，依然として世界中の多くの研究者の関心事項であり，その意味では，今後ともさらに研究は深化していくと考えられる．ただし，その基礎となる考え方が，大きく変わることはないように思われる．また，本書では，「交通」の時間価値の議論に焦点が絞られてきたが，基本的な考え方は，他の活動の時間価値にも共通するものである．その意味で，本書でまとめられた交通の時間価値に関する体系的な整理は，今後とも有効であるとともに，交通以外の分野も含めた広い研究者，実務者にとっても，有益であると考えられる．

　最後に，今後考慮されるべき代表的な研究課題をとりまとめる．

9.1　貨物交通の時間価値について

　本書では，旅客交通が対象であったが，当然ながら交通には貨物交通も存在する．したがって，交通時間短縮による影響を分析する上で，貨物交通の時間価値を分析することは極めて重要な課題である．

　既存の研究によれば，貨物輸送の時間価値を計測する手法は，大別すると，要素費用アプローチと需要モデルアプローチとに分類される．(図9.1)

　まず，要素費用アプローチとは，輸送時間減少に伴う費用減少を直接計測する手法である．我が国の道路による貨物交通の時間価値もこの方法によっている[1].

第9章 残された課題

```
            ┌─ 要素費用アプローチ
            └─ 需要モデルアプローチ ─┬─ 集計モデル
                                    └─ 非集計モデル ─┬─ 在庫モデル
                                                    └─ 行動モデル
```

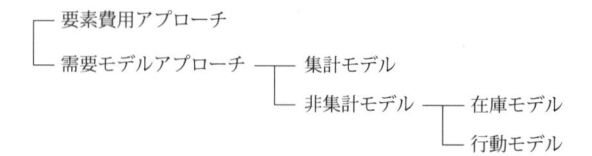

図-9.1 貨物輸送の時間価値計測手法の分類

　この手法は，単純明快であり，しかも比較的容易に時間価値を算定することを可能とするが，次に挙げるような問題がある．第一の問題は，対象とする費用の範囲が不明確である点である．時間価値にいわゆる輸送の可変費用の減少分を含めることについては，研究者間で広く合意がある一方で，輸送の固定費用や輸送に直接関わらないロジスティックス費用（例えば，在庫費用）をどこまで含めるのかについては，明確な合意はない．一般に，これらの費用を含めるかどうかは，短期，中期，長期のような，考慮する時間スケールに依存するものとされる．第二の問題は，要素費用アプローチでは，輸送に関わるさまざまな変数（例えば，信頼性，輸送頻度等）が時間価値に与える影響を考慮することができないという点である．

　一方で，需要モデルアプローチとは，貨物流動の実態を反映した需要モデルに基づいて，時間価値を計測する手法である．Winston[1]によれば，このアプローチは，集計モデルを用いたものと非集計モデルを用いたものとに分類される．理論的には，集計モデルよりも，非集計モデルの方に優位性があるとされる．非集計モデルは，さらに，在庫モデルと行動モデルとに分類される．ここで，在庫モ

---

[1] 我が国の道路交通における貨物車の時間価値原単位は，いわゆる要素費用アプローチによって，小型貨物車と普通貨物車について算定されている（道路事業の評価手法に関する検討委員会[2]）．ここでは，まず，貨物車が営業用貨物車と自家用貨物車とに分類された上で，ドライバーあるいは同乗者の時間当たり機会費用，車両の時間当たり機会費用，貨物の時間当たり機会費用の合計により，1台当たりの時間価値が求められる．そして，営業用貨物車と自家用貨物車の走行台キロに応じた加重平均によって，小型貨物車と普通貨物車の時間価値が設定されている．なお，営業用貨物車の場合には，トラック事業者の従業員の時間当たり機会費用が用いられ，ドライバーと同乗者は同一の機会費用をもつと仮定される．自家用貨物車の場合には，目的別（業務/非業務）に，自家用貨物車ドライバーおよび同乗者の時間当たり機会費用をそれぞれ計算し，乗車人員と目的別走行台キロ構成比から加重平均によって時間価値が求められる．

9.1 貨物交通の時間価値について

デルとは，企業の利潤最大化行動を前提として，生産プロセスにかかわる輸送行動を分析するものである．このモデルを用いた教科書的な業績とされる Baumol and Vinod[3] によれば，企業の輸送費用関数は，「純粋」な輸送費用，輸送サービスの発注に関わる費用，輸送中の商品価値の損失費用，在庫を最適水準に維持するための費用，という4つの要素の和によって表されるとされる．一方で，行動モデルは，輸送に従事する個人の効用最大化行動を前提として，輸送行動を分析するものである．この手法は，旅客交通の行動分析手法を援用したものであるが，どこまで貨物輸送にも適用可能であるかという点で疑問があるとされる．これは，行動モデルでは，企業の合理的な生産プロセスが明示的に取り扱われないためである．ただし，輸送の意思決定者の効用関数に，そうした企業の意思決定プロセスの要素が一部含まれていると主張される場合もある．

以上のように，需要モデルアプローチは，貨物輸送の時間価値計測を行う上で有益なアプローチである．ただし，そこで用いられる需要モデルには，いくつかの課題があることが指摘されている (Feo-Valero et al.[4])．第一の課題は，一般に，貨物輸送に関わる主体は多様であるため，輸送の意思決定者を特定することが極めて難しいという点である．実際，既往研究を見ても，意思決定に関する仮定は，研究者により異なっている．第二の課題は，輸送されている貨物の種類やその輸送特性が，極めて多様であるため，どのようなカテゴリーで貨物輸送を分類し，時間価値を設定すべきであるかが明確でないという点である．既往研究を見ると，需要モデルを構築する上での属性グループとして，輸送品目，輸送品目の価値，輸送物資サイズ，輸送距離，地理的な場所，輸送形態など，さまざまなものが用いられており，統一された見解はいまだに存在しない．第三に，需要モデルで用いられる説明変数に関しても，定説があるわけではない．既往研究においては，輸送費用，輸送時間，輸送頻度，配送時間の信頼性，配送条件の信頼性，柔軟性，輸送機関，積み替え，貨物のトレーサビリティ等が変数として用いられているが，これらの変数の選択は，研究によって異なっているのが実状である．

貨物輸送の時間価値推定に関する実証研究は，そのほとんどが道路貨物輸送に関して行われており，海上貨物輸送や航空貨物輸送に関しては，ほとんど行われていない．Feo-Valero et al.[4] では，多くの実証研究の中から，特に22の研究成果を取り出して，それらを定性的に比較している．その結果より，道路貨物輸

送の時間価値は，海上輸送や鉄道輸送の時間価値よりも圧倒的に高いこと，道路貨物輸送では，短時間輸送の時間価値の方が，長時間輸送の時間価値よりも高いことなどが示されている．

以上のように，貨物交通の時間価値については，研究が少なからず存在するものの，特に需要アプローチによる時間価値の研究は十分でない．さらなる実証研究が強く望まれる．

9.2 開発途上国における交通の時間価値推定について

これまでのほとんどの交通の時間価値に関する研究は，先進国を対象としたものであった．その一方で，開発途上国を対象とした交通の時間価値に関する研究は極めて限られている．開発途上国の場合，先進国のように人々の時間に対する認識が厳格でなく，交通サービスについても不確実性が極めて高い．また，インフォーマルな職業に従事する者や農業労働者が多いために，労働時間や労働賃金率の定義が困難であることから，これまでの経済理論がそのまま適用できない可能性もある．

IT Transport[5] は，既存の開発途上国における交通の時間価値に関する調査・研究をレビューし，次のような点を指摘している．

・都市内あるいは都市間交通のケースでも，業務交通と非業務交通の時間価値が区分されることはほとんどない．

・時間価値の推定に選好接近法が用いられることはあまりなく，ほとんどのアプローチは，GDP，賃金率あるいは RDP（Regional Domestic Product）を用いた間接的な指標によるものである．これには次に挙げる2種類の方法が含まれる．

1) 第一の方法は，年齢，性別，経済活動の内容によらず全ての人を対象として1人当たり GDP を用いるものである．この手法の利点は，データの入手が容易である点である．旅行者のタイプの違いによる時間価値の違いを考慮しないので，より平等なアプローチであると言える．

2) 第二の方法は，第一の方法を旅行者の非集計的な収入データによって改

良したものである．近年，開発途上国でも世帯収入や世帯内の1人当たり収入，利用交通機関に関するデータが入手可能になりつつあることから，この第二の手法が注目を浴びるようになっている．これは，貧困削減に対する関心の高まりを反映している．

- SPデータによるアプローチが用いられることは，極めて稀である．仮にSPデータが使用される場合には，一般に，転換価格法に近いアプローチが用いられる．また，入札プロセスを含むアプローチ（Hine et al.[6]）が用いられることも少なくない．非合理的なSP調査アプローチが誤った結果を生み出しているケースもある．

なお，Gwilliam[7]によれば，OECDに属していない国では，チリだけが，例外的に交通の時間価値に関する包括的なレビューを行っており，開発途上国における交通の時間価値を検討する上で有益な示唆を出している．チリの研究成果によれば，交通の時間価値は，文化によって大きく異なる可能性のあることが示されている．例えば，チリの研究成果によれば，チリの非業務交通の時間価値の推奨値，特に都市間交通の時間価値の世帯所得に対する割合は，OECDにおける研究で示されている割合よりもかなり高くなるとされる．

アジア開発銀行（Asian Development Bank[8]）は，低所得国における人々の水運搬の時間価値に関してレビューを行っている．これによれば，米州開発銀行（Inter-American Development Bank）は，交通の時間価値が，非熟練労働者の市場賃金率の50％であると仮定している．また，Whittington, et al.[9]は，交通の時間価値は，非熟練労働者の市場賃金率と同等かそれ以上であるという結果を得ている．1996年の世界銀行によるネパールを対象とした農村地域の上水供給，衛生プロジェクトでは，i）短縮時間の30％が経済活動に貢献しており，これは市場賃金率と一致している，ii）短縮時間の16％が世帯活動に貢献しており，これは市場賃金率の50％に相当する，iii）残りの54％が市場賃金率の25％に当たる活動に貢献している，iv）結果的に，これらを重み付けすると，交通の時間価値は，市場賃金率の51.5％に当たることが示されている．

最貧国の農村部を対象とした交通の時間価値に関する調査研究は，これまで，ほとんどなされていなかったが，ほぼ唯一の例外がIT Transport[5]である．ここでは，バングラデシュの南西に位置するJessore地域を対象として，農村部に

おける人々の交通の時間価値に関するRP調査およびSP調査が行われている．対象地域では，自転車とリキシャが主要な交通手段であり，農業が中心産業である．調査の結果，RPデータでは，時間価値の推定ができなかったことが報告されている．この理由として，①選択可能な交通手段が極めて限定されていること；②公共交通（バスやリキシャなど）が時刻表通りに走ることがなく，車両が満員になるまで待つことが多いために，待ち時間が極めて長くなっているとともに，待ち時間が不確実であるために交通サービス変数の設定が利用者の推測に頼らざるを得なくなっていること；③農村地域の人々が時間を守るという概念を余り持っていないために，徒歩時間，待ち時間，乗車時間を正しく推測することが困難であること，が挙げられている．一方で，SPデータによっては，交通の時間価値の推定に成功しており，例えば，男性の乗車時間価値は，女性の約2倍であること，賃金労働者および商業従事者の時間価値は，平均値の約4倍であること，荷物を持っている時の時間価値は，平均値よりも14％高いことなどの結果が得られている．ただし，SP調査に関しては，被験者がトリップの選択の持つ費用の意味に関して，常に調査者からアドバイスを受ける必要があること（これは，農村地区では，金銭のやりとりを行う機会が極めて限られていることに起因する），被験者が交通目的を一般化する傾向にあることが，問題として指摘されている．さらに，調査の結果より，業務交通の定義が困難であり，先進国と同一の定義による業務交通トリップの割合は，1％未満であったことが報告されている．

　以上のように，開発途上国における交通の時間価値に関する研究は，まだ始まったばかりである．開発途上国における交通プロジェクトが，貧困削減や経済発展に寄与することが期待されていることから，交通プロジェクトの便益の大半を占める交通時間短縮の価値を計測するための時間価値の分析ニーズはさらに高まることが予想される．

9.3 交通の時間価値に基づく交通サービス料金設定について

　交通の時間価値は，時間短縮に対する支払意思額であるがゆえに，高速道路や

9.3 交通の時間価値に基づく交通サービス料金設定に関して

HOV（High Occupancy Vehicle）レーンなどの高速の交通サービスの料金設定に活用できる可能性がある．ここで，Hensher and Goodwin[10]は，交通の時間価値を用いて交通サービス料金が設定される場合の問題について考察を行っている．すでに述べたように，近年のモデル推定技術の向上により，交通の時間価値が個人間で分布していることが明示的に考慮されるようになっている（例えば，Crillo and Axhausen[11]）．ここで，交通の時間価値の平均値に対応した料金の設定がなされる場合に，交通需要はどのような影響を受けるのであろうか．

議論の単純化のために，同一の発地と着地とを結ぶ，有料道路と無料道路との二択の状況を想定する．有料道路の方が，無料道路よりも走行速度が速いと考えられるので，旅行者は，有料道路を利用することによる時間短縮に対して，一定の支払意思額があることが期待できる．この支払意思額は，交通の時間価値そのものである．ここで，交通の時間価値が，個人間で異なっており，$f(VOT)$という確率密度分布に従っているものと仮定する．VOTは交通の時間価値を表している．これに対して，有料道路の料金がcと与えられるとしよう．すると，有料道路利用に対する支払意思額（＝交通の時間価値）VOTが有料道路料金cよりも高い個人だけが，この有料道路を選択し，そうでない個人は無料道路を選択するであろう．したがって，この場合の有料道路の需要xは，以下の式によって算出される．

$$x = \int_{c}^{\infty} f(VOT)\, dVOT$$

これは，交通の時間価値に関する確率密度分布が与えられたときに，cより右側の部分の面積によって有料道路の需要が計算できることを意味している．

このとき，実際には，交通の時間価値が分布しているにもかかわらず，その分布を明示的に考慮せずに，平均値によって1つの代表的な時間価値が推定されるケースを考えてみよう．これは，通常のロジットモデル等を用いた結果として得られる交通の時間価値であって，実務的には標準的に起こりうる事態である．さらに，有料道路の経営者が，交通の時間価値の平均値によって有料道路料金cを決定するものと仮定してみる．

すると，交通の時間価値の確率密度関数$f(VOT)$の形状によって，有料道路の交通需要は異なってくることになる．例えば，**図-9.2**では，交通の時間価値が

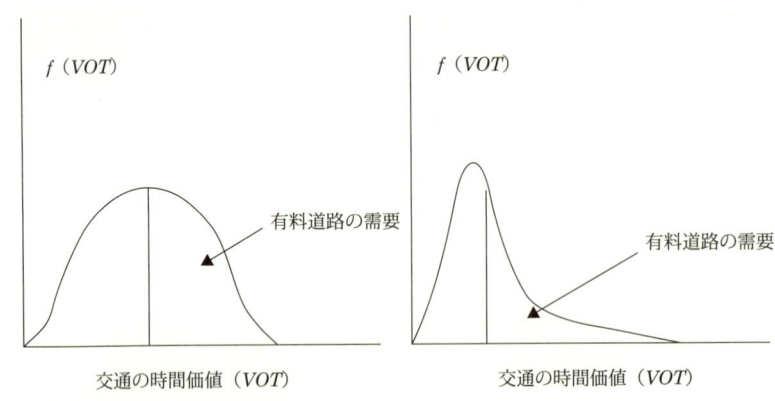

図-9.2 交通の時間価値が左右対称の分布（左）とゆがみのある分布（右）に従う場合の有料道路の需要

左右対称の分布（左）とゆがみのある分布（右）に従う場合の交通需要が示されている．ゆがみのある分布では，対数正規分布に近い右に裾野の長い分布形が想定されている点に留意が必要である．左右対称の場合には，交通の時間価値の平均値は，中央値と一致するため，利用者の50％が有料道路を利用することになる．その一方で，ゆがみのある分布の場合には，交通の時間価値の平均値は，中央値よりも高くなるので，有料道路の利用率は，50％を下回る可能性が高くなる．

Hensher and Goodwin[10]によれば，交通の時間価値の分布は，対数正規分布に近い分布形が得られることが多いのだとされる．もし，交通の時間価値の分布が，右に裾野の長い非対称形である場合には，ロジットモデル等による交通の時間価値の平均値に従って有料道路料金の設定がなされると，需要を過大に推計してしまうリスクがある．

以上のように，交通の時間価値を用いて交通料金を設定する際には，交通の時間価値の分布がどうなっているのかを詳細に知る必要がある．ただし，交通の時間価値の分布は，対象となる利用者の社会経済特性などに依存することが予想されるので，その理解のためには，実証研究の蓄積が不可欠である．最近では，IT技術の発展とともに，リアルタイムの個人活動に関する情報が大量に入手できるようになりつつある．いわゆるビッグデータを活用した交通の時間価値に関する

研究開発も求められているといえるであろう．

《参考文献》

1) Winston, C. (1983) The demand for freight transportation: models and applications, *Transportation Research Part A*, Vol.17, No.6, pp.419–427.
2) 道路事業の評価手法に関する検討委員会(2008)時間価値原単位および走行経費原単位(平成20年価格) の算出方法，第4回委員会参考資料1，2008年11月．
3) Baumol, W. J. and Vinod, H. D. (1970) An inventory theoretic model of freight transport demand, *Management Science*, Vol.16, No.7, pp.413–421.
4) Feo-Valero, M., Garcia-Menendez, L. and Garrido-Hidalgo, R. (2011) Valuing freight transport time using transport demand modeling: A bibliographical review, *Transport Reviews*, Vol.31, No.5, pp.625-651.
5) IT Transport Ltd. (2002) *The Value of Time in Least Developed Countries*, Knowledge and Research (KaR) 2000/02 DFID Research No.R7785) Final Report, July 2002.
6) Hine, J., Pangihutan, H. and Rudjito, D. (1998) *A Study of the Value of Time in Indonesia using Stated Preference Data*, Road Research Development Project, IRE, Bandung.
7) Gwilliam, K.M. (1997) The value of time in economic evaluation of transport projects: Lessons from recent research, *Infrastructure Notes*, Transport No. OT-5, World Bank, January 1997.
8) Asian Development Bank (1999) *Handbook for the Economic Analysis of Water Supply Projects*, http://www.adb.org/Documents/Handbooks/ Water_Supply_Projects.
9) Whittington, D., Mu, X. and Roche, R. (1990) Calculating the value of time spent collecting water: Some estimates for Ukunda, Kenya, *World Development*, Vol.18, No.2, pp.269-280.
10) Hensher, D. A. and Goodwin, P.(2004) Using values of travel time savings for toll roads: Avoiding some common errors, Transport Policy, Vol.11, No.2, pp.171-183.
11) Crillo, C. and Axhausen, K. W.(2006) Evidence on the distribution of values of travel time savings from a six-week diary, Transportation Research Part A, Vol.40, No.5, pp.444-457.

索　引

【欧文】

Beesley グラフ 28-29,43-44
Collective モデル 90
CVM 138,218
GDP 弾性値 34,36,47,213,243-244
GDP デフレーター 183,212
Hensher アプローチ ....
.... 36,82-87,94,97
LOS データ 156,166-168
Mixed Logit モデル ....
.... 37,117-118,152-153,181,191
Pivot style 調査 146,153
RP ....
...... 31-32,34,138-142,156-158,162,276
RP-off-SP 146,199
SP ....
30-35,42-48,117,130,139-147,199-211,
231-232,262,275-276
Taylor 展開 150,220

【あ行】

アンカリングバイアス 117
一般化価格 218-221
一般化費用 ....
.... 37-39,50,218,231-232,248
インターネット調査 141
ウェブ調査 141,199

受入意思額 108,139

【か行】

開発経済学 12
開発途上国 ....
.... 12,42,47,251-252,274-276
過剰交通 118
仮想市場法 138,218
活動時間短縮の価値 5-9
活動時間に関する制約条件の緩和の価値
.... 5-9
活動時間の節約価値 24,42,52
活動の時間価値 1,5-8,120
環境経済学 12
慣性バイアス 117
ガンベル分布 13,152
機会費用 ....
15,23,129-136,222-231,242,246-247,
249,261,263,266,272
基本的な生活財 23,48-50
クーンタッカーの定理 73,150
ゲーム理論 89
顕示選好 31,43,138-139,169,191
交通時間価値 9,24,26,74,79-81,124
交通時間節約価値 ....
9,24,26,51,78,80-81,87,104,110,150-
151

281

交通時間の信頼性価値……………………
　………………… 35,41,43,45,47,145,201
交通時間予算仮説……………… 40
交通需要分析………… 37,39,45,48,140
交通需要マネジメント……………… 13
交通需要予測………………………
　………… 11,39,48,184,219,237,267-268
交通の時間価値……………………… 2,9
交通プロジェクト………………… 9
肯定バイアス…………………… 140
合理化バイアス………………… 140
細切れ短縮時間………………… 113

【さ行】

在庫モデル……………………… 272
最小交通時間……… 26,54,56,76-78,87
財／余暇モデル…………… 25,43,52,72
時間価値原単位……………………
　…………… 14-15,224-231,239-240,272
資源としての時間価値………………
　…… 6,24,26,42,52,78,104,180,256-257
自己選択バイアス……………… 158
支出関数………………………… 49,70
質によって調整されない時間価値… 54
質による調整済み時間価値………… 54
支払意思額……………………………
　　3,29,67,85,108,117,131-132,137-139,
　　165,255,276-277
社会的厚生関数………… 90,258-259
車両の機会費用……………………
　………… 15,135-136,223,226,228,242

習慣………………………… 31
集団効用関数……………… 90-94,96-97
純粋余暇活動…………… 6,8,24,52,55
条件付き間接効用関数………………
　…… 13,53,55-56,148,150-156,164,219
消費者余剰………………27,218,220
商品としての時間価値………………
　…… 24,26,52,54,78,80-81,104-105,180
所得接近法……………………………
　　129-137,222-223,231-232,246-247,
　　249,260-262,264,266
所得に関する限界効用………………
　　71-74,78-79,102-106,109-110,121,258
スケジューリングアプローチ…… 41,47
政策的回答バイアス……………… 140
制約されない回答のバイアス……… 140
選好意識データ………………… 32
選好接近法……………………………
　　129-130,137-142,222,234,244,246-
　　248,261-262,266,274
選択肢集合 …………13,147-148,157
戦略バイアス…………………… 33

【た行】

台形公式……………………… 10,220-221
代表的効用………………… 148,156
中間的な活動……………………7,24
賃金率アプローチ …… 82,87-88,90,97
賃金率プラスアプローチ………………
　……………………………… 82,87-90,97
転換価格……………… 29-32,43-44

転換時間価値	54
転換率式	267
電子調査	141
電話調査	141
等価的余剰	69-70
道路交通センサス	108,162-163,165-168,176,181
都市経済学	12
留め置き法	141
トラベルコスト法	12

【な行】

ネットワークモデル	156-157
ノンパラメトリック推定	37

【は行】

パーソントリップ調査	142
パレート効率	89-90
比較静学分析	27,102,111
費用節約アプローチ	36,82
費用便益分析	10,14,17,39,47,114,217-218,222-224,246,250-251,260
表明選好	29-30,139,231
符号効果	35,115-116
ブリーフケーストラベラー	36,43-44,83,86,96
フリンジベネフィット	33,82,132-133,134,226-227,229,240-242
プロジェクト評価	9-10,27,33-35,37-42,48,101,217-221,264
プロスペクト理論	116
プロビットモデル	151,153,191
平均値の定理	71
平均分散アプローチ	41,47
ヘドニック法	138,218
包絡線定理	73,150,257
補償的偏差	68
補償的余剰	67,69-70
本源的需要	6,264

【ま行】

無差別曲線	3,68-69,116
メタ分析	33-34,36,45-46,161-162,182-199,212-213,264
面接法	141

【や行】

郵送調査	141
尤度関数	153,164,207
要素費用アプローチ	271-272
余暇の時間価値	1,74,78-81,104,106
四段階推計法	267-268

【ら行】

離散選択モデル	12-13,25-27,52-53,138-139,147-158,162,219

索　引

利他的な効用関数………………… 89
労働の時間価値…………… 23-24,79-81
ログサム変数………………13,248,267

ロジットモデル………………………
　　13,25,152-153,162-164,207,220,267

編著者・執筆者紹介（2013年6月現在）

■編著者
加藤浩徳（かとう・ひろのり）
東京大学大学院工学系研究科准教授（社会基盤学専攻）
1970年　生まれ
1999年　博士（工学）（東京大学）
東京大学工学部を卒業後，
1995年　東京大学大学院工学系研究科土木工学専攻修士課程修了
1995年　東京大学助手，1998年（財）運輸政策研究機構調査役
2000年　東京大学専任講師を経て　2004年より現職
2005年〜2006年　スイス連邦工科大学チューリッヒ校客員研究員
交通計画，交通政策の教育研究に従事
担　当　第1, 2, 3, 4, 5, 6, 7, 8, 9章

■執筆者
谷下雅義（たにした・まさよし）
中央大学理工学部教授（都市環境学科）
1967年　生まれ
1995年　博士（工学）（東京大学）
担　当　第6章

加藤一誠（かとう・かずせい）
日本大学経済学部教授
1964年　生まれ
2002年　博士（経済学）（同志社大学）
担　当　第7章

交通の時間価値の理論と実際

定価はカバーに表示してあります．

2013年7月20日　1版1刷発行　　ISBN 978-4-7655-1802-4 C3051

編著者　加　藤　浩　徳
発行者　長　　　滋　彦
発行所　技報堂出版株式会社

日本書籍出版協会会員
自然科学書協会会員
工学書協会会員
土木・建築書協会会員

〒101-0051　東京都千代田区神田神保町1-2-5
電　話　営　業（03）（5217）0885
　　　　編　集（03）（5217）0881
ＦＡＸ（03）（5217）0886
振替口座　00140-4-10
http://gihodobooks.jp/

Printed in Japan

Ⓒ Hironori Kato, 2013

装幀　田中邦直　　印刷・製本　三美印刷

落丁・乱丁はお取り替えいたします．
本書の無断複写は，著作権法上での例外を除き，禁じられています．

◆小社刊行図書のご案内◆

定価につきましては小社ホームページ（http://gihodobooks.jp/）をご確認ください。

シェアする道路
―ドイツの活力ある地域づくり戦略―

エルファディング．ズザンネ・浅野光行・卯月盛夫 著
A5・228頁

【内容紹介】近年，歩道上での歩行者と自転車の衝突事故が増加しているが，本書は自転車道先進のドイツの政策，諸都市の事例を挙げ，道路空間の再整備（歩行者の空間・自転車の空間・自動車の空間）についてまとめたもの。単なる道路空間の整備をまとめたにとどまらず，地域の特色を活かしたまちづくり・道路整備についても紹介した。交通の専門家や研究者だけでなく，行政や議員の方々，そしてまちづくりに関心を持つ市民，NPO，学生の方々にもオススメの一冊。

みち
―創り・使い・暮らす―

みち研究会 監修／道路空間高度化機構 編
A5・180頁

【内容紹介】円滑な自動車交通の全国展開を基本的な使命としてきた道路整備。そして，我が国の道路は，自動車の通路として合理的，効率的に整備されてきました。しかし，徒歩や自転車を主人公にした道路や，都市の貴重な空間としての道路，地域ごと街ごとの特色や個性を反映した道路，自然景観と調和した道路など，多様な観点から，道路の機能・役割を再認識して整備を進めていくことが大切ではないでしょうか。本書では，そんな道路整備のあり方を探ってみました。

東京のインフラストラクチャー（第2版）
―巨大都市を支える―

中村英夫・家田仁 編著／東京大学社会基盤学教室 著
A5・506頁

【内容紹介】東京圏のインフラとそれを支える土木工学を多方面からわかりやすく解説する定評ある教科書の改訂版。1. 東京はどのようにつくられているか，2. どのような技術に支えられているか，3. どのような問題に直面しているか，という観点から，地形，交通，景観，河川，地下利用，地盤，橋梁，防災，都市計画，下水道・廃棄物，情報通信，港湾等を解説する。

都市交通計画（第2版）

新谷洋二 編著
A5・274頁

【内容紹介】好評の大学用テキストの第2版。今回の改訂では，調査方法の発展，「道路構造令」の改正，「高齢者，身体障害者等の公共交通機関を利用した移動の円滑化の促進に関する法律（交通バリアフリー法）」の制定，交通管理計画の考え方の変革，省庁再編による各種改変などに伴う加筆・修正を行い，データの追加・更新も行っている。

技報堂出版　TEL 営業 03(5217)0885 編集 03(5217)0881　FAX 03(5217)0886